7袋のポテトチップス

食べるを語る、胃袋の戦後史

湯澤規子

晶文社

7袋のポテトチップス　食べるを語る、胃袋の戦後史　目次

第2章 空腹の記憶 戦争と飢え 80

第3章 生まれて初めて食べる味　戦後をつくった食の経験

第5章 一億総中流社会の憧れと胃袋 大量生産・大量消費時代の到来 185

第6章 消費者の誕生と食をめぐる意志 抵抗する胃袋 230

凡例

・引用文は前後を一行あけ、二字下げとした。
・引用文には読みやすいように、適宜、句読点を付した。
・引用文を途中で省略する部分には「……」を付した。
・本文中の人名は敬称を省略した。
・本文中において話者や著者の言葉をそのまま示す際には「　」を用いた。
・本文中で引用した文献は、注を付し、巻末の注一覧に出典等を掲載した。
・年号は西暦年（和暦）と表記した。

イラストレーション：太田侑子
ブックデザイン：アルビレオ
JASRAC出：1814311-801

戦争が続いて、野も山もすっかりやけただれた国がありました。
荒れはてて砂漠のようになった土地にほんの数人の子どもたちが、
なんにもたべるものもなく死にそうになっていました。
もう最後かもとおもうとき、
空のむこうにちいさな点があらわれたかとおもうと
みるみる大きくなって近づいてきました。
アンパンマンだ！
アンパンマンはこげ茶色のマントの下からやきたてのアンパンを
子どもたちの上へ おとしました。

やなせたかし『十二の真珠』
サンリオ出版、一九七〇年、六四〜六五頁

序章

食《たべ》物《もの》語《がたり》

1 食の履歴書

食べるを語る

「あなたに私の食の履歴を話したい」

前著『胃袋の近代』（名古屋大学出版会）が刊行されて間もなく、読者の方から、そう声をかけられた。

昭和十七年生まれなので、終戦から三年がたった頃に小学校一年生でした。同級生には満州から引き揚げてきた子どもや、疎開してきた後そのまま村に住み着いた子ども、戦争で父親を亡くした子どもたちがいました。着るものも食べるものも十分ではなく、冬になると凍えるように寒くて、腹も減って、それは大変な日々を過ごしていてね。私の家は農家だったので、贅沢なものはなくても三度の食事はありました。だから、そういう子どもが家に上がり込んではこたつにあたっていくんです。私が家にいなくても寄っていくんですね。祖母は彼にいつも温かい自家製の甘酒をふるまっていました。その子は大人になってからも、故郷に帰ってくるたびに家を訪ねてきては仏壇に手を合わせていました。祖母にお礼を言っていたんでしょうね。甘酒にはそういう思い出があるもんだから、私は旅行先やお店で甘酒があると、つい、それを頼んでしまう。あの頃を思い出しながら。

——七〇代男性

不思議なことにそれは一人だけにとどまらず、一〇〇年前の雑踏とそこで「食べる」人びとの姿を描いた私の本を読んだあと、とくに年輩の読者の方々が、自分の食にまつわる経験を、当時の街並みやくらしの風景を思い浮かべながら語り始めるという場面が幾度となくあった。味や音やにおい、そして時代の熱気や人びとの喜怒哀楽などが伝わってくる語りに、私はすぐに引き込まれてしまった。

一九四五年八月六日は私の両親が広島で爆心から一・五キロメートル以内で被爆した日でもあります……若い夫婦である両親は幸い、土蔵のようなところに住んでいたので、周りは焼け野原になっていたのですが火傷もせず、命は助かりました。……広島には親戚等もまったく周りにいないこともあり、すぐさま京都に着の身着のまま、ぼろぼろの姿で帰ったそうです。その日に何があったのか、道行《みちゆき》の人びとは何も知らない状態でしたのでたいそう恥ずかしい思いをしたようです。ただ、よく問題にされるように水を欲するので、帰る途中で水がわりにぶどうを食したことが災いして、その胃袋のために、京都に帰ってから髪は抜け、まったく起きられない状況が何か月も続いたそうです。いろんな病気を体に巣食わせる根元になったのでしょうね。

――六〇代男性

この本読んだら、なんや「飯場《はんば》」のにおい、思い出したわ。あんたには想像できひんやろけどなぁ。飯場のにおい、っていったら何ともいえんもんやった。戦争が終わって、復興が進む中で、大阪は水道工事、道路工事、建設のラッシュやったから、そこにはいつも飯場がたって、便所、炊飯、布団、汗、埃なんかが混じったたとえようのない独特のにおいがする。そのにおいで、あ、飯場があるなって、すぐわかったもんや。あかん、言われても、小さい頃はそこで遊んでたからよう覚えてる。そんで工事が終わるとな、ある日忽然と、跡形もなく飯場もそのにおいも消えてしまうんや。そこで働いてた人らと一緒にな。

——七〇代男性

名古屋の路上の真ん中で、近所の大衆食堂が朝早くご飯を炊いていたんだよね。七輪に火をおこして大きな鍋でとにかくご飯だけを炊く。そのにおいが道中に広がってね。その食堂は朝八時には店を開けていて、土建屋で働く人たちが次々とご飯を食べに来ていました。時代はちょうど高度経済成長期です。

——五〇代男性

私、若いころには東京や横浜で宿がない人たちのご飯炊きをしていたのよ。そう、東京だけじゃなく、横浜にもそういう場所がたくさんありましたの。あなたたち、そういうこと知ってるかしら。

——八〇代女性

初めて食べるものって、大変なのよ。ピザという食べものをまだ食べたことも見たこともなかったから、生まれて初めてピザを食べに連れて行ってもらったとき、いったいどうやって食べたらいいか、全然わからなかったのよ。今考えるとおかしいわね。

——七〇代女性

「食べるを語る」こうした話を聞いていると、人はそれぞれ「食の履歴書」をもっているのだと気づかされる。「食物語《たべものがたり》」といってもよいかもしれない。そこにはこれまで何を食べてきたのかということはもちろん、それに加えて、食をめぐる状況や経験や思い出などが含まれており、その人の人生が垣間見えることも多い。話してくれた人のほとんどは以前から私がよく知っている人であったが、このような話を聞くのは初めてであった。「そうか、そんな経験をして生きてきたんだ」、と私は素直に驚き、周りにいた人たちもその話に加わり、ひとしきり彼、彼女らの食物語に耳を傾けた。

とりたてて日頃から話すことはなくとも、きっかけさえあれば淀《よど》みなく語ることができる「食物語」が、これまでどれほど語られずに蓄積されてきたのだろう。それは膨大な数にのぼるのではないだろうか。いわば「歴史化」されてこなかった「日常の事ごと」の世界である。冒頭に紹介したエピソードは主に六〇代から八〇代の方々からの語りであるということもあって、それらの多くには食べることが困難だった時代、食べるために必死だった時代、食べることが日常生活の重要な部分を占めていた時代の面影が色濃く投影されている。

では、こうした食の履歴書はその人だけの、個人的なものなのだろうか。

私は前著で、今から一〇〇年前の食の風景をみたとき、「食べるという行為は極めて『個人的』なものにみえて、じつは極めて『社会的』なものなのである」[*1]と結論づけた。そうだとするならば、人それぞれが持っている食の履歴書は、唯一無二のものでありながら、同時に互いに関係し、共鳴し合っていると考えることができる。

それらは同時代を生きた人びとというだけでなく、世代を超えて、そのあとの一〇〇年、つまり現在に至るまでの時代の中で、どのような関係を結んできたのだろうか。私たちの胃袋と食べるという行為は、今日に至るまで、はたして「社会的」なものであり続けているのだろうか。そして私たちは「食べる」という行為に、これまでどのような意味を与えてきたのだろうか。

「食べるを語る」人びとの「食物語」に耳を傾けながら、これらの問いに答えうる「胃袋の戦後史」を描くことが本書の目的である。

生活を守ってくれる人

本書の冒頭に掲げた文章は、一九七〇年にやなせたかしが書いた童話「アンパンマン」から引用した一節である。アンパンマンといえば、おそらく多くの人が知っているとおり、現在も子どもたちの人気を集める漫画のひとつである。お腹が空いた人がいると、アンパンマンは自分の顔をちぎって食べさせるという場面が有名であるが、じつは一番始めにやなせが描いたのは、「パンを配る空飛ぶおじさん」、という想定であった（図序-1）。いずれにしても、お腹が空いた子どもたちを助けるというコンセプトは一貫して変わっていない。

図序-1　最初のアンパンマン
——やなせたかし『十二の真珠』サンリオ出版、1970年、61頁

やなせは「『なんのために生まれて　なにをして生きるのか』というのは、ぼくの作詞した『アンパンマンのマーチ』の一節だが、実はこの言葉は自分自身への問いかけであった」と語っている。[*2] 一九一九年（大正八）生まれのやなせは、幼いころに父と死別し、青年期には戦地へ赴き、焦土となった敗戦の祖国へ引きあげてきたとき、唯一の家族であった弟は戦死していた。そうした状況のなかで、何ひとつ希望を見いだすことができなかったことをふり返り、「ぼくの人生はまさに戦前、戦中、戦後を通過してきた。いつ死んでもおかしくない激動の時代だった。ぼくはなんとか生きのびてきた」[*3]とその人生を語っている。

最初のアンパンマンは一九六九年（昭和四四）、やなせが五〇歳の時に誕生した。自分でパンを焼いているから、マントには焼けこげがあり、恰好良い颯爽としたヒーローとはほど遠い身なりのアンパンマンをあえて描いた理由を、やなせは次のように説明している。

非常に格好の悪い正義の味方を書こうと思ったのです。正義の味方は自分の生活を守ってくれる人ではないかと思っていた。子どもから見れば、おなかをすかして泣いている時に助けてくれる、地味な正義の味方を書きたかったんです。[*4]

この時、日本はまさに高度経済成長期のさなかにあって、他人と競争して豊かさを勝ち取ろうとする人びとの熱気に満ちていた。空前の経済成長を駆け上がりながら、「おなかをすかす」ということ自体が次第に忘れ去られようとしていた時代でもある。アンパンマンは、こうした激変する時代状況のなかで、当時流行し始めていた「力」と「武器」で相手を打ち負かす強靭なヒーローに対して感じたやなせ自身の違和感が、「本当の正義とは何か」を問い直すことで初めて誕生した存在だと説明することができる。それはおそらく戦地での経験に深く根差した違和感だったのだろう。

こうしたやなせの問題意識から生まれたアンパンマンは、誕生した当初、大人たちや出版関係者からはまったく共感をえられなかったが、子どもたちからの人気はやなせの予想をはるかに超えて広がっていった。そしてアンパンマンは戦後を代表するアニメキャラクターへと成長し、現在も生き続けている。つまりこれは、やなせの人生と食の履歴に刻まれた体験が、思いがけなくもアンパンマンを通して新しい時代へと引き継がれていったことを意味している。

これはやなせ一人に限ったことではなく、さまざまな場面で戦前・戦中・戦後を生きた人びとの体験が戦後という時代を作ってきた側面が多々あることを示唆している。とはいえ、それらは現代を生きる私たちにはっきりと自覚されているわけではない。アンパンマンを、作者の戦争体験や飢餓の記憶と関わらせて読んでいる人はほとんどいないからである。また、現代の子どもたちにとっては「アンパン」という食べもの自体、おそらくやなせ自身が思い入れていたほどの魅力を持たず、おいしさの象徴でもないだろう。しかし、少なくとも、なんらかの自己犠牲の上に正義が成り立っていることや、生活を守る大切さというシンプルなメッセージは、アンパンマンを通じて伝わっているような気がするのである。それは、子どもたちが大人に比べて、理屈ではなく感覚として理解していく部分を多く持っている証といってもよいのかもしれない。

近代から現代へ——見取り図

近代から現代へと移り変わるなかで、私たちの食の風景や胃袋をめぐる問題は間違いなく劇的に変化してきた。[*5] ごく単純な見取り図を示すなら、次のように言えるだろう。

まず、今から約一〇〇年前の二〇世紀初頭、近代には人口が急増したことによって「胃袋の増大」が始まり、「農村」の胃袋に加えて「都市」へと流入する胃袋が増えた。外食の機会が整えられ、工場や企業が労働者の胃袋に関与するようになった。次に戦争によってその胃袋は国家によっても管理される一方、十分に満たされないという苦難を経験した。そして二〇世紀半ばから始まる戦後、人びとは戦時期以上の食料難にあえいだが、次第にそれが解消され、高度経済成長期に突入すると、まもなく飽食の時代が到来した。食べることそのものから満足感を得ていた時代から、たくさんの食べものの中から何を食べるかを選択しうるかで満足感を得るような時代へと移り変わったといえよう。そして、溢れるような食べものの中で、もはや胃袋を満たすことに困難が伴うことは少なくなった代わりに、一方では「個食」や「孤食」という現象が見られるようになり、食をめぐる風景は一変した。

二一世紀への転換期には、食べものが溢れる「飽食」の時代から、食べることの意味が失われる「崩食《ほうしょく》」の時代へと突入し、食べものや食べることを日常生活の中心として絶えず考え続ける状況を、多くの人びとが共有することが難しい時代となった。また、食べものは成分、栄養素という言葉や数字に置き換え可能な単なる物質として理解されるようにもなり、食べることに与えられる意味も合理化、科学化、単純化される傾向にある。やや極端ではあるが、これが現在に至る食の風景や胃袋をめぐる変化である、とひとまずは説明することができる。

食の評論家であった岸朝子は、「私たちは食べものをいったいどこで食べているのか」、という興味深い問いを立て、この変化をわかりやすい比喩で説明している。[*6] つまり、戦前期と戦後すぐの時代はとにかく空腹を満たすために「胃袋」で食べ、次に戦後になって美味しさを味わう余裕が出てくると「舌」で食べ、さらに見た目の美しさや珍しさを「目」で食べ、そして食べものの成分や機能や栄養などを理解し、選別しながら「頭」で食べる時代へと移り変わってきたという。

ここに近年の動向を加えるために、学生たちと話したことを参考にすると、「他人の目」に食べさせ、「いいね」という承認を得ることで「心」を満たすのが現代という時代に登場した新現象であるという。これは食べものの写真をソーシャル・ネットワーキング・サービス（ＳＮＳ）やインスタグラムなどに掲載する人が増加している現象について、学生たち自身が説明した言葉である。誰と食べるか、何を食べるかということよりも、食べものをファッションのアイコン、あるいは「記号」として利用する彼らにとっては、話題のお店や食べものを、いかに映《は》えるように撮影し、発信できるかが重要であって、食べること自体にそれほど執着はしていないのだという。

このような時代の描写は、あながち間違った説明ではない。しかし、よく考えてみると、それらの現象は次々に消えては生まれ、生まれては消えてと単線的に移り変わったのではなく、多様な食の履歴書を持つ人びとが同時代を生きているがゆえに、複雑で重層的な変化を経過してきたと考える方がより現実に即しているといえる。言いかえるならば、「経験の地層」、「食の履歴書」の膨大な束のようなものがあり、それらが厚みをもって時代をつくってきたのだと考えたいのである。

アンパンマンが生まれた本当の理由を知らなくても、感覚的にアンパンマンに惹かれる子どもたちがいる。祖母がすべての食材を愛おしむように料理する本当の理由を知らなくても、その所作《しょさ》に好感を持ち、その味が好きで忘れられない孫がいる。食べものは数字や記号でしかないという若者がいる一方で、もう一度食べることの意味を問い直そうとする若者もいる。本書で重視するのは第一にこの「変化の重層性」である。そして、第二に、それらの変化を目に見える現象としてとらえるだけでなく、その現象の根底にある人びとの感覚や価値観、考え方といった「心の内側」についても言及していきたい。

2 変わるものと変わらないもの

新宿駅前のめし屋がみた日本の一〇〇年

食べることの歴史に関わる具体的な情景を思い浮かべるために、まずは実際の街へ出てみよう。出発点は新宿駅前のとある食堂である。

一九一五年（大正四）、新宿の青梅街道の入口辺りに開店したそのめし屋は、それから一〇〇年が過ぎた二〇一八年（平成三〇）現在も、同じ場所に佇んでいる。つまりこのめし屋は一〇〇年間同じ場所で、激変する大正、昭和、平成の新宿駅前の風景と世相の移ろいを見つめ続けてきたことになる（図序－2、序－3、序－4）。

新宿に荷馬ならぶや夕時雨

明治中期頃、正岡子規はこのような歌を詠んでいる。*7 一〇〇年前、この辺りはまだ舗装されていない道に人と馬と荷車が行き交い、馬糞のにおいと砂ぼこりが煙る雑踏のただ中にあった。膨大な貨物が集散する新宿駅で荷が積み下ろされると、馬丁たちが続々と集まってくる。その積み下ろしのあいだに彼らが食事をし、弁当を買っていくのがこのめし屋であった。

店の前の街道には馬の飼草《かいば》を入れる桶が並び、干し草を入れて熱いお湯をざーっとかけると、繋がれた馬たちがそれを一斉にむしゃむしゃと食べていたという。*8 都市の雑踏と喧噪のなかで人も馬も大急ぎでここで食べものを胃袋に入れたわけである。三六五日休みなく営業していたため、正月も含めてひっきりなしに客が入ってきたという。

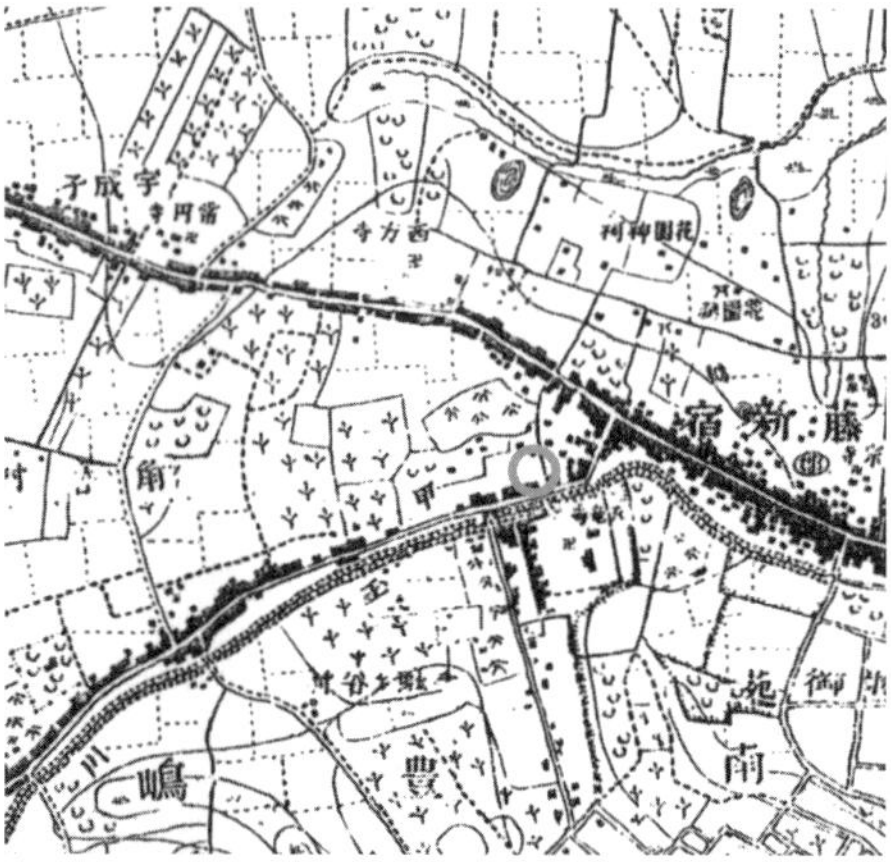

図序-2　新宿駅前の風景（明治）
——迅速測図2万5千分の1

注）　食堂の位置を○で示した。ただし、明治期にはまだ同食堂は操業していないが、参考として付記した。

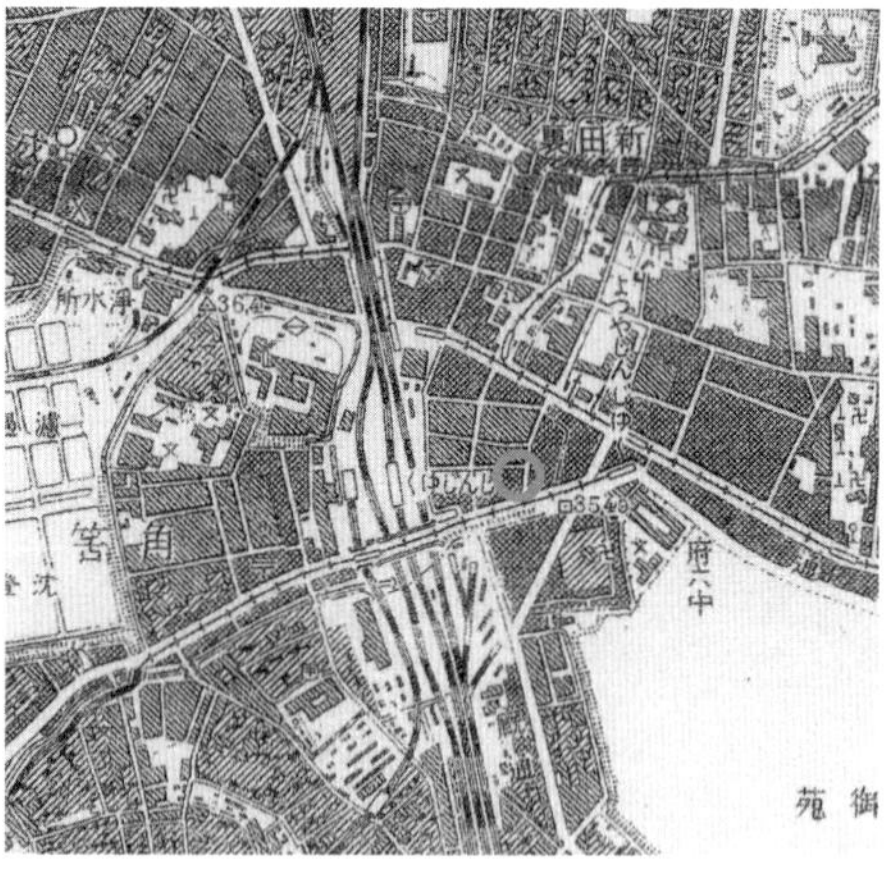

図序-3　新宿駅前の風景（昭和6年）
——陸地測量部発行2万5千分の1地形図「東京西部」

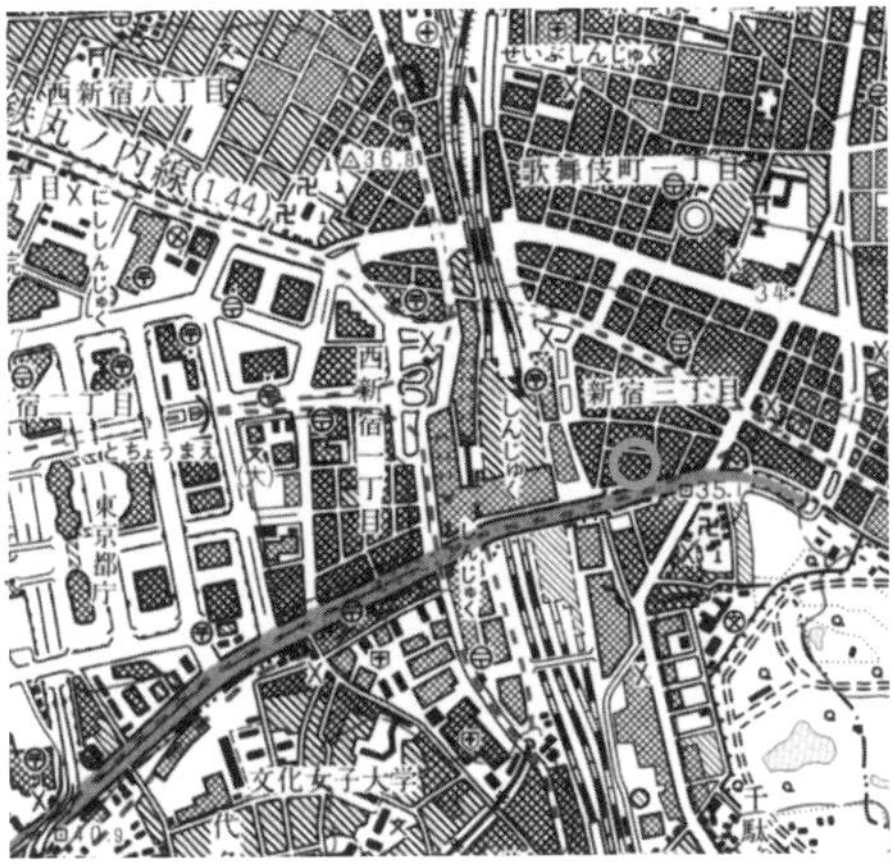

図序-4　新宿駅前の風景（現在）
——国土地理院発行2万5千分の1地形図「東京西部」

このめし屋はその後、戦時中には「外食券食堂」と名前を変えた。外食券食堂とは、統制経済下で米の自由な喫食ができなくなった時期に、外食するために必要な食券を持参した人にのみ食事を提供する指定食堂である。外食券は一九四一年（昭和一六）から一九六九年（昭和四四）まで発行された。このめし屋のレジ横の壁には今でも当時の名残を感じさせる「食券売場」「食券は先にお求めください」という貼り紙が残され、当時を偲ぶことができる（図序-5、序-6）。

東京大空襲で店は焼失したが、第二次世界大戦後に木造二階建の店に再建した。戦後の新宿南口付近にはドヤ街が形成され、場外馬券売り場なども立地する雑然とした街並みが広がるようになった。食糧難と統制経済が続く中、このめし屋はまず外食券食堂として再出発したことになる。

さらなる変化は外食券の発行が廃止された時期、つまり高度経済成長期に訪れた。それまでは地所と店舗を借りて食堂を営んでいたが、その場を自分の地所とすることができ、一九七八年頃自前のコンクリートビルに建て替えたのである。その一階をめし屋に、二階を厨房とし、現在に至っている。

ビルへの建て替えから現在までの間は、まさに激動の時代であった。都心の地価が急激に高騰し、場外馬券売り場が「ウインズ」へとリニューアルした頃から始まる新宿駅前の再開発事業も急速な展開を見せ、バブル経済を牽引した。しかし、その渦中にあって、このめし屋は再開発全盛の時期にもかかわらず、大きな変化をしないことを選び、一〇〇年前と同じ場所で、人びとに食事を提供し続けてきた。食事の内容は、戦後、サラリーマン用に「定食」を揃えたこと以外には、メニューに大きな変化はないように見える。肉豆腐や漬物、みそ汁も健在である。いずれもかつての一膳飯屋と同様、単品で注文できる（図序-6）。

二〇一八年（平成三〇）現在、新宿駅東南口を出ると、ルミネなどの華やかな大型商業施設が目に飛び込んでくる。二〇一六年にはリニューアルされた高速バスターミナル「バスタ新宿」が新たなランドマークとなった。大勢の人が行き交う階段を下りて新宿の街中に入っていくと、数々のカフェ、チェーン展開の飲食店、ドラッグストアなどが集まり、ぎっしりと立ち並ぶ雑居ビルには数えきれないほどの喫食の場がひしめき合っている。その大都会の

図序-5　新宿駅東南口前の風景
——2018年筆者撮影

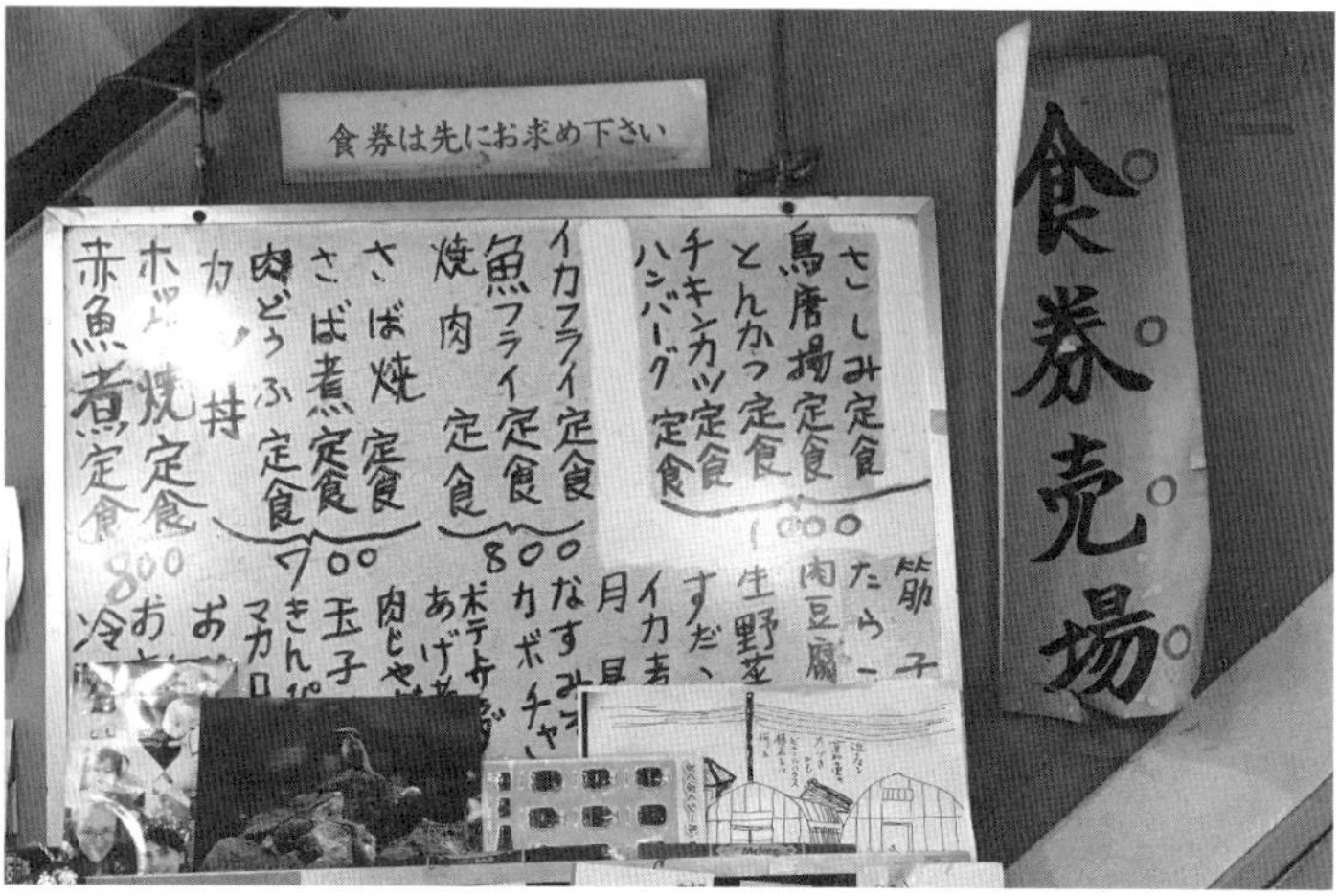

図序-6　新宿駅前食堂
――2018年筆者撮影

真ん中で、まるで時が止まったような風情で、しかし駅前の堂々たる一角に今日も暖簾《のれん》をはためかせているこのめし屋は、ほんの一〇〇年のあいだに信じられないほどの目まぐるしい変化が訪れたことを目の当たりにしてきた。しかし、その一方で、人びとはいつ、いかなる時も、日々何かを「食べて」きたことを、このめし屋の存在は証明してもいるのである。

もう一つの一膳飯屋のその後

次に、地方都市の一〇〇年間に目を向けてみよう。

よく晴れた一月のある日、私は一枚の写真を持って静岡県静岡市の浅間神社商店街を訪れていた（図序-7）。その写真はおそらく明治中期頃のもので、浅間神社の鳥居を背景に、そこからのびる参道に天秤棒で薪を担いだ男性が立っており、奥に「一ぜんめし」と書かれた飲食店の看板がみえる風景が焼き付けられたものだった。裏には筆で「静岡浅間神社前」と書かれている。

前著では、今からおよそ一〇〇年前の日本で人びとが日々をどのように暮らしていたのかを、彼らの胃袋から描くということを試みた。その過程で、手軽で気軽な外食の場としての「一膳飯屋」が一つの重要なキーワードであることに気がついた。写真はその折に手に入れた一枚である。大都市や地方都市が成長する中で、多くの人びとが農山漁村から都市へ働きに出てきた時、まず彼らが胃袋を満たした身近な場所が、当時あちこちにでき始めた「一膳飯屋」だったからである。

薪を担いだこの男性はまさに「一ぜんめし」と掲げられた店に入り、胃袋を満たした後なのではないだろうか。そこで彼はいったい何を食べたのだろう。そして、どんな気持ちでそれを食べたのだろう。店の中にはどんな人びとがいて、どんな会話をしていたのだろう。そんなことを考えつつ、セピア色の一〇〇年前の風景を眺めながら原稿を書いた。

先日久しぶりにその写真を手に取った時、「一〇〇年が過ぎた今もこの場所はまだ存在している」という単純な事実にふと気がついて、私は思い立ってこの「静岡浅間神社前」を訪れてみることにしたのである。

鳥居は変わらずそこにあった。しかし、「いちぜんめし」という看板が立てられていたその付近の場所には、「ふじのくにフードバンク」という看板が掛けられていた。中では四、五人のスタッフが忙しそうに働いているのが見えた。一〇〇年を経て、一膳飯屋がフードバンクに変わっていたことに、私は「時代の変化」と説明するだけでは物足りない、何か根本的な転換を感じずにはいられなかった。

この一〇〇年の間に、いったい何がどのように変わったのだろうか。そして、何が変わらずに底流しているのだろうか。

本書の構成

本書は四つのテーマで構成されている。

まず、第一のテーマとして近代と現代をつなげ、その前史としての近世を含めた二〇〇年間を射程に入れ、「胃袋」がどのような歴史をたどって現在に至るのか、少し長いスパンをとってその見取り図を描く（第一章）。「胃袋は誰のものか」という問いの答えを歴史的に整理すると、五つの時期区分が見えてくる。すなわち、①近世から明治初期、②明治・大正期、③大正期から昭和初期（第一次世界大戦から第二次世界大戦）、④第二次世界大戦後から高度経済成長期、⑤高度経済成長期以降から現在である。本書ではその中でも特に③、④、⑤に注目し、テーマとして設定する。

第二のテーマは「空腹の記憶」と「初めての味」から、戦中、戦後の食体験を描く（第二

図序-7　静岡浅間神社前(現静岡市葵区)の一膳飯屋と薪を担ぐ男。鶏卵紙の写真。
明治・大正期だと思われる。
——著者蔵。

章、第三章)。主に大正期から昭和一桁生まれの人びとがこのテーマの主人公である。彼らのライフヒストリーを織り込みながら、彼らの経験がその後にどのようにつながっていくのか、あるいは断絶していくのかを考えるための時代状況を描く。

第三のテーマは、その次の世代、つまり「団塊の世代」が主人公である。戦後の社会変化を実体験として持ちながら、高度経済成長期を駆け上がっていく彼らの食をめぐる体験は、まさに「天と地をひっくり返したような」大転換であった。「豊かさ」を追い求め、手に入れた世代でもある。産業構造はダイナミックに変動し、人びとの人生にはその影響が鮮明に刻印された。そのような状況の中で、食をめぐる価値観や生きる姿勢はどのような影響を受けたのだろうか。

第四章では農業生産の視点から、政策の理想と農村での現実を交差させながら、高度経済成長期の食と農について考える。第五章では、一億総中流社会の出現のなかで、人びとが何を手に入れ、何を手ばなしていったのかを考える。戦後から高度経済成長期を経て、日本は現代にまで続く経済的豊かさを手に入れたといわれる。それを「光」とするならば、一方でそこには深い「影」も付きまとっていたことにも目を凝らしてみたい。第六章では胃袋を通してその影に立ち向かい、乗り越えようとした人びとの胃袋が示した意志と行動を見つめる。具体的には土と食卓のあいだの距離が遠くなり、食が外部化することに伴って生じた食をめぐるさまざまな問題と、それに対する抵抗運動を取り上げる。

第四のテーマは高度経済成長期以降の物質的豊かさを所与のものとして生きる世代、つまり、いわゆる「団塊ジュニア」以降の世代に注目する（第七章）。これまでの現代史の中では、「高度経済成長期」が非常に大きな時代と社会の転換点であったと考えられてきた。しかし、こと食をめぐるさまざまな現象に関しては、本書では本章で扱う世代こそが、ある種の危機的かつ文明的転換を体現した世代であると想定している。時代はちょうど平成に入った頃のことである。さらには、二一世紀となり、その子どもたちの世代になると、胃袋さえもっていないという顔をしていながら、しかし、絶えず「食」に関する情報と言葉に晒されている。この状況をどのように説明できるのだろうか。「食べること」や「食べもの」に対する考え方や行動が、それまでとは異なる次元で展開するようになるこの時代の世相と世代をどのように名づけることができるのかを考察した。

このように本書の構成は基本的には世代ごと、時代ごとに並んでいるが、それぞれの世代と時代が相互にどのような影響を与え合っているのかを見落とさないようにしたい。前の世代は、後ろに続く世代とも同時代を生き、世の中は多世代が重なり合って構成されているからである。そして、世代間の影響を考えたうえで、時代の流れの中で、いったいどこにどのような画期があるのか、そしてそれはなぜなのかを明らかにする。

そうすれば、おのずと「胃袋」をめぐる現代の光と影が浮き彫りになって私たちの目の前に立ち上がってくるはずである。私たちは本当に豊かになったのだろうか。豊かさは幻影にすぎなかったのではないだろうか。食べるを語る「胃袋の物語」を通して、「現代」という時代と「豊かさ」の意味を見つめ直してみたい。

第1章

あなたの胃袋誰のもの？

胃袋がたどった二〇〇年

1 胃袋を通して手に入れるもの

胃袋はいったい誰のものだろう。

それはもちろん、その持ち主のものであって、臓器として身体に組み込まれた胃袋は、ほかの誰かに所有されるものではないと考えるのが普通である。お腹が空いた時、忙しいからといって友達や家族に「代わりにご飯、食べてきて」と頼めないことは誰だって知っている。だからまず私たちは「胃袋は私のものである」と答えるだろう。

では少し質問を変えてみよう。

「食べること」によって、私たちはいったい何を手に入れているのだろう。「胃袋は私のものである」という単純な答えに合わせて言うなら、私たちは食べものを口で咀嚼し、食道から胃袋にそれを取り入れることで生物としての命を維持するさまざまな成分、つまり栄養素とカロリーを摂取している、と説明することができる。しかし、おそらく多くの読者が気づいているように、この質問にはもっと別の答えもある。

たとえば、「いただきます」に込められた意味は、ほかの生きものの「命」を手に入れることを意味している。あるいは米や野菜を作ったり、食事を調えてくれた人への「感謝」を込める人もあるだろう。また、食べることによって、味わいや歯ごたえを感じ、「おいしさ」を手に入れることもある。食べることが楽しみとなり、「元気」になることもある。また、誰かと食べることで、「信頼」、「友情」、「承認」を得ることもあれば、食べたことが「思い出」として記憶に刻まれることもある。また、食べることによって「安堵」や「満足感」、「喜び」を得た経験は少なからぬ人びとが持つ実感ではないだろうか。つまり、食べることによって、そして胃袋を通して私たちはじつに多くのものを手に入れているのである。

私は前著で、一人ひとりが持っている「胃袋」は、「ごはん食べた?」と誰かに気づかわれ、関わりをもたれることで、社会へとつながる一つの「経路」あるいは「窓」になると説明した。それは、食べることによって手に入れるさまざまなものをみれば、食べるという行為が極めて「個人的」なものにみえて、じつは同時に極めて「社会的」なものであるということがわかったからである。そのように、食べることに本能としての「食欲の充足」以外の意味を付与するのは、人が手に入れた一つの可能性といえるのかもしれない。

そこで以下ではまず、日本の近世、近代、現代を視野に入れて、歴史の中で私たちの胃袋が具体的にどのような意味で社会的であったのかを考えてみたい。胃袋を気づかったり、胃袋に関与する主体は、時代とともに変化してきたことを確かめることから始めたい。戦後の変化がどれだけ急激であったかを知るためには、どうしてもそれ以前の様子を知る必要がある。以下では、少し長くなるが、胃袋がたどった二〇〇年の歴史をたどってみることにしよう。

2　近世――食をめぐる多義的世界

神様と食べる――直会《なおらい》

近世の人びとは、人間以外の世界とも交流しながら食べものを食べていた。

人びとが食べものを食べている姿を描いた絵の中で、私が好きな絵の一つが「稲刈上の日祝」（図1－1）である。[*1] これは農業技術が発達し、それらを記録した数々の農書が登場する近世の中頃、元禄期に描かれた。絵の全体が明るい黄金色に彩られ、人びとの表情が明るく、楽しそうである。それには次のような理由がある。

稲刈りが終わったら「刈上げ祝い」をする。朝日が昇る前から始めた稲刈りは夜田刈りまで続いたために、稲を刈り上げた喜びはひとしおであったことだろう。稲を刈り上げると、それを祝ってご馳走を作り、人も馬も骨休めの一日を過ごしたのである。解説によれば、この絵はかなり豊かな農家の刈上げ祝いの酒宴である。家の中に運び込んだ稲を背にして、白い布子を着て太い箸で料理を取り分けようとしているのがおそらくこの家の主人である。家族だけではなく、おそらく親族や村の人びとも集まり、食べものを囲んでいる。

稲刈りを終えた安堵と豊作の喜びが伝わってくるようなこの絵には、食べものを食べている人びと、馬、そして、供物《くもつ》を通して先祖と対話し、慰め合い、大地と神への感謝を表す様子が描かれていると説明することもできる。

神や先祖に捧《ささ》げた食べものを下げ、人びとがそれを食べることを「直会《なおらい》」という。神事のあとの直り会いという意味であり、「神人共食」の顕著な例である。[*2] 神霊が食べたものを食べる「共飲共食」の儀式は、人びとと神霊との結びつきを強くし、神霊の力を分けてもらうことを意味している。この場合、胃袋は神や先祖とつながるための重要な経路にほかならなかった。近世では、こうした共飲共食の機会は刈上げ祝いにかぎらず、年間行事のさまざまな場面でみられた。つまり、胃袋は自分のものであるばかりか、家族や村の人びと、神様や

図1-1　稲刈上の日祝
——『農業図絵 日本農書全集26巻』農山漁村文化協会、151頁

先祖のものでもあったのである。

祈りと願いを食べる

日本人の一生の節目には、必ず米の餅や団子がついて回ってきた。[*3] それは日本では米を単なる「物質」としてではなく、目に見えない「精霊」が宿っているものと考えてきたからである。とりわけ白い餅や団子は霊魂のシンボルと考えられ、食べればその霊の力や寿命を授かることができると信じられてきた。

私が初めて子どもを産んだ時、祖母が「ちょぼ汁」という料理を作ってくれた(図1-2、1-3)。台所をのぞきに行くと、これは祖母の故郷である淡路島の郷土料理で、産後の娘のために母や祖母が作る食べものだと聞かされた。

上新粉を水で練って、耳たぶくらいの硬さにし、それを先の丸まった円錐形のような形にする。これは男の子が生まれた時の形である。女の子が生まれた時には丸い形にするらしい。それをゆでると一口大の団子のようになる。この団子を入れる汁の具は、ゆでたササギ、ズイキ(芋がら)、油揚げである。これらをいりこの出汁《だし》で煮て、味噌で味をつけたところにさきほどの団子を入れたものが「ちょぼ汁」である。ちょっと変わった味噌汁という印象で、美味しかった。

淡路島の女たちは、産後の娘たちの肥立《ひだ》ちが良くなるようにという願いを込めて、この

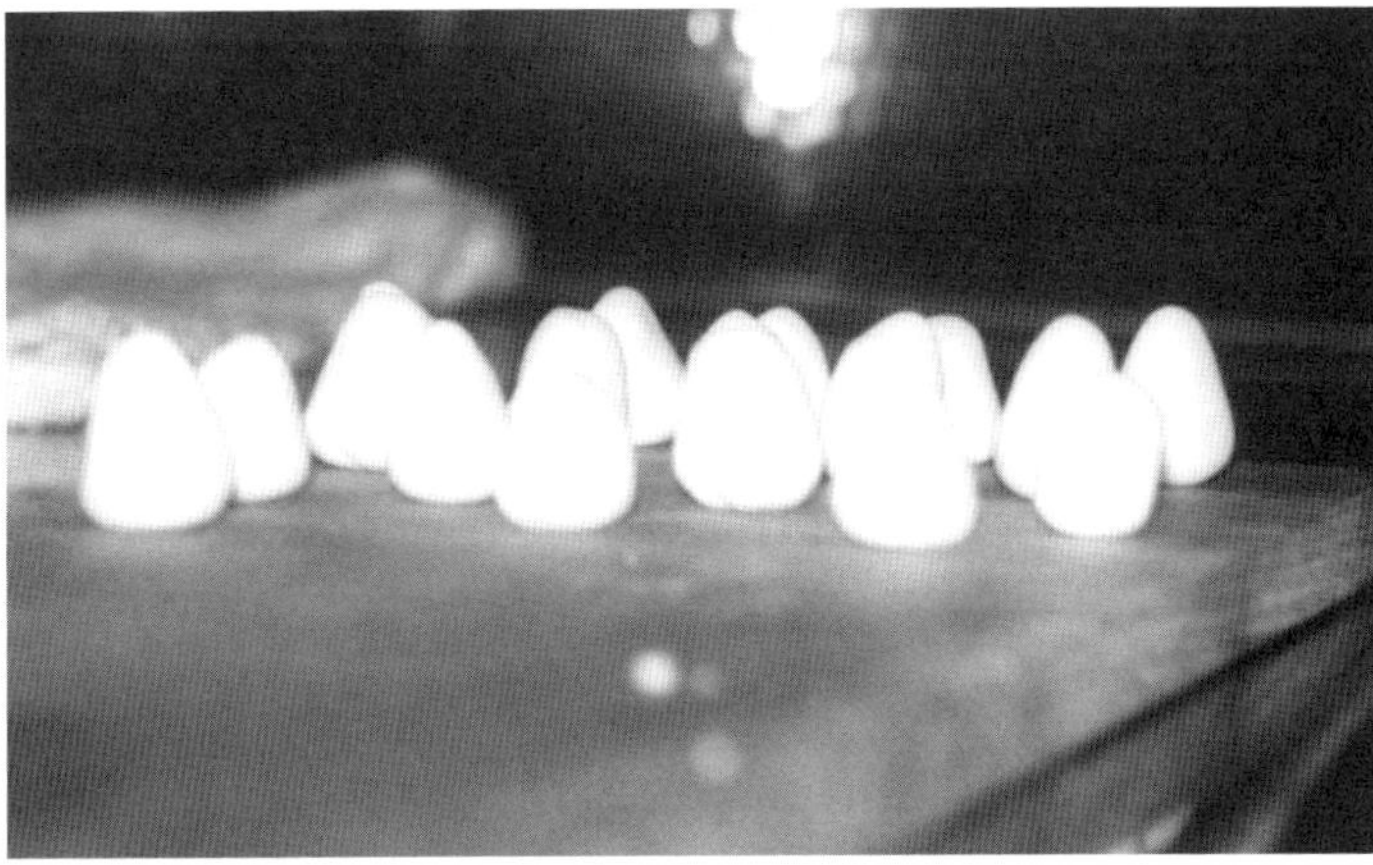

図1-2　ちょぼ汁の団子
——2000年7月筆者撮影

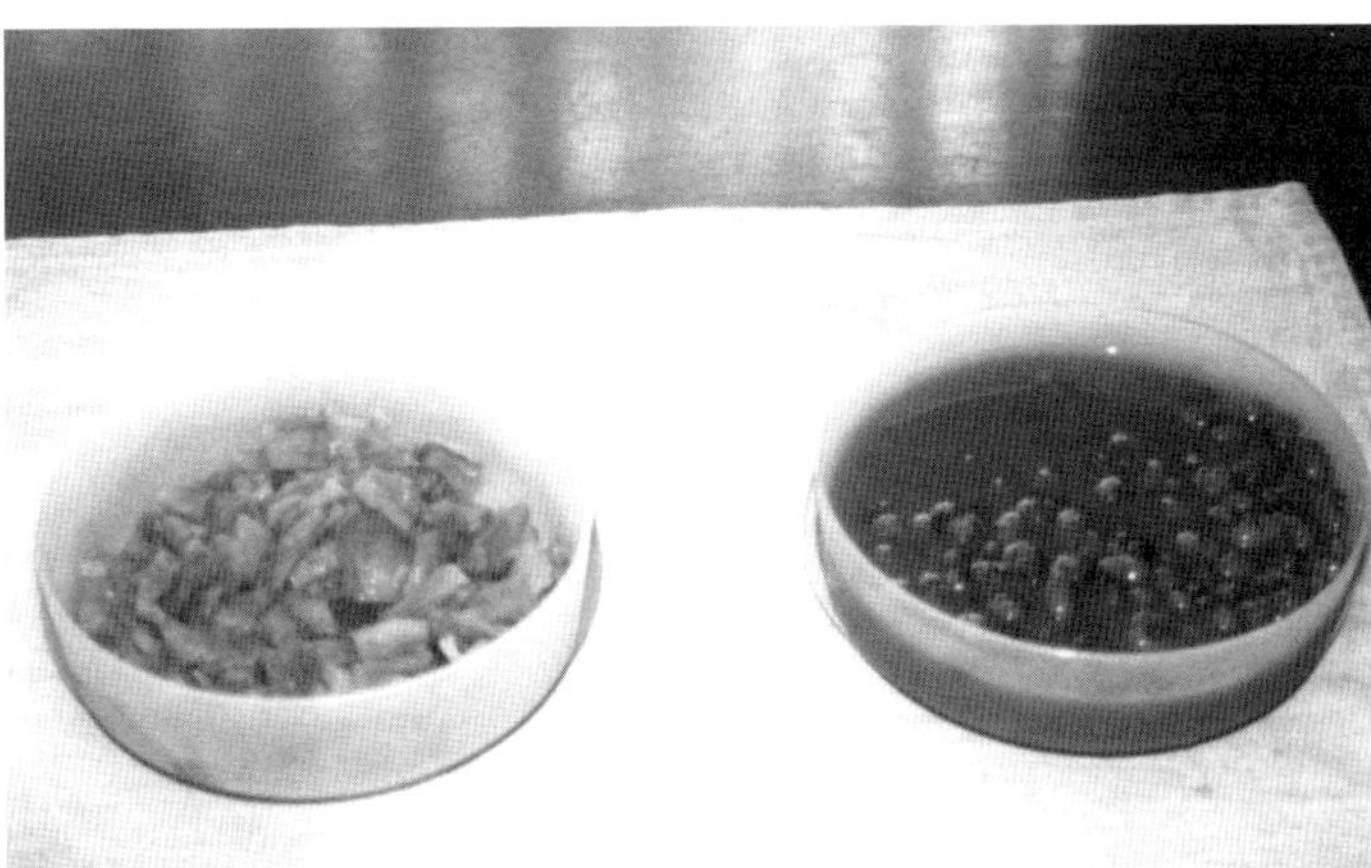

図1-3　ずいき（芋がら）と小豆
——2000年7月筆者撮影

「ちょぼ汁」を作ってきたという。このような慣習は淡路島だけでなく、日本の各地にみられる。石川県の加賀地方では、産み月が近づいてくると、産婦の実家から「ころころ団子」が届けられ、近所や親せきに一五個ずつ配られる。これには「ころころと安産できるように」という祈願が込められていた。[*4] 茨城県では「三つ目（三日目の祝い）のぼた餅」といって、産婦にぼた餅を食べさせると乳の出が良くなるといわれている。これらの食べものには、栄養学的には貧血を予防し、体力をつけるような成分が含まれていると説明することもできるが、それと合わせて、産前産後の食べものには、安産を祈り、出産を終えた女性へのねぎらいを込めて産後の回復を祈り、生まれてきた子どもの健やかな成長を願う人びとの「気持ち」が込められていることが重要である。

産婦は家族や村の人びとの「祈り」と「願い」を食べ、それは米に宿る精霊の力を手に入れることでもあり、そしてそれが生まれたばかりの子どもの命を育むことになる。ちょぼ汁はそんなひと続きの物語が、確かに宿っている食べものである。食べることには自分だけの胃袋を満たすという意味以外にも、じつに多くの意味があり、自分以外の人びとや人びと以外の世界が深く関わっていた。つまり、食をめぐる多義的な世界が日常生活のなかに広がっていたと言いかえることもできよう。

島の外に嫁いだ娘のためにはササギやズイキを折り詰めにして持参して食べさせたというほど営々と続いてきたこの慣習も、今日ではそこに込められた物語は薄れ、産後の女性が食べることは少なくなっているという。かわりに淡路島を訪れる観光客などにふるまう「郷土食」としての役割が加わるようになった。もしかしたら私は、ちょぼ汁に込められた祈りと願いを食べることのできた、最後の世代にあたるのかもしれない。

村の胃袋

近世は胃袋が決してその人だけのものではなかった時代であった。[*5]

近世の村文書などを読んでいると、頻繁に「困窮」という言葉が出てくる。天候不順や災害によって作柄が思わしくなく、村が「困窮」しているので年貢の減免をしてほしいという陳情書の類である。文書は事件や訴えなど何らかの意図がある時に作成されるものであることを考慮すると、その頻度を直接問題にすることはできないが、村の総意として「困窮」の打開策を談じていることにここでは注目したい。つまり、食べることは決して自己責任に帰する問題ではなかったのである。[*6] 各村は年貢米の収納と備荒貯蓄を目的とした共同倉庫（郷蔵）をもつことも少なくなかった。この貯穀は災害時に利用されるばかりでなく、村の貧困者に利息（籾）を定めて貸し付ける「社倉米制度」にも利用され、この農民の互助的生活保障制度が地域の安定をはかる役割を果たしていた。さらにいえば、この貯穀は食べものという意味だけでなく、利息（籾《もみ》）の一部を売却することで社寺の修繕や祭りに用いることもあった。[*7] 村レベルだけでなく、幕府の御蔵にも囲米《かこいまい》と呼ばれる備荒貯蓄、米価調整、軍事用の米が常備されていたことはよく知られている。また、冷害などによる凶作が頻発した米沢では、一八〇二年（享和二）に藩主であった上杉鷹山（治憲）が『かてもの』[*8]という備荒食糧の解説書を著し、広く領内に頒布した。[*9]「かてもの」のかてとは「糅」であり、米を炊くときに他のものを加えることを意味している。これらのことから、飢饉や災害がくり返される近世社会にあっては、胃袋が空っぽになることは他人ごとではなく、常に多くの人びとが隣り合わせだと実感している問題であったことが読み取れる。

農村だけでなく、都市でも胃袋の責任の所在は決して個人だけに帰するものではなかった。都市と貧困の関係を近世から近代への移行期を含めて明らかにした北原（一九九五）によれば、[*10]「貧民」であることがあたりまえであった時代から、「貧困」に陥ることを恥として隠蔽する社会へ向かう過程が、江戸から東京への移行過程であった。

近世から近代へと貧困が引き継がれたというよりは、近世と近代の間には、「貧しさ」に対する根本的な対処の差異があるという指摘は重要である。たとえば享保の飢饉の際には、力を出し合い、相互に扶助し合う「合力」制度が奨励された。その後、この社会通念は、施す者と施される者との上下関係を前提とした町方「施行」に変わっていった。火災、地震、飢饉などの災害は、恒産のない都市下層の人びとをして、この社会的経験を風化させなかったとも、北原（一九九五）は述べている。

3 近代——胃袋の増大と流動

人と自然の世界のゆらぎ——永井荷風『狐』にわとりときつね

十分に食べられるようになると、食べものに対する考え方が変化するのはいつの時代でも変わらないようである。米に精霊が宿っていると多くの人が信じていた近世でも、米が商品として取引され、経済構造が大きく転換するようになると、米は単なる商品であって精霊などは宿っていないと言葉にする人びとが登場した。[*11] そして、さらに時代が進むと、食べる行為そのものに対する意味が大きく転換することになった。

具体的にいえば、神様や先祖、精霊たちと食を共にしていた時代は、明治という新しい時代の幕開けに従い少しずつ、しかし確実に変化し始めた。永井荷風が書いた『狐』という短編小説にはその一端が描かれていると論じたのは前田愛である。その著著『都市空間のなかの文学』に収められた「廃園の精霊」という論考をもとに、明治という時代の変化について考えてみよう。[*12]

この小説は永井荷風が東京の小石川金富町の家で過ごした幼年時代を振り返った作品で、

時代は一八八六年（明治一九）頃である。内務省の高級官吏であり、外遊の経験のある荷風の父、永井久一郎は、明治八、九年頃に小石川金富町四五番地に新居を構えた。この時、久一郎が購入したのは尾張の武家屋敷三軒分であった。小説の舞台は小石川台地の崖上に位置するこの自宅と崖下の庭であり、これが小説を貫く二つの対照的な世界を象徴するものとなっている。

物語は永井家が飼育していた鶏が狐に食べられてしまったことを発端に、久一郎ら永井家の男たちが狐狩りをし、その祝宴で飼っていた鶏を二羽殺して食べるという一連の出来事に対して、荷風少年が何とも言えない違和感を抱くという内容である。この地域には古くから稲荷《いなり》信仰があったことから、母や御飯焚の女中など「女性」は狐を「精霊」としてみていた。一方、父や同居の書生たち「男性」にとって狐は家畜を殺すいまいましい「害獣」でしかなかった。このコントラストはじつは、「江戸」と「東京」、「自然」と「文明」、「多義的世界」と「実利的・合理的世界」、「自然獣」と「家畜」という一連の対立項を暗示するものでもあったと前田は説明している。

近代的な養鶏の母体は、幕末に尾張藩士の副業として流行した士族授産事業としての「さむらい養鶏」であり、これが全国的に普及したのは明治一五、六年頃であった。内務省の殖産興業政策がそれを後押しした。荷風の父、久一郎が内務省衛生局の高級官吏であり、かつ尾張藩の出身であったことは、偶然とは思えない。なんとも巧妙な設定である。

また、金富町の近隣の旧水戸藩邸には砲兵工廠が移転してきたことで、近世には閑静な屋敷地であった小石川周辺は、近代にいたって労働者が大挙して働く、喧噪と雑踏の街へと変貌した。明治四一年に五年間の留学を終えて帰国した荷風は、そのような「江戸」から「東京」へと変貌を遂げる都市の景観にまず目を見張り、それに加えて「にわとり」と「きつね」、そしてそれに関わる「食べる」ということに対して人びとの心性が大きく変わりつつあることに気づき、この小説を書いたといっても、あながち間違いではないと思われるのである。

都市化が進み、生活スタイルの変化が見られ始めるこの時期に生じた、人間世界と自然世界とのゆらぎ、都市と農村との間に生じた価値観や考え方のゆらぎが独特のアングルで描かれているこの小説を読むと、胃袋の問題もおそらく、「近代」と一言では括れない複雑な状況があったのだと推測される。たとえばこの時期、農村の胃袋はどのような状況だったのだろうか。

農村の胃袋――長塚節『土』お品とおつぎの胃袋

『狐』に登場した永井家の御飯焚のお悦は、「田舎出の迷信家」であったと書かれている。小説の中では、彼女が「お狐さまを殺すのはお家の為に不吉である」と説くのに対し、書生の田崎は「主命の尊さ、御飯焚風情の嘴を入れる処でない」と反発した。いうなれば、お悦と書生の問答は、農村と都市とのせめぎ合い、あるいは対立の象徴でもある。

ここに登場するお悦はおそらく農村から東京へ出てきて、永井家に入って女中として働いていた女性であった。御飯焚という肩書から、彼女が永井家の炊事などを担当していたことがわかる。お悦の出身地は不明であるが、東京近郊の農村と仮定しておこう。

では、東京へ出てくる前、お悦はどのような「食の履歴書」を持っていたのだろうか。明治時代の農村で人びとがハレの日ではなくケの日、つまり日常生活のなかで実際に何を食べていたのかを知ることは難しい。[*13] そこで、手がかりを得るために、まずは明治期の農村を写実的に描いたといわれる長塚節の小説『土』に登場する農家の嫁お品やその娘のおつぎの胃袋と重ねて考えてみたい。

一九一〇年(明治四三)に東京朝日新聞に連載された長塚節の長編小説『土』の舞台は、長塚の故郷である茨城県岡田郡国生村であった。国生は鬼怒川の右岸に位置する農村で、小説ではこの村に暮らす貧しい農家の暮らしぶりが、詳細な自然の描写とともに描かれる。正岡子規に師事した長塚の小説は実物・実景をありのままに具象的に写し取る「写生」の手法によっており、主人公の勘次にはモデルが存在するといわれている。勘次は小作農でありその妻はお品という名前である。

冷たく強い西風が吹く冬至間近の茨城の夕暮れ、百姓の合間に売って歩く豆腐の桶を下げた天秤棒を肩にかけ、お品は家に帰ってくる。庭先の栗の木には乾びた大根がぶら下がっている初冬の風景である。

お品は復《ま》た天秤を卸した。……お品は百姓の隙間には村から豆腐を仕入れて出ては二三ケ村を歩いてくるのが例である。手桶で持ち出すだけのことだから資本《もとで》も要らない代には儲けも薄いのであるが、それでも百姓ばかりしているよりも日毎に目に見えた小遣銭が取れるのでもう暫くそうしていた。……冬至が来るから蒟蒻の仕入をしなくちゃならない……蒟蒻は村には無いので、仕入をするには田圃を越えたり林を通ったりして遠くへいかねばならぬ。それでお品はその途中で商をしようと思ってこの日も豆腐を担いで出た。[*14]

百姓であるお品は冬に豆腐や蒟蒻の行商をしている。村の人びとはそれを買って食べていたことになる。体内にたまった砂を出すという意味を込めて、蒟蒻を大晦日や節分、大掃除の後に冬至に蒟蒻を食べる「砂おろし」という風習が描かれていると考えられる。ではお品自身はどんな食事をしていたのだろうか。家に帰ってからの描写を引用してみよう。

お品は戸口に天秤を卸して突然《いきなり》
「おつう」と喚《よ》んだ。
「おっかあか」と直《すぐ》におつぎの返辞が威勢よく聞こえた。それと同時に竈《かまど》の火がひらひ

らと赤くお品の目に映った。……竈には小さな鍋が懸っている。汁は蓋を漂わすように
してぐらぐらと煮立っている。……お品は鍋の蓋をとって粗朶《そだ》の焔《ほのお》を翳《かざ》しながら
「こりゃ芋か何でえ」と聞いた。
「うむ、少し芋足して暖《あった》め返《けえ》したんだ」
「おまんまは冷《ちみ》たかねえけ」
「それから雑炊《おじや》でも拵《こせ》えべと思ってたのよ」
お品は熱い物なら身体が暖まるだろうと思いながら、自分は酷く懶《ものう》いので何でもおつぎにさせていた。おつぎは粘り気のない麦の勝ったぽろぽろな飯を鍋に入れた。お品は粗朶を一燻べ突っこんだ。おつぎは鍋を卸して茶釜を懸けた。ほうっと白く蒸気《ゆげ》の立つ鍋の中をお玉杓子《たまじやくし》で二三度掻き立てておつぎは又蓋をした。おつぎは戸棚から膳を出して上り框へ置いた。……お品は左手に抱いた与吉の口へ箸の先で少しずつ含ませながら雑炊をたべた。お品は芋を三つ四つ箸へ立てて与吉へ持たせた。……お品は欲しくもない雑炊を三杯までたべた。幾らか腹の中の暖かくなったのを感じた。そうして漸く水離れのした茶釜の湯を汲んで飲んだ。[*15]
麦が多めのご飯を芋と煮込んだ雑炊と湯がお品の食事だったことがわかる。箱膳を使っていたことや、食事の支度は娘が担当していたことを読み取ることもできる。ところで、お品

の夫である勘次は秋から冬の間、利根川の開鑿《かいさく》工事の人夫として出稼ぎに行っていた。それに関する記述には次のようにある。秋から冬にかけての農家のくらしと食べものの冬支度が具体的に描かれている。

勘次は愈傭われて行くとなった時収穫《とりいれ》を急いだ。冬至が近づく頃には田はいうまでもなく畑の芋でも大根《だいこ》でもそれぞれ始末しなくてはならぬ。勘次はお品が起きて竈の火を点けるうちには庭蓋へ籾《もみ》の莚を干したりそれから独りで磨臼《すりうす》を挽《ひ》いたりして、それから大根も干したり土へ活《い》けたりして闇《くら》いから闇いまで働いた。それでも籾が少しと畑が少し残ったのをお品がどうにかするといったので出て行ったのである。[*16]

病気になって寝込んでいるお品を心配して帰郷した勘次は途中、土浦の町で鰯を一包勝手拭で括ってぶらさげて帰ってきた。

「お品おまんまは喰べてか」勘次はつけ足した。
「先刻《さっき》おつうに米のお粥炊《けえた》いて貰ってそれでもやっと掻っ込んだところよ」
「それじゃどうだ、途中で見付けて来たんだから一疋《びき》やって見ねえか」勘次は手ランプをお品の枕元へ持って来て鰯の包みを解いた。鰯は手ランプの光できらきらと青く見えた。……おつぎが枯粗朶《かれそだ》を折て火鉢へ火を起した。勘次は火箸を渡して鰯を三つばかり乗せた。鰯の油がじりじりと垂れて青い焔が立った。鰯の臭が薄い煙と共に室内に満ちた。そうしてその臭がお品の食欲を促した。お品は俯伏したなりで煙臭くなった鰯を食べた。

「どうして塩辛《しょつぱ》かぁ有んめえ」

「さすが佳味《うめ》えな」[*17]

鰯は病気のお品を元気づけようと、町で特別に買い求めた食材だったことが伝わってくる。麦飯と芋の雑炊を食べている日常の中で、鰯という蛋白源を食べるのは特別な食事であったのだろう。それは、この小説の舞台になった国生という村が、台地上の畑作地帯であったことを反映する食事の特徴でもあるといえる。

日本で初めての全国食事調査

では少し視野を広げて、データでこの時期の農村の胃袋をみるとどのようなことがわかるだろうか。

おそらく日本で最初の全国的な食事調査として一八八一年（明治一四）に農務局によって刊行された『第二次農務統計表』には、「人民常食種類比例」[*18]という統計が含まれている（図

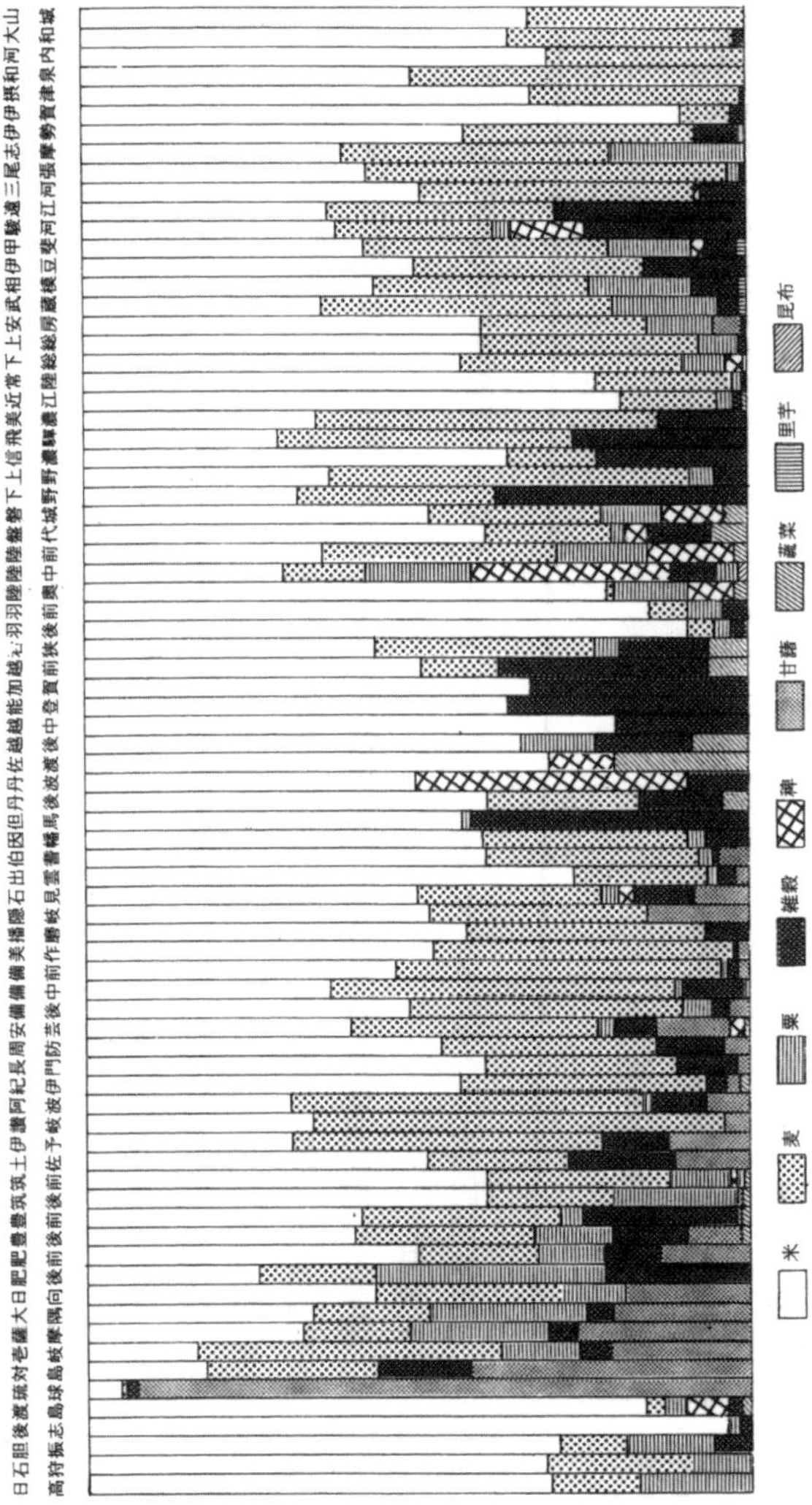

図1-4　人民常食種類比例
——農商務省勧農局「人民常食種類調査」『第二次の農務報告』1881年、
（豊川裕之・金子俊『日本近代の食事調査資料——日本の食文化 第1巻 明治篇』全国食糧振興会、1988年、21頁）

1―4)。実際に調査したのは前年の九月である。これによると、常食として挙げられている食べものの種類は米、麦、粟、稗、雑穀、甘藷、里芋、蔬菜、昆布と九種あり、その組み合わせや割合は地域によって差があったことがわかる。同調査によると、全国平均で米五三パーセント、麦二七パーセント、雑穀一四パーセント、蔬菜五・二パーセントと記録されているが、地域差は大きかった。[*19] とりわけ米や麦、雑穀等の穀物の摂取量の地域差は大きい。それ以外では、現在の鹿児島県、宮崎県などでは甘藷の消費が多く、蔬菜の摂取量は北陸以外にはほとんどみられないことがわかる。大まかにその傾向を読み取るならば、明治前期の庶民の食事では、エネルギーや栄養素のほとんどを穀類、芋類から摂取していたといえる。[*20]

この調査からみると、たとえば『土』の舞台である常陸国は、他の地域に比べて「米」を主食とする割合が高く、麦がそれに続いている。とはいえ白米をお腹いっぱい食べていたというよりは、実際には『土』に描かれていたように、米に麦を混ぜてご飯を炊き、それを雑炊にしたり、芋を足したりして食べていたのだろう。

さらに図1―4からは、たんぱく質の供給源としての魚類や肉類がほとんど食事に含まれていないことが読み取れるが、それは『本邦農夫ノ栄養ニ就テ』にもはっきりと表れている。同調査は一九〇六年(明治三九)、東京帝国大学に在籍していた陸軍軍医稲葉良太郎によって埼玉県の二カ所の村で実施された。「食時及食物ノ種類」について、稲葉は次のように報告している。

三回ナリ（朝食ハ概ネ午前五時三十分昼食ハ十二時夕食ハ六時前後ニ喫セリ）食物ノ主食ハ挽割麦飯（麦五分米五分及至麦四分米六分ノ割合ニ混合ス就中前者ノ比例ニ混スルヲ最モ多シトス）ニシテ朝夕味噌汁ノ他大根若クハ煮豆ヲ添ヘ昼食ハ沢庵煮豆切乾納豆等ヲ副食ス牛鳥肉ノ如キハ全然彼等ノ件饌ニ上ルコトナク僅ニ一旬一二回ノ如キ乾魚若クハ塩魚ヲ食スルコトアルノミ[*21]

勘次がお品のために土浦で買い求めた鰯は、やはり、農村では非日常の特別な食べものであったようだ。

一九二〇年（大正九）一〇月〜一一月の二か月間、農商務省農務局の職員は農村の日常生活に関する調査を実施した。それは「本邦農業ノ概況及農業労働者ニ関スル調査」としてまとめられている。[*22]これを用いて大正初期の農村地域の食事調査を分析した上原（二〇一四）によれば、主食に占める米の割合は明治時代以降に増加したといわれているが、農村部では麦飯が主体であり、都市部との食事内容には差があった。また、同時期に西洋料理の普及があったとされているが、これは都市の一部であり、農村の胃袋にはその影響はまだ見られなかった。[*23]

一九一八年〜一九二八年にかけて実施された全国農村保健衛生調査にも、食事調査が含まれている。それによれば、①食事回数は純農業者は一日四回（春夏のみ四回という場合もある）、②米の消費高は米食のみの者が二〇〜三二パーセントで一日一人四合、米麦混合の者は五八〜七九パーセントで米三合麦一〜二合、③弁当の副食物が梅干しのみの児童四九パーセント、漬物のみの児童二八パーセント、④植物性食品は十分であるが、動物性食品が不足のため、副食物は甚だ粗悪で、これが体格に影響している、⑤乳児の栄養不良での死亡が多いのは母親の栄養が佳良でないことが一因という状況であったことがわかる。[*24]

「家庭」料理の誕生と「女中」の時代——家庭の胃袋

再び都市へ目を向けてみよう。都市部において、近代は家庭料理が生まれ、興隆した時代でもあった。お悦のような農村出身の女性たちが都市へと働きに出てくるようになった背景には「家庭」料理が誕生し、「女中」という仕事が女性たちの職業として急速に増加する時代の到来があったことも見逃せない。ここではそのことについて考えてみよう。

近代は食が明確に「家庭」と結び付けられるようになる時代であったと言いかえることもできる。食の歴史をさかのぼる時、しばしばその前提として、どの時代でも「家庭」が食事の舞台であったとイメージされることが少なくない。しかし、そのイメージはようやく近代になって登場したものだったのである。たとえば柳田國男は『明治大正史世相篇』の第二章「食物の個人自由」の中で、次のように述べている。

温かい飯と味噌汁と茶との生活は、じつは現在の小家族制が、やっとこしらえ上げた新様式であった。[*25]

つまり、食が家庭と結びつけられるのは比較的新しい現象であったといえる。

では、なぜ近代に、食は「家庭」と結びつけられるようになったのだろうか。『家庭料理の近代』を著した江原絢子によれば、「家庭」は、明治初期から使われるようになった言葉であるという。その意味は「家の内」、「家内」などとされ、「家庭料理」という場合、人びとが家の内で調理し、食す料理と定義されている。[*26]明治三二年の高等女学校令以降、各種の女子教育が軌道にのり、良妻賢母を育成する家庭教育の一部門として家庭料理が大きな役割を果たすようになったのである。[*27]

食べる風景にも変化が見られた。「食卓」に着目して家族団らんの歴史的変遷を論じた表(二〇一〇)によれば、食卓での家族団らんは、昔から行われていた日本固有の文化ではなかった。[*28]家族そろっての食事は、銘々膳《めいめいぜん》や箱膳に代わって、ちゃぶ台が庶民の家庭に普及する大正から昭和初期以降に始まり、会話をともなう食事が実現するのは、ちゃぶ台からテーブルに移行する戦後以降である。その移り変わりは地域や家族によって一様ではなかったが、大局的にみて、ちゃぶ台が銘々膳を上回るのは大正末であった[*29]（図1-5）。国家の政策も食と

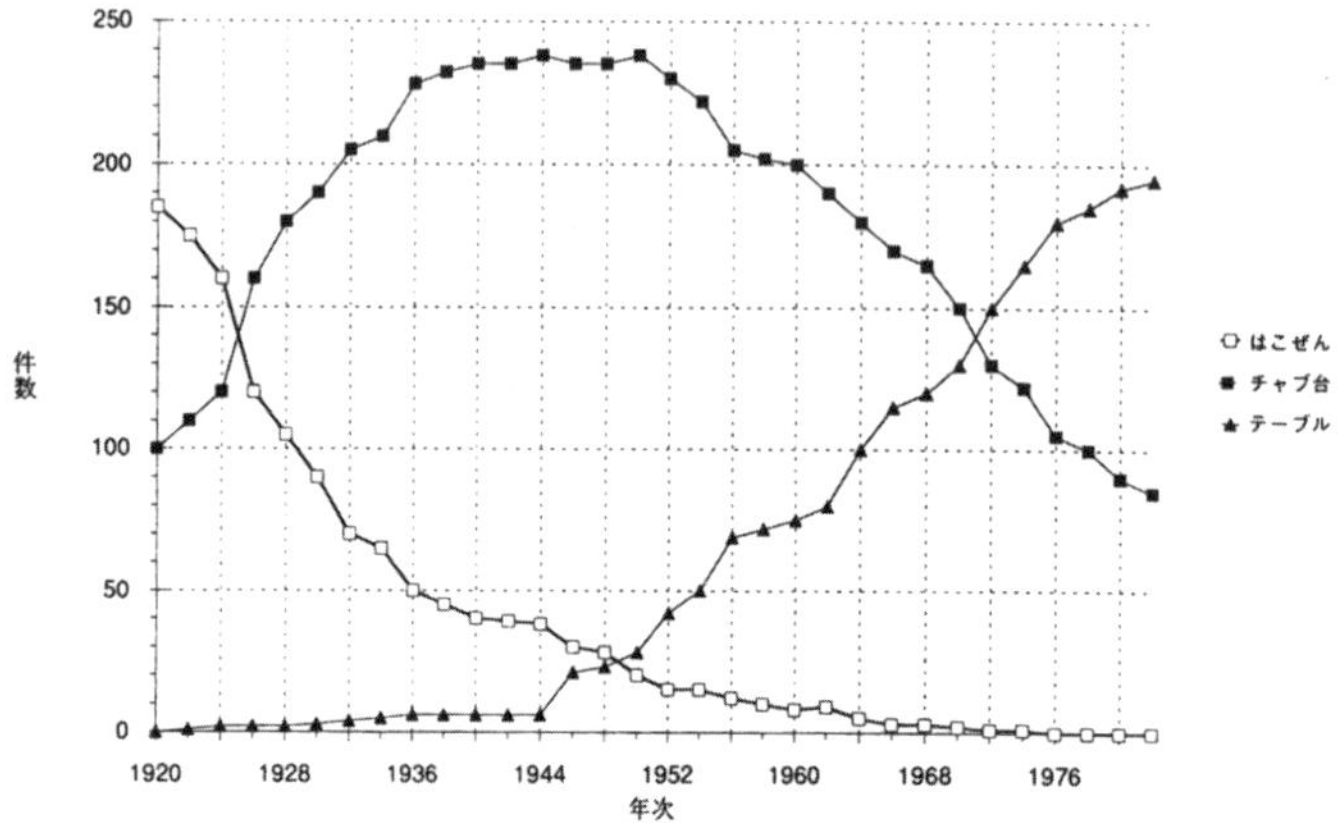

図1-5　食卓形式の変化
——井上忠司「食卓生活史の聞き取り調査」石毛直道・井上忠司編『国立民族学博物館調査報告別冊16現代日本における家庭と食卓——銘々膳からチャブ台へ』1991年、69頁

家族を積極的に結び付けるようになる。一九一九年（大正八）の文部省による「国民生活に関する三訓令」を端緒として始まった生活改善運動は「食卓での家族の団らん」を推奨した。これは当時の教育、とりわけ家事科教育とも連動して進められた。この目的は家族の和楽というよりもむしろ、家事の合理化と家庭生活の規律化を目指すものであった。[*30]社会学者の上野千鶴子は資本主義社会を支えるための装置として、家父長制度が重要な役割を果たしたと論じた。[*31]この家父長制度がいわゆる「男は外で働き、女は内で家庭を支える」という考え方のもとになり、その後の社会で普及していくことになる。

つまり近代は、胃袋を気づかうのは「家庭」であるという考え方が、とりわけ都市の新中間層の間で普及し、定着した時代であった。上野（一九九〇）が指摘するように、その一連の動きが資本主義社会の基盤として不可欠なものであったとするならば、その意味で、胃袋は政治や経済にも直結する問題であったということができる。

ところで、この家庭料理を作っていたのは、いわゆる家庭の主婦だけだったのだろうか。じつは第二次世界大戦前までは、新たに誕生した都市中間層の主婦だけでなく、その家に同居する女中も家事を担当した。女中は女工とならぶ女性の一大職業であった。それだけ女中を雇う家庭が多かったということである。[*32] 一九一〇年代まで、女中の数は約七〇〜八〇万人を維持し、一九二〇年（大正九）の第一回国勢調査によれば、有職女性約一〇六三万人のうち、女中は五八万人（五・五パーセント）で、農林漁業、工業、商業に次ぐ第四位を占めていた。[*33]

日本の家はもともと農家、漁家、商家いずれにおいても一つの経営体としての役割を果たし、村や町などの共同体の一角をなしていた。しかし、明治時代になると、社会を構成する単位にあらたに行政府、官庁、会社、学校、軍隊などが加わり、それに伴って新しい社会階層としての中産階級が誕生した。具体的には官僚、会社員、技術者、医者、教育者、軍人などのエリートであり、都市生活者であった。

このような変化の中で、明治二〇年代から三〇年代頃には生活意識が変わり、西欧思想の影響を受けた「家庭」という概念が誕生し、定着した。「家」が村などともつながった社会的なものであったのに対し、「家庭」は私的、個人的な存在であったという点で両者には違いがみられる。こうして、いわゆる核家族というスタイルが新たに誕生することになり、胃袋を心配するのは神様でも村などの共同体でもなく「家庭」であるという考え方が都市部を中心に普及し始めたのである。

読売新聞家庭欄に料理のレシピが掲載されるようになったのは一九一四年（大正三）のことであった。「人生相談」も同時期に始まっている。最初に掲載されたメニューは「コーヒージエリー」だった。*34 翌年には常設の料理コラム「毎日の惣菜」が始まり、お浸し、田楽、しぐれ煮などとともに、オムレツ、シチュー、コロッケなど洋食の新しい料理が紹介されるようになった。家庭料理教室が花開いたのもこの時期である。

また、近代は家事が高度化した時代でもあった。西欧の技術、道具、生活様式があらたに生まれた中間層の日常生活に浸透することによって、それに対応する家事も複雑になり、手がかかるようになったことも女中が増加する要因であったと思われる。

近代の都市や農村の「家の中」で見られた食の風景の一場面は以上のようなものであったが、次に「家の外」、つまり近代に増加した労働者たちの胃袋を満たした食の風景についても見てみよう。

浮遊する胃袋とめし屋の登場——孤立化と集団化

先述したように、永井荷風が暮らした東京小石川では、旧水戸藩邸に砲兵工廠が移転してきたことで景観と風情が一変した（図1－6）。東京砲兵工廠は、明治期から関東大震災までは、東京市内最大の工場であった。[*35] 同工場が立地したことによって、小石川は工場で働く大勢の労働者が集まる喧噪の街へと変貌したのである。これは小石川に限った変化ではなく、近代の各地の都市部や新たに形成された工場地域では、類似の変化が生じていた。

工業化と都市化は、たくさんの胃袋が農村から離れ、都市へと集中することによって進展した。都市に集まるこうした胃袋を受け止めた一つの場所が、近代に増加した「めし屋」であった。本書冒頭に登場した新宿駅前のめし屋がまさにその好例である。また、工場、軍隊、学校などでは共同炊事による集団喫食のシステムが整えられた。都市へ集中した胃袋は農村のそれに比べるとまだ少なかったが、これまでになかった新たな喫食の経験をする胃袋が急増し始めたのが近代という時代であった。

具体的な様子を知るために、昭和五年八月一一日から約二週間続けられた本郷区蓬莱町電停付近の某めし屋への調査をのぞいてみよう（表1－1）。

調査したのは、考現学者の今和次郎である。[*36] 今は自分がめし屋に行った時にすでに店にいた人と、店に入って来た人について、食べていたものとその量、食事の時間、服装などのデータを集めた。データの一つひとつから、当時のめし屋の風情、食器の音、煮物の匂いが伝わっ

図1-6　小石川の砲兵工廠（明治40年）絵葉書
——筆者蔵

てくるようである。めしは大が一〇銭、小が五銭、副食物にはすべて香の物がついて五銭、刺身と酢ダコは一〇銭、そしてカレーライスも一〇銭である。表にみえる三五人の客はほとんどが自由労働者、運転手、職人、職工、学生、行商人たちといった人びとであった。

近代になると、生活水準が上昇し、人びとは豊かになったと一般的には説明されるが、都市労働者とその家族はむしろ手に入れた賃金の多くを食べるために費やし、かつ彼らの胃袋は不安定に陥りやすい状況におかれていた。賃金、食料価格の変動のなかにあっても、天候に左右される日雇い労働、季節労働、工場の閉鎖と解雇はめずらしいことではなかったので、都市労働者の集団への帰属は常に不安定であったからである。そのため、こうした不安定な胃袋を受けとめる場として地域が

日時		飲食物	推定年齢	風体	摘要
8月11日	13時	めし大小2、煮豆(ブドー豆)1	35,6	無帽、白股引き、汚穢や風	
	19時半	めし大1、マグロテリヤキ1	15,6	無帽、浴衣、少年職工風	予の湯呑に茶をついでくれる。
		めし大1、奴豆腐1	32,3	流しの運転手	連れ
		めし大1、マグロテリヤキ1	20位	同助手	
8月12日	13時半	めし大1、枝豆(煮)1	37,8	白縞浴衣にバンドを締めていた	連れ
		めし大1、枝豆(煮)1	33,4	前と揃いの着物	
		めし大1、酢ダコ1	30前後	白ランニングシャツにズボン、付近の小工場の職工風	
		めし大1、胡瓜もみ1	30前後	白ランニングシャツにズボン、付近の小工場の職工風	
		めし大1、サバ(焼)2	53,4	白背広	
8月13日	正午	めし大1、マグロ刺身1	32,3	流しの金魚屋	
		めし大1、牛蒡1	30位	無帽、半纏、自由労働者	
8月14日	15時	めし大1、冷奴1、煮茄子1	19位	鳥打帽、スポートシャツ、カーキ色ズボン、板裏草履、小僧風	
8月15日	17時頃	めし大1、どぜう汁1、里芋1	65,6	カンカン帽子、白地の着物、	疲れた老爺
		めし大1、キャベツ(煮)	23,4	色黒、夏シャツ、黒ズボン、付近の職工風	別々に入ってきたが知り合らし
		めし大1、鰹(焼)1	19	学生帽、夏シャツ、黒ズボン、草履、職工風	
8月16日	19時頃	めし大1、トビ(焼)1、焼ノリ1	25,6	カンカン帽子、縞の着物、角帯	行商人或は通勤の店員か
		めし大1、トビ(焼)1	37,8	黒背広上下、白靴、ひげ生やす	
8月17日	18時半頃	めし大1、酢ダコ1	21位	無帽、黒セル学生服上下、駒下駄、頭髪前下げ	連れ
		めし大1、酢ダコ1、冷奴1	22,3	白地絣、無帽	
		めし大1、酢ダコ1	18,9	霜降学生服、メガネ、無帽、黒ズボン、下駄、頭髪前下げ	
		カレーライス1	19位	鳥打、スポートシャツ、黒ズボン	
		めし大1、イカ(煮)1	26,7	シャツ、ズボン、自由労働者風	
8月18日	19時	めし大1、ナマリ(煮)1	40位	無帽、半纏、職人風	
8月20日	17時頃	めし小1、煮魚1、冷奴1、ツユ1	25,6	無帽、黒セル、学生服上下	
8月22日	16時	めし大1、マグロ刺身1	50位	麦ワラ帽、クレツプシャツ、白ズボン、白靴(汚れ)	
8月25日	14時頃	めし大1、牛蒡1	31,2	麦ワラ帽、黒セビロ下級勤人か外交員か	
		めし小1、冷奴1	23,4	白絣、無帽	
	19時頃	めし大1、鰹(煮)1、冷奴1	30前後	無帽、横縞浴衣	
		酒1本、マグロ刺身1、どぜう汁1、めし大1	47,8	無帽、浴衣(白縞)	
		オラガビール1、カツ1、めし大1	25,6	無帽、シャツ、黒パッチ、汚穢や風	
		めし大1、煮魚2	38,9	麦ワラ帽、黒セビロ	
8月26日	19時	ビール2本、タコ酢1、刺身1、ブリ(煮)1、カレーライス1	50位	パナマ帽、白縞浴衣肥たる男	
		カレーライス1	22,3	無帽、夏シャツ、ズボン	
		めし大1、刺身1	26,7	無帽、浴衣	

表1-1　本郷蓬莱町某めし屋常連風俗及び喰べ物調べ
——今和次郎・吉田謙吉編『考現学採集(モデルノロジオ)』1986年、175～178頁

主体となった食の社会事業もまたこの時期に開始されている。

つまり、近代は農村から都市へと流入した胃袋が孤立化した後、各種の外食、共同炊事、地域社会事業という新しい場の中で再び集団化するという現象が急速に進んだ時代であった。[*37]

工場と国家の胃袋管理――大正〜昭和初期の人口食料問題

近代にはさらに増大する胃袋を「管理」するシステムが整えられた。当初の目的は「健康な労働力」の確保であったが、後にはそこに「健康な兵士」の確保という目的が加わっていく。

急激な人口増加と、都市への人口流入が顕著になる中で、人口と食料は常に表裏一体の問題として論じられてきた。大正期以降は、食料を合理的に摂取するための「栄養学」が導入された。「人口」とはそもそも「人の数」というだけでなく「人の口の数」という意味であることを考えると、人口と食料が表裏一体として論じられていたことにも納得がいくだろう。一九二七（昭和二）年には内閣に「人口食糧問題調査会」が発足するが、そこではその目的が次のように説明されている。

我ガ帝国ノ人口ハ、逐年増加ノ趨勢ニ在リ。……帝国人口ノ増加ト之ガ食糧ノ充実ト

単位：万人

年代		a)1920年	b)1930年	a)を100とした時のb)
総人口		5,596.0	6,445.0	115
業種別人口	農林業	1,500.0	1,500.0	100
	製造業	500.0	600.0	120
	商・サービス業	700.0	880.0	126
都市労働者		466.0	857.0	184
都市新中間層（医者・教員・俸給労働者）		79.7	88.9	112
六大都市人口（東京・大阪・京都・神戸・名古屋・横浜）		763.0	1,094.0	143

表1-2　近代日本の人口推移
――小山昌宏「1920（大正9）年から1930（昭和5）年の大衆社会状況――昭和初期の都市大衆と農村民衆の生活水準について」『留学生日本語教育センター論集』34、2008年、105―121頁。

ニ善処スルノ対策ヲ確立シ、社会的経済的ニ之ガ解決ノ方途ヲ講ズルコトハ洵ニ刻下ノ重要問題タラザルベカラズ[*38]

まず、近代日本の人口推移をみてみよう（表1-2）。工業化と都市化は、たくさんの胃袋が農村から離れ、都市へと集中することによって進展した。国勢調査をもとに一九二〇年（大正九）と一九三〇年（昭和五）を比較してみると、一九二〇年の日本の総人口は五五九六万人、うち農林業従事者は一五〇〇万人、製造業従事者は五〇〇万人、商業従事者は七〇〇万人であったところ、一〇年後の一九三〇年になると、総人口が八四九万人増加し、農林業従事者は変化がなかった一方で、製造業従事者は一〇〇万人、商業従事者は一八〇万人増加した。また、都市に住む労働者は四六六万人から八五七万人に増え、総人口に占める割合は八・三パーセントから一三・三パーセントへ上昇した。さらに、六大都市人口（東京、大阪、京都、神戸、名古屋、横浜）でみると、七六三万人から一〇九四万人となり、三三一万人増加した。[*39]総人口に占める業種別割合としては未だ農林業従事者が多いとはいえ、その割合は低下し、この一〇年間でもっとも変化が大きかったのは、製造業や商業に従事する人口と都市人口の著しい増加であったとみることができる。

さらにその後の約一〇〇年間の変化を視野に入れると図1-7、1-8のようになる。注目されるのは以下の三つの変化である。一つ目は、就業人口自体が継続的に増加していることである。二つ目は、産業別にみると第二次世界大戦前までは第一次産業の割合が最も高かったが、以後は漸次減少し、第二次、第三次産業就業人口が着実に増加したことである。三つ目は、第二次世界大戦後に、全体に占める郡部人口が急速に減少していることである。これはつまり、食料の生産基盤が脆弱化する一方、食料の自給的基盤を持たない人口（胃袋）が着実に増加してきた日本の近現代の歴史を示している。

戦争と栄養と郷土料理――銃後の胃袋

近代という時代は「餓死」を解消した時代である、とも言われる。[*40]

近世と比べて、同様の規模の凶作が生じた場合でも、飢饉はあっても餓死者がほとんど皆

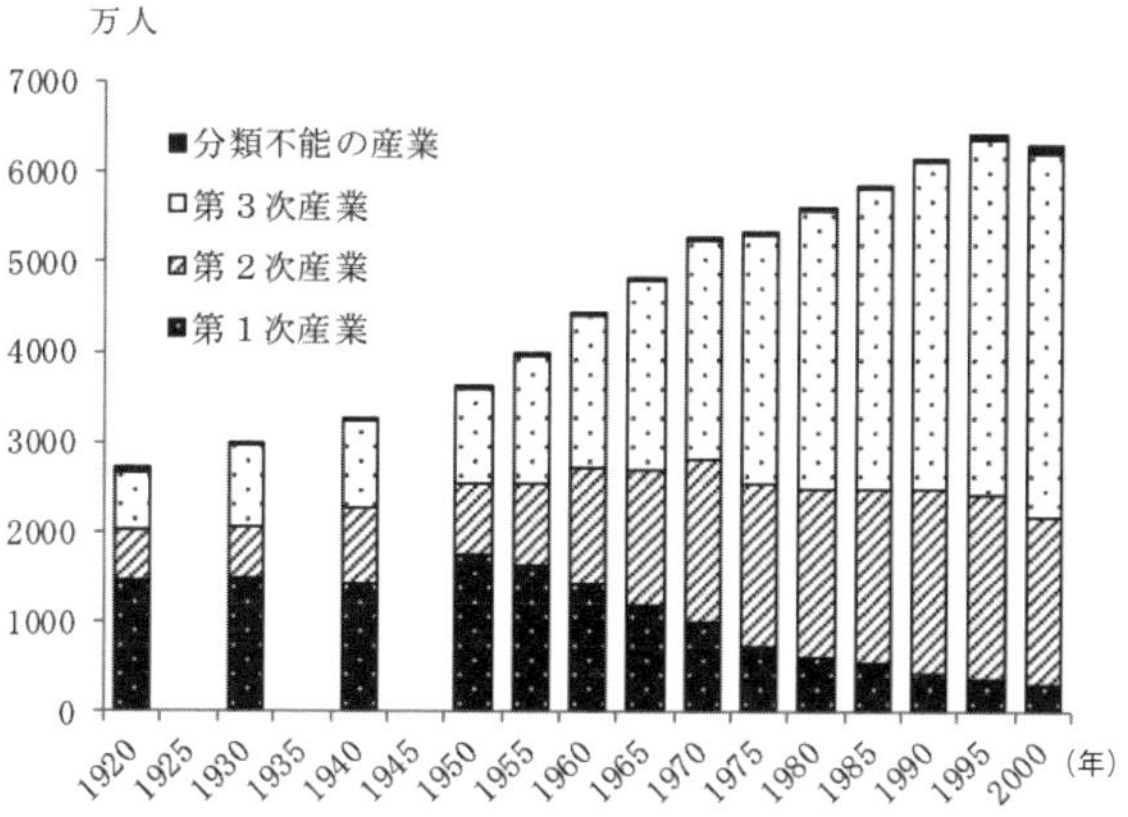

図1-7　産業別就業者人口の推移
——総務省統計局資料より作成

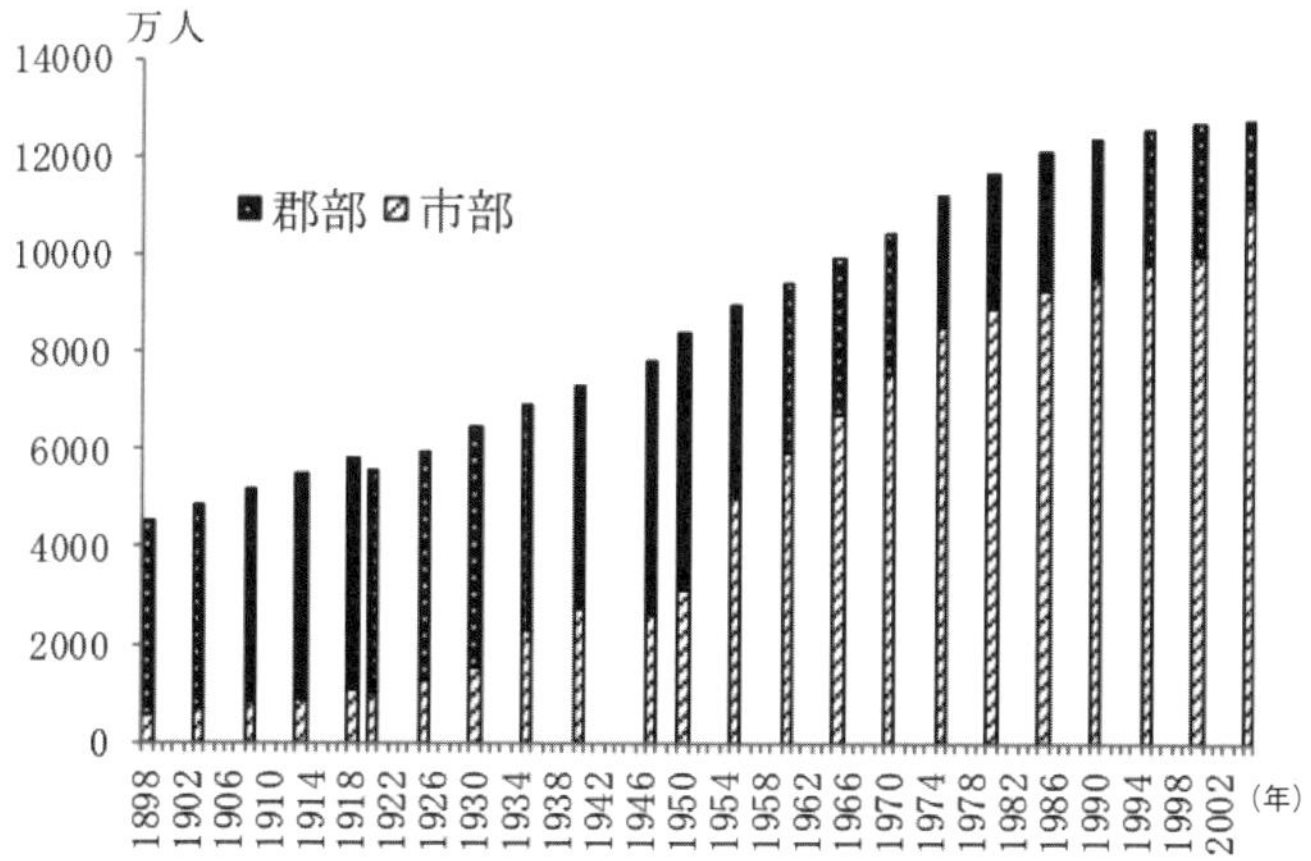

図1-8　市部郡部人口の推移
——総務省統計局資料より作成

無となり、それは輸入米によるところが大きかった、というのがその説明である。しかし、解消したはずの餓死の危険が再び訪れることになる。それは戦争の時代である。戦争は人びとの胃袋に影響を与えないわけにはいかなかった。

一九一四年（大正三）、第一次世界大戦が始まった年に、アメリカ合衆国で栄養学を学んで帰国した佐伯矩が民営の栄養研究所を設立した。同所は一九二一年（大正一〇）には内務省附属機関としての国立栄養研究所となり、佐伯が初代所長を務めた。一九二四年には日本栄養協会が設立され、翌年に栄養学校が設立された。同校の卒業生は栄養士となり、各県庁の警察部衛生課に勤務し、栄養改善運動を実践した。同年には食糧問題と栄養改善を目的とした日本陸軍糧秣廠の外郭団体「糧友会」も発足している。そして一九二七年、先述した人口食糧問題調査会が発足した。

こうして食べることに「栄養学」という学理が導入され、人びとの胃袋に関与するようになっていたが、戦時下ではそれが強化されていく様子がうかがえる。たとえば、佐野繊維工業栄養食共同配給組合が一九三七年に発行した『栄養食実績に就て』では、栄養食の目的を①身のため、②経済的に食費合理化のため、そして③国のため、と定めている（図1－9）。銃後では漬物を漬けることさえも「国のため」と謳われ、各県の農会は戦地へ送るための漬物作りを指導するようになった。[*41]

また、糧友会をはじめとして、軍医会などは近代日本の食や食事に関する調査を多く残し

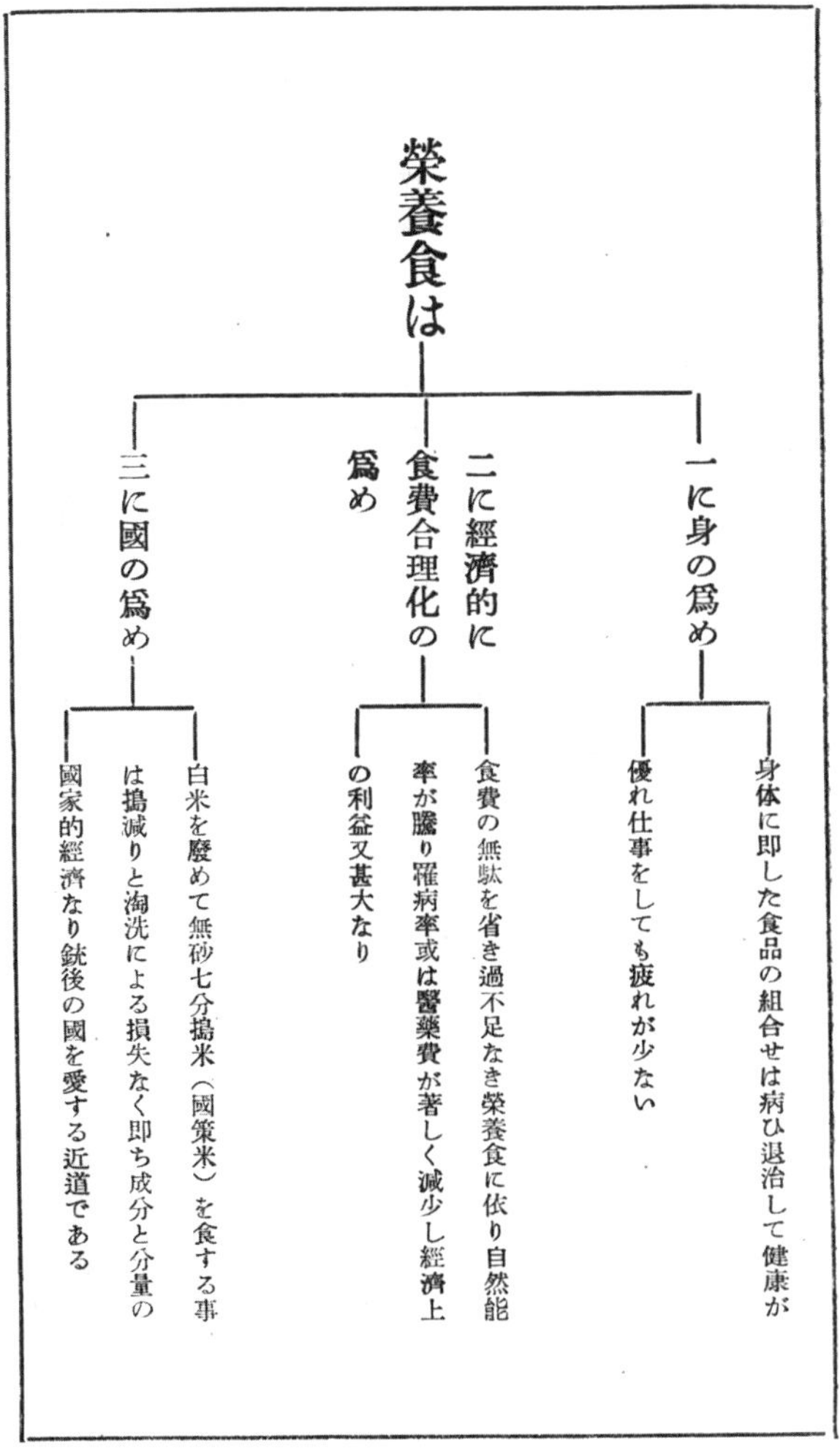

図1-9　栄養食の目的
——『栄養食実績に就て』1937年、佐野繊維工業栄養食共同配給組合

ている。その中で興味深いのは、戦争中に「郷土料理調査」が実施されていたことである。[*42]外米依存を一掃して、強靭な食糧自給態勢を確立することがその目的であった。「米食偏重の食習慣に根本的なる再検討を加ふることなくしては、食料自給の強固なる態勢は亦確立され難きを知らなければならない」。そのためには「地方に古くより存続する郷土食慣行は、今や要請せられるべき食糧転換の上に有力なる資料を提供すべきものとなる」と、当時の農務省総務局長であった楠見義男という人物は述べている。[*43]調査を実施した中央食糧協力会は「食糧自給態勢の確立は……日本が総力をもつて答へんとする、世紀の答案の重要なるひと駒」とこの調査を位置づけた。実際の調査は一九四三年（昭和一八）秋から約半年間をかけて、朝鮮、台湾、沖縄を除く全国の都道府県を対象とし、北海道、東北、東京、京都、九州の各帝国大学の農業経済学教室が実施した。

　主食に据えられた米以外の作物の多様さ、米作に不向きな土地での工夫の綿密さ、雑穀生産についての詳細な経年データなど、各地の郷土料理の具体的な記述も興味深いが、それにも増して、同調査の全体を通じて浮き彫りになるのは、同調査がとくに「農村」での食のあり方の変化を促していることである。都市と比べて農村では地域の食材を生かした自給的な食事が残っていたことが明らかになる一方で、「明治以降に於ける貨幣経済の発達、商品化農産部門特に養蚕の発達、水田の開発、土工其の他農家労働の現金化機会の発達によつて食糧自給の状態は次第に崩壊して行き、それに従つて従来存続した郷土食慣行は衰退して行つた」[*44]という近代農村の胃袋の変化が書き留められている。それに加えて米穀の配給は、農村にとっては一定量の米穀入手を容易にしたことも相まって、雑穀生産が減少し、米穀消費量が増加した。

このような変化を受けて、同調査では農村に対し、米穀に依拠しない郷土料理の再評価を促している。これが実現されたか否かは明らかにできないが、これらを通して知りうる最も単純な事実は、郷土料理が廃れ、その復活普及を目指さなければならないほどに、近代には農村の食生活、つまり「農村の胃袋」自体も大きく変化していたということであった。

食べることの軽視の果てに——戦場の胃袋

このように戦時下では食糧配分についての議論が盛んであったとみえる一方で、実際の戦地では戦況が厳しくなればなるほど、食べることが軽視されるようになっていったのは皮肉というほかない。じつはそのため、多くの兵士が戦場で「餓死」するという惨状が共通してみられた[*45]。「食べることの軽視」とは戦場での食糧物資補給を担う「兵站《へいたん》」の軽視という意味である。

ここに一冊の本がある。それはある陸軍省医務局員によって残された戦場の兵士たちの胃袋の記録である。一九四〇年（昭和一五）秋から陸軍省医務局員となった長尾五一は、マラリアの研究と合わせて、一九四二年八月以降、将兵の栄養状態の調査を続けていた[*46]。長尾が戦いのなか肌身離さず持ち歩き、まさに命がけで持ち帰ったその記録には『戦争と栄養』というタイトルが付けられ、支那軍総軍軍医部長に提出され、刊行を待つばかりとなっていた。しかし、終戦とともに刊行はとん挫し、そのままこの記録は忘れ去られようとしていた。終戦後五年を過ぎたころから、長尾は自らそれをガリ版刷りの本にして、各地の図書館、大学の図書館へと送付し続けた。それは戦場の飢餓で命を失った兵士たちの無念を、彼らの「食の履歴書」として、なんとしても後代に手渡さなければならないと考えてのことだったに違いない。

それから四〇年以上が過ぎた一九九二年（平成四）、長尾がこの世を去ったその年の秋に、『戦争と栄養』を読みたいという人物が現れた。そして長崎大学附属図書館医学分室に唯一保存されていた一冊がその人物を経由して再び長尾の妻のもとに届くこととなった。その時に長尾の妻は、次のような歌を詠んでいる。

戦ひの惨状とくと調べたる夫を去らざりき餓死の記録よむ[*47]

そしてその二年後の一九九四年、西田書店からあらためて『戦争と栄養』が刊行される運びとなり、今日でも私たちがそれを手に取って読むことができるようになったのである。本文から、戦場の胃袋について書かれた印象的な部分を引用しよう。

……太平洋戦争の戦況が不利となり、見透しが判らなくなった時、何とか打開の途を
と云うので充分な計画なしに入海戦術が行われた。かくて将棋で云う歩となった者が、
無駄な犠牲に供されなければならなかった。又たとい一、二の思慮ある人が後方整備を
考えても、資材物資の不足の時、日本の勝利に疑念を抱き初めた現地人を動かし、高騰
した物資の蒐集を行う事は殆んど不可能でもあった。……「衣食足って礼節を知る」は
中国の現実的な格言であり、「武士は食わねど高楊枝」は日本人の痩我慢を云い表した
ものである。[*48]

長尾自身の言葉によれば、「終戦後出版された種々の戦記物は、豪快悲壮なものが多いが、多数の無名戦士が餓死状態で斃れて行ったのを、科学的に記録したものはあまりこれをみない」[*49]。これまで自身の内に秘めてきた太平洋戦争史をあえて発表したのは、二度と悲惨な戦争をくり返さないという願いとともに、戦後の復興を経てなお「自給自足のできぬ日本にとって、栄養上の危機が完全に去るまでにはまだまだであろう。本書が過去の歴史的記述に止まるならば日本に幸甚というべきであろう」[*50]という現代への警鐘を鳴らす意味をも含んでいた。

近代は飢餓を克服した時代といわれているだけに、戦場の飢餓はこれまで見落とされてきたということを、ここではあらためて記憶しておかねばならない。戦場の胃袋と飢餓戦線に

ついては次章で詳しく取り上げる。

4 現代――三世代年表にみる暮らしの変化と激動の社会

祖母と母と私

戦後から始まる現代について概観するために、ここでは「個人の人生」という位相におりて考えてみよう。複雑な現代を、まずは身近な問題として考えることから始めたい。[*51]

「歴史の沃野は足もとに広がっている。私たちは歴史を踏みしめて立っている。そして、私たち自身がまさに歴史の舞台に立つ主役である」。そんなことを言うと、学生たちは「まさか、そんなはずはない」と怪訝《けげん》な顔をする。彼らはそれまでの歴史教育の中で得た知識を集めて、歴史は壮大で有名な、特別な何かだと信じてきたからである。しかし、そんな彼らが必ずといってよいほど「もしかして、本当に足もとに転がっているのかもしれない」と思い始め、「確かにその通りだ」と自覚する瞬間がある。それは、自分を含めた「三世代比較年表」を書き始め、家族の一〇〇年史に初めて向き合った時である。

横軸に三世代の欄を作り、縦軸に比較する項目を書き込むと、表1-3のようになる。

名前	たか子	とし子	規子
生年	1928年（昭和3）	1948年（昭和23）	1974年（昭和49）
育った場所	兵庫県淡路島	大阪府	千葉県
教育（学歴）	尋常高等小学校	高等学校	大学院
しごと	小間物問屋、和裁内職	会社事務→専業主婦	大学教員
恋愛orお見合い	お見合い	恋愛	恋愛
出会った場所	洲本の浜	会社	大学（アルバイト先）
結婚した年齢	18歳	23歳	24歳
結婚式の場所	自宅	ホテル	（レストラン）
嫁入り道具	風呂敷	桐たんす	本棚
炊飯の方法	へっついさん、薪	ガス炊飯器、電気炊飯器	電気炊飯器
台所の形態	土間	システムキッチン	アイランドキッチン
得意料理	和食	洋食	ジャンルなし
初産年齢	19歳	24歳	26歳
出産の場所	自宅	診療所	助産院
子どもの数	3人	3人	1人
買い物	商店	生協、スーパーマーケット	インターネット、生協

表1-3　くらしと人生の三世代比較年表
――聞き取り調査により作成

たとえば、私を例にして考えてみよう。祖母は一九二八年（昭和三）生まれ、母は一九四八年（昭和二三）生まれ、私は一九七四年（昭和四九）生まれである。比較する項目には育った場所、学歴、仕事、恋愛、結婚年齢、結婚式、嫁入り道具、初産年齢、子どもの数、出産場所、炊飯の方法、台所、得意料理などを書き入れてゆく。

私の祖母は兵庫県の淡路島洲本の尋常小学校を卒業し、青年学校に学び、戦時中には女子挺身隊に入っていた。[*52]戦中に青春時代を過ごし、同郷の祖父とは親のすすめで戦後にお見合いで結婚した。結婚式は自宅である。嫁入り道具は藍染の木綿風呂敷一枚であった。土間にある「へっついさん」と呼ぶ竈《かまど》でご飯を炊いていた経験をもつ祖母の得意料理は和食が多かった。

その娘、つまり私の母はいわゆる「団塊の世代」である。淡路島から大阪に出てきた祖父母と大阪に暮らし、高等学校を卒業後、商社の女性職員として働いた。父とは社内恋愛で結婚した。式は当時流行し始めたホテル結婚式である。嫁入り道具は大きな桐の箪笥《たんす》一竿とテレビ、洗濯機、電気炊飯器、冷蔵庫だった。母は結婚を機に仕事を辞め、専業主婦となった。ダイニングキッチンのステンレスの流し台、さまざまな家電をうまく利用する彼女の得意料理は和食だけでなく洋食のレパートリーが多い。料理の本が出版されるようになり、普及し始めたテレビが料理番組の放送を始めたのも母の時代である。

その娘、つまり私は大阪で生まれたが、サラリーマンであった父の転勤で千葉に暮らした。女性の大学進学率が伸びていた時代でもあって、周囲に特に反対されることなく、ごく当たり前のように大学、大学院へと進学し、卒業した後、大学の教員になった。大学時代にアルバイト先で知り合った男性と学生結婚したため結婚式を開くお金がなく、みかねた友達がささやかなパーティを開いてくれた。嫁入り道具として実用的な本棚を購入し、現在も仕事は続けており、共働きである。

私が仕事を続ける選択をした時期、共働き世帯はまだ多くはなかったが、確実に増え始めた時期であった。リビングに設置したアイランドキッチンは、「開放的すぎて使いにくい」

と母や祖母は戸惑っていたが、筆者自身は人が集まるキッチンは居心地が良いと思っている。和食と洋食という枠組はもはや意味をなさなくなり、得意な料理は、世界各国の食文化の流入がさかんになったこともあり、何でもありという状況である。一方で、料理を祖母や母たちに習うということが少なくなり、今日では検索していつでも好みのレシピを取り出すことができるようになった。

この表を埋めていくと、同じ国に生まれ、同じ女性であり、同じ家族の中に生きながら、私と母と祖母は一つひとつの項目についての「経験」が驚くほど異なることが浮き彫りになる。それはいったいなぜなのか。

簡単に言えば、それは、それぞれが生きた「時代」が異なるからである。時代によって、人生の節目ごとの判断や行動、そのもととなる価値観が違い、そもそも生き方を自由に選び取ることができるか否かも異なっている。食だけでなく、衣食住に関わるすべてにおいて、素材、道具、扱い方にも違いが見られる。三世代を並べると、およそ現代にいたるまでの一〇〇年の時代の変化を眺めることが可能になるため、私と母と祖母のライフヒストリーは、ちょうど二〇世紀から二一世紀にまたがる一〇〇年間の激動する社会・家族・女性の関係史の縮図ということもできるのである。

以下、第二章からは、この祖母・母・私に至るまでの約一〇〇年間に、その次の世代を加え、時代状況と照らしながらより詳しくみていくことにしよう。

第2章

空腹の記憶
戦争と飢え

1 戦下の暮らしと日々の食

祖母の戦下の料理帳——食べられないということ

祖母が生きた時代と私が生きる時代の決定的な違いは、食べることが困難である状況を経験しているか否かに尽きると思われる。それにもかかわらず、食べることが困難であった経験は、必ずしも次の世代、さらにその次の世代へと十分に伝えられてはこなかった。これまで語られることのなかった個々の食の履歴書をひもとく時、それを聞いた若い世代が驚くの

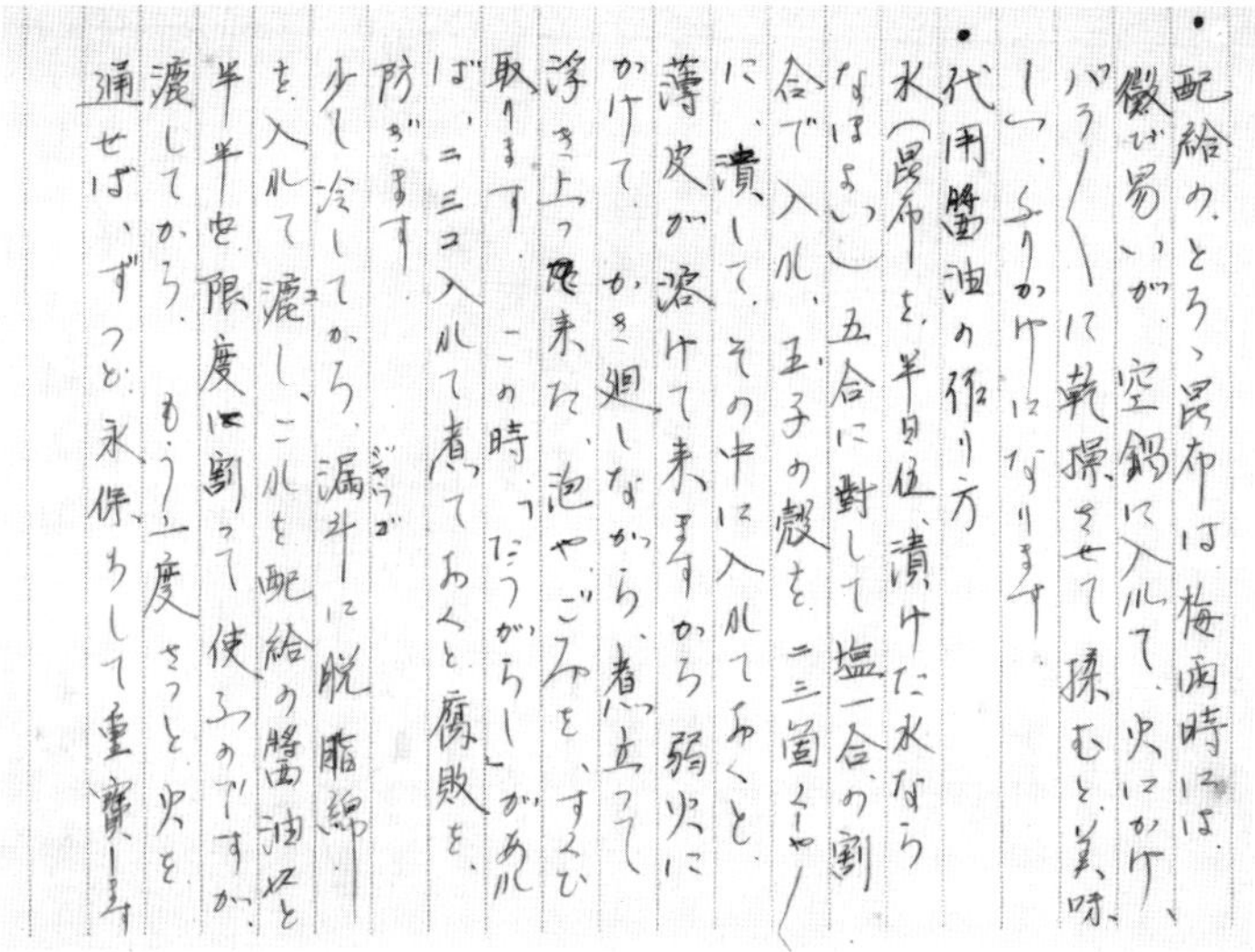
・配給のとろゝ昆布は梅雨時には
黴び易いが、空鍋に入れて、火にかけ、
パラ／＼に乾燥させて揉むと美味
しい、ふりかけになります。
・代用醤油の作り方
水（昆布を、半日位、漬けた水なら
なほよい）五合に對して塩一合の割
合で入れ、玉子の殻を二三箇くしゃ／＼
に、潰して、その中に入れておくと、
薄皮が溶けて来ますから弱火に
かけて、かき廻しながら、煮立って
浮き上って来た、泡やごみを、すくひ
取ります。この時、「だうがらし」があれ
ば、二三コ入れて煮ておくと腐敗を、
防ぎます。
少し冷してから、漏斗《じゃうご》に脱脂綿
を入れて濾し、これを配給の醤油と
半々位を限度に割って使ふのですが、
濾してから、もう一度さっと火を
通せば、ずっと永保ちして重寶します

図2-1　祖母の戦下の料理帳（一部抜粋）
——筆者蔵

も無理はないのである。

祖母は戦時中に書いた「戦下の料理帳」を生前私に託している（図2-1）。

この帳面は、祖母の「食の履歴書」を知る手がかりのひとつである。一九二八年（昭和三）生まれの祖母は、終戦の年に一七歳であったから、戦争中に青春時代を過ごしたことになる。その祖母がおそらく戦時下で、あるいは戦後間もない時期に綴った料理帳には、代用醤油の作り方、野菜の皮も葉も残さず使う献立、配給物資が足りない時の工夫などが書き留められている。彼女はそれを「こんなノートでも何かの役に立つかもしれないから」と生前私に託したのである。戦争やその状況下の台所を直接知らない私にとって、祖母の手書きの文字からにじむ、「食べること」の困難さを垣間見た経験は、初めて「食べられない」ことを現実的問題として受けとめ、「食」という極めて日常的な行為にこそ潜む矛盾を考えはじめるきっかけとなった。

普段はほとんど自分の過去について語ることのなかった祖母であったが、この料理帳を見て、私はあらためて祖母を深く知ることになった。大根の葉を捨てずに甘辛炒めを作る祖母、キュウリの端をできるだけ小さく切る祖母、「甘いものは甘旨い、辛いものは辛旨い、どんなことがあっても大丈夫」と私を励ましてくれた祖母のくらしの所作や考え方には、戦下の暮らしと食の記憶が消えることなく息づいていたのだろう。食べものを愛《いと》おしむように料理する彼女の姿や言葉の本当の意味を、私はこの料理帳を通してようやく理解することができたのである。

戦争と家族の胃袋——向田邦子「ごはん」

私の祖母と作家の向田邦子はほぼ同い年である。彼女たちはいずれも「昭和ひと桁生まれ、戦時下で青春時代を過ごした女性」という点で共通しているといったほうが正確だろうか。彼女たちにとって「食べること」とは、いったいどのような意味をもっていたのだろうか。向田の残した作品からそれを考えてみたい。

戦下の暮らしと日々の食を鮮明に描いた文章として、作家、向田邦子の作品に「ごはん」と題する随筆がある。*1

美食家で料理上手として知られた彼女が「今までで一番心に残るごはん」と思い返してみた時、二つの思い出があるという。この随筆にはその思い出が綴られている。まず一つ目は東京大空襲の日の「昼ごはん」である。

……絨毯爆弾といわれていたこともあり、父は、この分でゆくと次は必ずやられる。最後にうまいものを食べて死のうじゃないかといいだした。

母は取っておきの白米を釜いっぱいに炊き上げた。私は埋めてあったさつまいもを掘り出し、これも取っておきのうどん粉と胡麻油で、精進揚をこしらえた。格別の闇ルートのない庶民には、これでも魂の飛ぶようなご馳走だった。

昨夜の名残りで、ドロドロに汚れた畳の上にうすべりを敷き、泥人形のようなおやこ五人が車座になって食べた。あたりには、昨夜の余燼がくすぶっていた。……母はひどく笑い上戸になっていたし、日頃は怒りっぽい父が妙にやさしかった。

「もっと食べろ。まだ食べられるだろ」

おなかいっぱい食べてから、おやこ五人が河岸のマグロのようにならんで昼寝をした。

戦争と家族。向田は、この二つの言葉を結びつけるこの日のごはんとさつまいもの天ぷらが忘れられないという。死を目の前に覚悟した時、いつもは厳格な父が家族に語りかけた、「うまいものを食べて死のうじゃないか」という言葉に込められていた意味、それを聞いて釜いっぱいに白米を炊いた母の気持ち、「魂の飛ぶようなご馳走」と表現した向田が直面していた状況とは、いったいどのようなものだったのだろう。そして、胃袋が満たされた後に横になっておそらく眺めたであろう空は、家族五人それぞれにとって、どんな景色として見えたのだろうか。

ちなみにもう一つの忘れられないごはんは、幼い向田が肺病を患ったとき、母親が病院の帰りにほかの家族には内緒にして食べさせてくれた鰻であった。彼女にとってはこれが、食べものの味には人生の味わいがあることを初めて知った経験となった。

向田にとってこの二つのごはんの思い出は、釣針の「カエリ」のように、容易に取り去ることができないものとして記憶の中に留まり続けたという。それは「楽しいだけではなく、甘い中に苦みがあり、しょっぱい涙の味がして、……生き死にかかわりのあった」ものとして深く刻まれる記憶となったのである。

このような、戦争と家族、そして生死にかかわる恐れと覚悟の中で食べものを食べた記憶は、向田に限らず、この時代を生きたすべての人に共通した記憶の一つではないかと思われる。そしてその記憶はあえて言葉にせずとも、その後の時代を生きのびることができた人びとにとって、世の中がどんなに豊かになったとしても決して忘れることのできない記憶であり続けたに違いない。
　私の祖母を含め、この世代の人が作る料理がどこか慎ましく、食べものに対する敬意を忘れていないのは、こうした生死とかかわる「空腹の記憶」に裏づけられていたのだと思えてならないのである。

『戦争中の暮しの記録』――飢えの記憶の記録

　戦争にかかわる人びとのくらしの「記憶」を「記録」として残した仕事として特筆すべきは、暮しの手帖社が一九六八年（昭和四三）に刊行した雑誌『暮しの手帖 第一世紀九六号特集 戦争中の暮しの記録』であろう。同書には「食」に関わる記述も多く、それらは寄稿者の体験にもとづいているがゆえの具体的なリアリティをもって読者に迫ってくる。印象的な作品を引用しよう（図2-2）。

　　そんな物を、何をそう一々書くんです、
　と妻はいう。
　　こんな物でも、もう二度と手に入らないかも知れないから、
　　せめてもの記念に書くんだよ、

図2-2　配給や日常を描いた絵日記
――『暮しの手帖 第一世紀九六号 特集 戦争中の暮しの記録』暮しの手帖社、1968年、46頁

と夫は答える。

これは、同書に収録された一編の詩と絵である。一見すると葉も枯れかけたしなびたカブは、おいしそうには見えない。しかし、この絵の作者にとって、もう二度と食べることができないかもしれないこのカブとその味は、何にも代えがたい貴重なものだったのだと想像される。この詩と絵に込められた気持ちと迫りくる厳しい情勢を、二〇一九年現在に生きる私たちのどれほどが、共感をもって読み取ることができるだろうか。

同書は広く読者に応募を呼びかけて集まった一七三六編から選ばれた文章だけで特集したという。編集にあたった花森安治は、あとがきのなかで、「どの文章も、これを書きのこしておきたい、という切な気持から出ている……書かずにはいられない、そういう切っぱつまったものが、ほとんどの文章の裏に脈うっている」ことに深く心を動かされたと述べている。そして「この号だけは、なんとか保存して下さって、この後の世代のためにのこしていただきたい」[*2]と読者へ呼びかけた。

同書から、戦下の暮らしと日々の食について述べた記録を、さらにいくつか見ることにしよう。

夕食は、いつもきまってお粥です。一升五合ぐらいの釜に、口まで一ぱいつくるのです。ですから、味付用の塩が相当沢山いります。配給だけではとても足りません。困ったあげくの果て、母の考えついたのが、一里ほど先にある瀬戸内海の海水の利用でした。……大八車に二斗樽を三つ積みこんで出かけてゆきました。……母は、父や子供たちには、釜の底の方をすくって、米粒が少しでも多く入るように盛ってくれ、重労働をして一番お腹の空いている筈の自分は、上の方のおもゆのようなところばかりすすって、四杯も五杯も食べておりました。[*3]

同書刊行後に寄せられた感想は九七号、九九号で紹介され、それらをまとめて収録した「保存版」が一九六九年に書籍『戦争中の暮しの記録』として刊行された。雑誌版の記録に対する読者からの感想の一部を紹介しよう。

……この中で、とりわけ私の心に強く残るのは「食べ物」の話だ。戦争中に「生きる」ということは、空襲から逃れることであり、住む所を探すことであり、着ることであり、食べることであった。だが、戦後、生きるということは、むしろ食べるということに集約されたのではないだろうか。……

戦中、戦後を東京ですごした私たちには、食糧難は、いうまでもなかった。考えてみると、母は私たちといっしょに満足に物を食べていたのを、見たことがない。母も子供以上に空腹だったにちがいない。

ある晩、ふと目覚めた私は、向うのすみに寝ている母が、二、三本のふかしいもを食べているのを見た。日頃、私たちの口には、めったに入らないものだった。

のどまで手の出かかった私は、それでも母に声をかけられなかった。幼な心にも、母が狼狽するであろうことを察して、そのやりきれなさが空腹を押し殺したのだろう。

だが、私は、その時から、母を心底信じなくなった。……

だが、かずかずの手記の中にあるぎりぎりの食糧難を改めて知る時、あの時の母が、無理もなかったのではないかと思えてきた。……

ただ、こうして書いてみて、心の底に沈んでいた母への不信といったものに結末がついた様に思う。そのうみを押し出してくれた、この手記は、その意味でも私には貴重な存在となろう。*4

この文章の作者は一九三七年（昭和一二）生まれであるので、戦後間もない時にはまだ小学生であった。彼女は戦後に刊行された『戦争中の暮しの記録』によって、自分や家族以外の多くの人びとの食の履歴書から食べることに関する困難を知り、ようやく母への不信感を拭い去ることができたという。

また、同書には、子どもの胃袋を子ども自身が書いた文章も収録されている。当時、子どもたちは甘味に飢えていた。

絵にかいたお菓子
私はキャラメルが大好きで、週に何度か、父が会社の帰り、お土産に買ってきてくれたものでした。……
けれども、いくら先生方や父母たちが一生けん命やって下さっても、世の中から甘い物、おいしい食物がなくなって行っている時ですから、食べたいとおもうものが、思うように食べられなかったわけです。そこで、こんなことが流行しました。
わら半紙にいろいろなお菓子の絵をかくのです。カステラ、おまんじゅう、お団子、ケーキ、キャラメル、おせんべい、かりん糖など。みんな夢中でかきました。自分の知っているお菓子を片っぱしからかいて、その下に名前を書きこみ、お互いに見せ合って、そのおいしいことを話し合って楽しんだのです。[*5]……

ここに空からアンパンを届けてくれるアンパンマンが現れたとしたら、どれほどの歓喜をもって迎え入れられただろうかと想像してみる。この文章を書いた子どもと同じように空腹を抱え、甘いものを食べることを夢見ていた戦時下の子どもたちを目の前でみて知っていたという記憶が、やなせにアンパンマンを描かせることになったということに、この作文を読んであらためて納得させられるのは、おそらく私だけではないだろう。

戦争とお菓子と子どもの話で思い出される場面としてはもうひとつ、野坂昭如の小説、「火垂るの墓」[*6]を挙げておきたい。まず物語の冒頭を引用しよう。

……「戦災孤児等保護対策要綱」の決定された、昭和二十年九月二十一日の深夜で、おっかなびっくり虱だらけの清太の着衣調べた駅員は、腹巻きの中にちいさなドロップの缶をみつけ出し、ふたをあけようとしたが、錆びついているのか動かず「なんやこれ」「ほっとけほっとけ捨てとったらええねん」……ドロップの缶をもて余したようにふると、カラカラと鳴り、駅員はモーションつけて駅前の焼跡、すでに夏草しげく生えたあたりの暗がりへほうり投げ、落ちた拍子にそのふたがとれて、白い粉がこぼれ、ちいさい骨のかけらが三つころげ、草に宿っていた蛍おどろいて二、三十あわただしく点滅しながらとびかい、やがて静まる。

　白い骨は清太の妹、節子、八月二十二日西宮満池谷横防空壕の中で死に、死病の名は急性腸炎とされたが、実は四歳にして足腰立たぬまま、眠るようにみまかったので、兄と同じ栄養失調症による衰弱死。……

　昭和二十年九月二十二日午後、三宮駅構内で野垂れ死にした清太は、他に二、三十はあった浮浪児の死体と共に、布引の上の寺で荼毘に付され、骨は無縁仏として納骨堂へ納められた。*7


　物語はこれを始まりとして、時間を遡る構成で、中学三年生の清太とその妹が空襲で親を亡くした後、自分たち自身で胃袋を満たさなければならない厳しさの中を生き抜こうとする姿を描いている。こと、食べものをめぐる描写が多いのはそのためである。

　一九三〇年（昭和五）にこの小説の作者である野坂が生まれ、その翌年に満州事変が起こり、小学校に入学した年に盧溝橋事件が始まり、そして中学三年生の時に終戦となった。もう少し早く生まれていれば、野坂は徴兵されていたかもしれず、もう少し遅く生まれていれば学童疎開先で前出の作文を書いた子どもたちと同様に飢えを共有していたのかもしれない。*8しかし、彼の世代はそのどちらでもない間《はざま》に位置していたために、身寄りを失った場合、自分の胃袋を自分で面倒みるしかない状況に置かれた世代であった。後に、小説の主人公ほど妹に優しくできなかったと野坂は自身の後悔を吐露しているが、時代状況の描写はおそらく本人の経験が多分に反映されたものだろうと思われる。

一九八八年にこの小説はスタジオジブリによって映画化された。小説では冒頭のみに登場する「ドロップの缶」が、映画の中では物語を貫く重要な一本の経糸としての役割を果たしている。小さな骨のかけらが入ったドロップの缶は、時間を巻き戻してみると、清太や節子が買ってもらったドロップを喜びながら美味しそうに舐めたはずであるし、戦争中に甘いものが思うように手に入らなくなった時にはドロップのかけらさえも貴重で、そこに水を入れて惜しむようにわずかな甘さを味わったのではないかとも想像できる。そして、衰弱していく妹の口に、せめてもう一度ドロップをふくませてあげられたら、ときっと兄は心から願ったにちがいない。映画での物語の経糸は、ドロップをめぐるこうした場面の一つひとつとして丁寧に描かれていくのである。それはなぜなのだろうか。

監督の高畑勲は一九三五年（昭和一〇）生まれである。彼は野坂よりも五歳若いが、岡山で空襲に遭い、家族とはぐれて姉と逃げまどった後、翌朝黒い雨に打たれるという経験をしている。[*9] こうした戦争の記憶と経験が、小説の冒頭にしか登場しない「ドロップの缶」から展開する物語を高畑に想像させたのではないかと私には思えるのである。映画化された『火垂るの墓』はその後、おそらく原作の小説以上に、戦争を知らない世代にも広くその経験を伝える作品となっている。

空腹の地図――地域差と性差

私の祖母は大阪で、向田邦子は東京で、野坂昭如は神戸で戦時期を過ごした。『戦争中の暮しの記録』には日本各地、あるいは疎開先での体験が綴られているが、当時の日本全体で見た時に、空腹はどのような状況で広がっていたのだろうか。

今、手元には、一九四二年に厚生省の研究所が刊行した『戦時下ニ於ケル国民栄養ノ現況ニ関スル調査報告』という史料がある。[*10] ここには「体重発育不足の地域差」という数値があり、子どもたちの空腹状態について、全国的な状況を大まかに知ることができる（表2－1）。

まず、「農村」、「半農村」、「都市」の三区分でみると、圧倒的に都市で顕著な栄養不足が生じていることがわかる。これはたとえば「関東」という同じ地区内でも、農村は比較的栄養状態が良く、都市部になるほど栄養状態が悪化することを示してもいる。これは第一に、食べものの自給的基盤があるか否かの差によるものだと思われる。

そして、男女の差でみると、興味深いことに、男子よりも女子のほうにより多くの発育不足が生じている。栄養状態が比較的良いようにみえる関東地区の農村部でも、女子にとっては都市部ほどではないにせよ、男子よりも十分に食べることができない状況に置かれていたことが、この数値の羅列から垣間見える。ここには、自給的基盤の有無ではなく、限られた食料事情のなかで誰の胃袋を優先的に満たすのか、という食料配給をめぐる人為的な意図が反映されているように思われる。このように、戦争中には、空腹の地域差と性差が明確にもなったのである。

表2-1　体重発育不足の地域差
——厚生省研究所『戦時下ニ於ケル国民栄養ノ現況ニ関スル調査報告』1942年

地区	農村				半農村				都会			
	男		女		男		女		男		女	
	発育不足絶対値	誤差計算に対する比率	発育不足絶対値	誤差計算に対する比率	発育不足絶対値	誤差計算に対する比率	発育不足絶対値	誤差計算に対する比率	発育不足絶対値	誤差計算に対する比率	発育不足絶対値	誤差計算に対する比率
東北	-0.1	-0.3	0.7	0.7	0.5	0.9	0.8	3.7	-0.3	-1.8	-1.4	-6.3
関東	-0.4	-2.5	-0.9	-3.9	-0.1	-1.8	-0.3	-2.6	-0.3	-6.9	-1.0	-6.4
北陸	0.1	-1.8	-0.2	-1.5	0.2	-0.3	-0.2	-2.0	-0.5	-3.9	-0.7	-7.0
東山	-0.2	-2.0	0.3	1.5	1.5	4.5	-0.1	-2.4	-1.5	-11.0	-1.1	-7.6
東海	0.3	0.0	-0.2	-0.6	-0.3	-1.6	-1.8	-11.7	-1.1	-6.1	-1.3	-3.9
近畿	0.3	-2.5	-0.5	-3.1	0.3	-0.1	-0.8	-6.1	-1.0	-9.5	-1.4	-12.7
中国	0.0	-0.8	-0.2	-1.9	-0.7	-3.8	-2.4	-9.1	-1.0	-4.3	-1.0	-5.1
四国	0.3	-1.9	-0.7	-1.8	-0.1	-1.8	-0.2	-2.1	-0.3	-3.0	0.0	-5.2
九州	0.1	-0.1	-0.1	-1.4	0.0	0.9	-0.7	-4.9	-0.3	-3.3	-0.5	-4.6

注1)　東北には北海道が含まれる。九州には沖縄が含まれる。
2)　本調査は、昭和17年度の国民学校6年生37,998名及び、昭和11年度の国民学校6年生30,489名についてその在学6年間の体重プロコル(同一人の在学6年間の体重増加を通じて見た身体発育史)を求め、両者を比較したものである。「半農村」とは大半が農業者の家庭で30％内外は他の商工業者の児童を含む地域。
3)　網掛けは誤差計算により体重発育不足と立証された地域。

2 戦場のカレーライスとシベリアのパイナップル
——村上信夫と戦場の胃袋

浅草の大衆食堂と帝国ホテル

銃後だけでなく、戦場でもまさに食は欠くべからざるものだったことは前章で述べた。戦況が厳しくなればなるほどその需要が高まりつづけたが、それに反して戦場の食状況は悪化の一途をたどった。ここでは、こうした抗い難い食糧難の状況にあって、戦場で食を調えることに力を尽くした人物の一人として、村上信夫の食の履歴書をひもといてみたい[*11]。

戦後の日本西洋料理の発展を牽引したことで名高い帝国ホテルの総料理長を務めた村上信夫は、一九二一年（大正一〇）五月二十七日、東京都神田区松枝町（現岩本町付近）で、父延太郎、母いよの長男として生まれた。両親は神田で「萬歳亭」という小さな食堂を営んでいた。店の入り口には「萬歳亭」と染め抜いた西洋式の暖簾がかかり、看板には「西支料理」と書かれている。カツレツやオムレツ、ハンバーグなどの西洋料理と、焼き飯や支那ソバなどの中華料理の両方を出す庶民的な食堂であった。まさに前著『胃袋の近代』に登場した、都市に集まる労働者、市井《しせい》の人びとの胃袋を満たす大衆食堂が村上のルーツであった。

父延太郎は淡路島（兵庫県洲本市）の網元の家に二男として生まれ、早くから東京へ出て海軍大将の書生となって学校に通わせてもらっていた。海軍の食事は洋食、陸軍は日本食ということで、この家では神田富士見町にあった洋食屋から時々出前をとっており、そのお相伴にあずかった延太郎はすっかりそのうまさに魅せられ、学問をやめ、見習いに入って料理人の道へと進むことを選んだ。

独立して神田で萬歳亭を営むようになった。近所には洋服の生地屋が軒を連ね、古着を売る店や縫製工場もあった。萬歳亭はこうした商店や工場の従業員たちの胃袋を満たす場として昼も夜も客足が絶えなかったという。しかし、一九二三年（大正一二）の関東大震災で店は全焼し、村上が尋常小学校三、四年生の頃、昭和恐慌が始まると、一家は次第に困窮しはじめた。それを察して、豆腐売り、紙芝居のアメの仕入れなどをして、村上自身も小学校に通いながら働き始めることになる。ところが、父と母が結核に感染し、一九三二年（昭和七）に相次いで亡くなってしまう。この時、村上は小学校五年生であった。幼い妹は養子としてもらわれていった。

一人になった村上は、自分の胃袋を自力で面倒みなければならない必要に迫られて、小学校六年生になると職を探し始め、その年の冬には知り合いの紹介で、浅草にあった「ブラジルコーヒー」で小僧として働き始めた。同店はパンや菓子を作る工場と洋風の軽食と喫茶の店を展開する活気のある店で、住み込みで働き始めた村上は、「腕の立つコックになろう」

と気持ちを奮い立たせたという。

人一倍の頑張りと覚悟によってめきめきと頭角をあらわし、「いつかは帝国ホテルの調理場で働きたい」という夢を持つようになった村上は、その夢を叶えるべく、ブラジルコーヒーで三年働いた後、上野精養軒で修業した料理人が営む新富町の西洋料理店「千両」へ移り、一九三八年（昭和一三）には銀座六丁目の「つばさグリル」へ、翌年には新橋駅前の「第一ホテル」の調理場へ入った。ほどなくして有楽町の「リッツ」へと誘いの声がかかる。それに応じてリッツで働き始めて七か月が過ぎたころ、一九三九年（昭和一四）一二月に同店が帝国ホテルに買い取られるという出来事が起こり、この偶然のめぐり合わせによって、村上は帝国ホテルの調理場で働くという夢を叶えることになった。

「鍋屋」と呼ばれる、鍋や皿を洗う仕事に就いた村上が、その後、帝国ホテルの総料理長になるまでの波乱万丈な人生については村上の自著に譲り、ここでは料理人であった村上が経験した戦争についての話に耳を傾けてみたい。

戦場のカレーライス

村上が帝国ホテルに入職したのは一九三九年（昭和一四）の一二月のことであった。その三か月前の九月には第二次世界大戦が始まっていた。二〇歳になる年の一九四一年（昭和一六）、村上は神田区役所で徴兵検査を受けて甲種合格し、翌年には入隊することになった。

同年の「特別金属回収運動」でホテル厨房の銅製の鍋が回収されないように疎開させたこと、入隊直前には先輩料理人から餞別としてそれまで絶対に教えてもらえなかった秘伝のポテトサラダやステーキソースのレシピを教えてもらったことなどは、いずれも印象深いエピソードである。しかしそれ以上に印象的なのは、帝国ホテルの調理場から出征する村上らを乗せた汽車が出る間際、先輩シェフからフライパンと一尺二寸（約三六センチ）の牛刀[*12]を手渡され、それをリュックサックに押し込んで発車のベルを聞いた、という場面である。帝国ホテルの調理場から出征したのは村上を入れて一三人、生きて帰ったのはわずか三人であったという。

村上の自著『帝国ホテル厨房物語――私の履歴書』には、「Ⅳ　戦場のカレーライス」という章が設けられている。これはリュックサックに押し込んだフライパンと牛刀とともに村上が戦場で経験した、「食物語《たべものがたり》」である。

料理人は入隊する時、洋食が主流の海軍で賄担当を志望することが多い中で、村上はあえて賄担当ではなく、陸軍を志望し、中国での最前線の兵士として、死と隣り合わせの日々を送る道を選んだ。

そのような中で、ある時、出撃前夜に上官から「我々にも損害が相当出るだろう。ありあわせの材料で、うまいもんを作ってやってくれ」と言われた。そこで村上が仲間に何を食べたいかを聞くと、「カレー」という希望が圧倒的に多かった。先輩が偶然にも済南で買っておいたというカレー粉一ポンド（約四五〇グラム）があったおかげで、鶏を五、六羽調達して羽をむしってさばき、人参と日本葱を南京豆を絞った油で炒めてカレーを作ることができた。総勢六〇人分のカレーであった。強烈なカレーのにおいに、本隊から来た部隊長代理が軍刀を抜いて「カレーなんか作りやがったのはだれだ！」と大声で怒鳴るのをなんとかおさめて、六〇人の兵士たちは赤銅色の笑顔を並べてカレーを食べた。その光景を、村上は生涯忘れることはなかった。

シベリアのパイナップル

もうひとつ、紹介しておきたいエピソードがある。

日本の敗戦を知った時、村上は朝鮮半島の咸鏡南道にいた。ここは三八度線よりも北側に位置していたため、帰国の希望もむなしくシベリアへ抑留されることになった。零下四八度から五〇度という極寒、劣悪な環境と食料難によって、戦火をくぐって生き延びた命が次々と失われていくような過酷な状況の中、抑留された者たちは森林伐採の激務に従事した。仲間と故郷の食べものの自慢話をし合って、空腹の辛さをしのぐこともあったという。

そうした中、直接的には炊事係を担当しなかった村上であったが、助けを求められて工夫して作った料理が喜ばれるということがしばしばあった。そして、村上は極寒のシベリアで凍った食べものをおいしく食べるコツを試行錯誤して編み出し、冷凍食品調理のノウハウを身につけた。これが戦後、東京オリンピックの調理場で生かされることになるとは、当然ながら、この時の村上自身は知る由もなかった。

ある日、病気で苦しんでいた仲間がいて、軍医たちが「もうダメだ」、「もう長いことない」、「なんか食べさせてやれ」というので、村上が食べたいものを聞いてみると、彼は「パイナップルが食べたい」といった。パイナップルはなかったが、村上はなんとか入手できたリンゴを利用して、パイナップルに見えるように輪切りにして芯を抜き、縁にもギザギザの傷をつけて甘く煮てから冷やしたものを食べさせた。「美味しかった」と残さず食べたその仲間は翌日トラックで病院に運ばれていった。

彼のその後については、後のインタヴューで語られた村上自身の言葉から知ることができる。[*13]

私ら、春がきまして、そして谷底へ水を汲みに行きまして、一服していましたら、トラックが来て、そこから誰か一人若いのが飛び降りて、こちらに駆け出してくるんです。誰かと思って見たら、その人でした。……「こんなに元気になった」と。それは、「あのパイナップル、御馳走になったから、生きていれば、こんな美味しいものが食べられるんだ。日本に帰ったら、こういう美味しいものが食べられるんだ。そういう気持ちがわいてきて、〝必ず治る、必ず治る〟と自分で信じていましたから、こんなに元気になりました」と言ってきました。……「私は、パイナップルのお蔭です」と言っていましたから。その時は嬉しかったですね。私も、コックで良かった、と。ほんとにその時は一番嬉しかったですね。……一緒に「遠州丸」という船に乗って日本に帰ってきました。

戦場では料理はしないと決意していた村上であったが、このような経験が、彼の戦後の生き方を決定し、支えていくことになる。シベリアでリンゴを使ってパイナップルを作ったことについて村上は次のように述べている。

……その時にまた、私は、「私のやることは料理作ること以外にない」と。「一生この味に捧げるんだ」と。「これから帰ったら勉強して、そして腕のいいコックになる」と。その時思いましたですね。

戦後、再び帝国ホテルの調理場に戻った村上は、パリやミラノ、ストックホルムのホテルやレストランで修業を積んだ後、次章で詳しく述べるように一九六四年（昭和三九）には東京オリンピック選手村料理長を務めることになる。そして一九六九年には帝国ホテル第一一代料理長に就任し、一九九四年には総料理長となった。また、一九六〇年（昭和三五）からはテレビ番組「ＮＨＫきょうの料理」にも出演し、西洋料理を日本中の家庭にわかりやすく、かつ楽しく伝える指南役として人気を博した。

その村上が料理の極意として挙げているのは「愛情」、「工夫」、「真心」という三つの言葉である。帝国ホテルの総料理長としてはあまりにシンプルな言葉に、私は最初、拍子抜けしてしまったが、村上自身が語る食の履歴書にふれたことで、合点がいった。

「食べる」ことが「生きる」ことと「死ぬこと」に直結していた日々、思うように食料が手に入らない極限の状況をくぐり抜けてなお残る「食」への真摯な思い。それがすなわち「愛情」、「工夫」、「真心」だったのだと、私はようやく理解することができたのである。

3 飢餓とスーパーマーケット
——中内㓛と主婦の店ダイエー

中内㓛と『野火』——物質的な豊かさが実現しうる平和

もう一人、戦後の食の風景を一変させた人物の「食の履歴書」をひも解いてみたい。

それは第二次世界大戦後の流通革命を牽引したスーパーマーケットの嚆矢《こうし》「主婦の店ダイエー」の創業者、中内㓛である。その店に行けばほとんど何でも揃う、そして定価よりも割引の商品を、買い物をする人たち自身が選んで手に入れることができる、というスタイルが戦後の日本で普及し定着したのは、スーパーマーケットの誕生に依るところが大きい。物質的な豊かさをディスプレイして見せ、大衆消費社会の本格的な到来を促したのは、紛れもなくスーパーマーケットが体現した流通革命であったからである。

その華やかさがじつは戦場の「飢餓」から生まれたものであったと、中内自身の言葉から明らかにしてみせたのは、ノンフィクション作家の佐野眞一である。『カリスマ——中内㓛とダイエーの「戦後」』には、中内が中央公論社発行の雑誌取材の後、謝礼を断った代わりに照れたような笑いを浮かべて次のようなリクエストをしたというエピソードが記されている。[*14]

大岡昇平さんの全集、あれは確かキミのところの社で出しているんやな。もしよかったら、あの全集を送ってもらえんやろうか。

戦後の日本で「主婦の店ダイエー」を創業し、巨大な消費社会を築き上げた中内と、戦場の経験を戦争文学として描いた大岡は、いったいどのように結びついているのだろうか。

中内㓛は村上信夫よりも一年遅い一九二二年（大正一一）八月二日、大阪の西成郡伝法町（現此花区伝法）で父秀雄と母リエの長男として生まれた。その四年後、一家は神戸の下町へ移り住み、「サカエ薬局」を営むことになる。秀雄の父の名前であった「栄」を店名とした小さな商店であった。中内一家が移り住んだ地域は、川崎造船所の労働者たちで賑わう荒い気風に満ちていた。[*15]

神戸の場末の小さな薬局から戦後小売業界のカリスマへと駆け上がっていく中内の人生については、佐野眞一の著書にゆずり、ここでは戦後の中内の生き方を決定づけた出来事について触れておきたい。

一九四二年(昭和一七)八月、中内は徴兵検査を受け、翌年には出征の身となった。まず酷寒のソ満国境に配属されたが、一九四四年(昭和一九)にはフィリピン戦線へと転戦した中内は、そこで筆舌に尽くしがたい飢餓戦線を彷徨《さまよ》うことになる。フィリピン山岳地帯でのゲリラ戦、それに続く飢餓体験と俘虜体験は、大岡昇平が小説『野火』や『俘虜記』で描いた世界そのものだった。[*16]大岡自身も一九四四年六月にフィリピンへ送られ、その年の一二月には敗残兵として地獄のようなフィリピン山中を彷徨う経験をしている。これは前章で触れた『戦争と栄養』に記録されていたように、兵站《へいたん》の軽視がもたらした悲劇にほかならなかった。

中内自身が記した文章には次のようにある。

六月六日未明、軍曹として部下を指揮し、山上の敵塹壕へ切り込みを決行。敵の投げた手榴弾が目の前に転がってくる。爆発まで三秒。拾って投げ返そうにも体が金縛りにあって動かない。鼓動が高鳴り、思考は止まる。その瞬間、手榴弾がさく裂。バットで全身を殴られたようだ。……

「これで一巻の終わりだ」

走馬灯のように子供のころからの記憶がよみがえる。裸電球がぼーっと照り、牛肉がぐつぐつ煮え、家族がすき焼きを食べている。開戦以来、芋の葉っぱしか食えない日々が続いていた。神戸で育った私は、死ぬ前にもう一度すき焼きを腹いっぱい食いたいと、来る日も来る日も願った。その執念がこの世に私を呼び戻した。……

「芋の葉っぱ」さえ食えず、あぶら虫、みみず、山ヒル……。食べられそうなものは何でも食う。靴の革に雨水を含ませ、かみしめたこともあった。人の限界を問う飢餓。まさにあの『野火』の世界[*17]……。

こうした想像を絶する厳しい飢餓状態の中で、中内は敵の兵站システムに目を見張り、アメリカ軍がガソリン発動機でアイスクリームをつくっていたことに衝撃を受ける。そして、このフィリピンでの飢餓体験とアメリカ軍の兵站システムに対する衝撃こそが、ダイエーという企業を通じて日本の戦後流通革命を推し進めていく原動力となったのである。中内の評伝を描いた佐野は「中内は飢餓線上ギリギリの状況のなかで、〝戦後〟に向かう新しい人格を間違いなくつくりあげた」と評し、次のような中内の言葉を記録している。

人は幸せに暮らしたいと常に考えています。幸せとは精神的なものと物質的なものとがありますが、まず物質的に飢えのない生活を実現していくことが、われわれ経済人の仕事ではないかと思います。

人の生活で最も大切なのは、詩でも俳句でもない。物質的に豊かさをもった社会こそ豊かな社会ではないか。好きなものが腹いっぱい食えるのが幸せです。観念より食べることが先です。動物的なものが満たされて、はじめて人的なものがくると思ったわけです。[*18]

神戸高商時代に詩や俳句に親しんでいた中内であっただけに、それ以前に大切なのは「腹いっぱい食える」ことだと切実に言わしめたのはやはり戦争体験をおいてほかになかった。一九四五年一一月、中内は復員し、戦場で経験した不条理に対する怒りと飢えを出発点にして、「戦後」という時代の一歩を踏み出すことになったのである。

戦後闇市と主婦の店ダイエーの誕生

空襲を受けた五つの都市の中で、神戸の被災率は最大であったといわれる。そのなかにあって、幸運なことに中内の父母が営むサカエ薬局は焼失することなく残っていた。戦後焼け野原と化した神戸へ戻ってきた中内は、その後、日本最大規模といわれた神戸の闇市に足しげく通うようになる。三宮駅から神戸駅までの約二キロメートルの高架下と高架沿いの道路には間口一間か二間のバラック建ての露店が七〇〇軒も並び、「地をはう百貨店」、「日本一長い百貨店」と目されていた。[*19] 戦後の食糧難が人びとの生活を苦しめているなかで、不思議なことに闇市には何でも揃っていた。

再び小説『火垂るの墓』の記述をたよりに、中内が通いつめた三宮の闇市の様子をのぞいてみよう。

三尺四方の太い柱をまるで母とたのむように、その一柱ずつに浮浪児がすわりこんでいて、彼等が駅へ集まるのは、入ることを許される只一つの場所だからか、常に人込みのあるなつかしさからか、水が飲めるからか気まぐれなおもらいを期待してのことか、九月に入るとすぐに、まず焼けた砂糖水にとかしてドラム缶に入れ、コップいっぱい五十銭にはじまった三宮ガード下の闇市、たちまち蒸し芋芋の粉団子握り飯大福焼飯ぜんざい饅頭うどん天どんライスカレーから、ケーキ米麦砂糖てんぷら牛肉ミルク缶詰魚焼酎ウイスキー梨夏みかん、ゴム長自転車チューブマッチ煙草地下足袋おしめカバー軍毛布軍靴軍服半長靴、今朝女房につめさせた麦シャリアルマイトの弁当箱ごとさし出して

「ええ十円、ええ十円」かと思えば、はいている短靴くたびれたのを、片手の指にひっかけてさがげ持ち「二十円どや、二十円」[20]

「駅の子」と呼ばれた戦争孤児たちを風景の一部に記すことを忘れることなく、戦後の焼け跡のただなかにありながら何から何まで揃っている闇市の喧騒と雑踏と活気が描かれている。中内にとって、生きるための人の欲望が集まるこの闇市は、新たな事業を始める格好の場にほかならなかった。元町の高架下に誕生した「友愛薬局」と名づけられた小さな薬品問屋がその舞台となった。

それとは別に実家のサカエ薬局も大いに繁盛し、一九五一年八月には大阪平野町に「サカエ薬品」という医薬品の現金問屋を出店した。少し遅れて、ここに中内も加わった。そして一九五七年（昭和三二）四月に中内はサカエ薬品を離れ、大阪旭区にダイエーの一号店「主婦の店・ダイエー」を出店した。ダイエーとは、父の店「サカエ薬品」と同様、中内の祖父「栄」にちなんで「大栄」と名づけたのがその始まりである。それは経済白書が「もはや戦後ではない」と宣言した翌年の出来事であった。

「消費者」という存在を積極的に意識した流通網の再構築、できる限り安く売るための「価格破壊」、セルフサービスの購買スタイル、フランチャイズ形式などの新しいシステムを次々と実現し、「巨大小売集団[21]」の形成に成功したダイエーは、流通革命の旗手として、その後、急速に発展、拡大していった。

すぐそばにある見えない戦争経験と哲学

物質的な豊かさが飽和したように見える現代にあって、人びとにとって物質的な豊さの追求は、もはやかつてほどの意味を持たなくなったともいえる。飛ぶ鳥を落とす勢いで成長したダイエーも、「平成」という時代が始まって間もなくの一九九〇年代には業績不振に陥り、二〇一五年には他社の子会社となる運命をたどった。しかし、戦中戦後に味わった苦難とそこから生まれた数々の哲学と覚悟の蓄積がなければ、戦後の日本はあれほど急速な復興を成し遂げられなかっただろうことを、村上や中内の食の履歴書は伝えている。「空腹と飢餓の記憶」こそが、戦後の経済成長を実現していく原動力にほかならなかったからである。それゆえに物質的な豊かさの追求は、平和な世の中を実現しようとするための手段でもあったということを、今一度思い出しておく意味はあるのだと思う。

自戒を込めてそう言うのは、私自身のこれまでの人生の中にも、すぐそばにあったにもかかわらず、見逃してきた戦争経験の断片が無数にあると気がついたからである。

中内自身が著した『流通革命は終わらない――私の履歴書』にはこう書かれている。

大岡昇平『野火』という戦争小説には人の限界を問う飢餓が描かれている。

将校ではなく「中内軍曹」という一人の下士官として闘った私にも、食べ物への執念と、悲惨な戦争を遂行させた精神主義への反感が骨の髄まで染み込んでいる。

この体験を基に、私は日々の生活必需品が安心して買える社会をつくることを戦死した人々に誓った。……

私は生ある限り、日々の暮らしを自分の目で見つめ、自分の買いたい品を自分で選ぶことの重要性を、物やサービスの提供を通じて訴えていく。たとえ「売り場の牛乳一本」といえども、私には理念を具体化したものだからである。[*22]

私自身、まぎれもなくその牛乳の一本を買っていた戦後の消費者の一人であった。

一九七四年（昭和四九）生まれの私は、典型的な核家族のサラリーマン世帯に育ち、小学生の頃の楽しみといえば、家族皆で、車で二〇分くらいの距離にあるダイエーに行くことであった。週末のダイエーはたくさんの家族で賑わい、さながら遊園地のようであった。大きな店舗の中には食料品、日用品、衣料品、薬品、書籍、雑貨などあらゆるものが揃っており、見ていて飽きることがなかった。母が食料品の買い物をしている間には、父に連れられてフードコートの眼下に広がるスケートリンクを眺めながら、姉と妹と一緒にソフトクリームを食べることがまた楽しみであった。一人一つではない。三人で一つのソフトクリームを食べるのである。

そして忘れもしない一九八五年（昭和六〇）、私が小学五年生の年に『オレンジページ』というカラー刷りの雑誌が創刊された。料理に興味を持って、ノートに食べものの絵やレシピを落書きしている少し変わった小学生であった私は、一〇〇円玉二枚で買うことができる料理の雑誌が書店に並んだことにまず驚き、喜んだことを覚えている。それからお小遣いをためては定期的に同誌を買い続けることになるのだが、そこにはいつも、新しい食材、新しい調理道具、新しい生活スタイルなどがわかりやすく、かつ少し頑張れば手に届く世界として紹介されていた。牛肉の輸入が始まった時にはいち早くその宣伝とレシピ、遠い異国の風景やライフスタイルが掲載された。創刊号のクッキング特集は「安くっておいしいステーキ」であった。

今思えば、同誌はダイエーの出版部門として立ち上がった雑誌であったから、それらは商品を売るための宣伝も兼ねていたのである。情報誌にチラシを折り込むのではなく、「折り込みチラシに生活情報を盛り込む」という斬新な着想は、当時の雑誌界の常識をくつがえすものであったといわれている。[*23] 誌名に「オレンジ」を冠したのは、もちろんその色がダイエーのコーポレートカラーであったからである。

また、高校生の頃は学校の裏にある「ビッグ・エー」というディスカウントストアにしばしば足を運んで食べものや飲みものを買っていた。あらためて調べてみると、ビック・エーとは、「大きな栄」から展開した「大きなA」、つまり「ダイエー」につながる系列会社であったことがわかった。

　これまで私は子ども時代から戦前の世界とはほとんど関係ない、断絶した新しい時代を生きていると思い込んでいたが、私の経験だけを見ても、じつはそれは間違いであったといえるだろう。買い物をしていた場所にも、楽しみにしていたことにも、読んでいた雑誌にも、じつはそれを注意深く見つめれば、近代、とくに戦前期を生きた人びとの空腹と飢餓の経験に裏付けられた哲学と意志へと連なる歴史が刻印されていたことにあらためて気づかされたのである。それゆえに、飢餓と飽食は個別に断絶して議論されるべきではなく、飢餓から飽食へと移り変わる世相をひと続きの物語として理解する必要があるのである。

　ではいかにして人びとの食経験が、戦後から現在までの時代を紡いできたのか。次章ではそれを考えていきたい。

第3章

生まれて初めて食べる味

戦後をつくった食の経験

1 第二次世界大戦後の食料難と栄養調査

──飢餓の克服

戦争が終わったといっても、食料難はすぐに解決するわけではなかった。耕地は荒廃し、田畑を耕す人手も足りなかったことに加えて、復員、引き上げ者も含め、空っぽの胃袋を抱える人びとが増加していたからである。そのため、戦中にも増して、いかんともしがたい食料の不足が続いていた。

戦後の飢餓

たとえば東京では、一九四二年(昭和一七)四月一八日に最初の空襲を受けてから終戦当日の一九四五年八月一五日までの間、昼夜の別なく空襲を受けること一二二回、死者九六、〇〇〇人、負傷者七一、〇〇〇人を出し、七六七、〇〇〇戸が焼失・破壊され、じつに二八六三、〇〇〇人におよぶ都民が家を失っていた。終戦の日から一〇月までの失業者は男女合わせて四、八八〇、〇〇〇人、そこへ復員者七、六一〇、〇〇〇人、引き揚げ者一、五〇〇、〇〇〇人、総計一三、五九〇、〇〇〇人が住居、職、食べものを求めてさまよっていた。[*1]

戦前期から労働科学研究所で栄養研究に従事し、戦後は管理栄養士として活動した白井貞が著した『食の昭和史——あらためて日本人の食の意味を』によれば、[*2]終戦からその年の年末にかけて、蔬菜の自家生産、郷土食の奨励、未利用資源の活用、闇市、上野駅の餓死者、日比谷公園の餓死対策国民大会などが話題になった。こうした状況のなかで、国会議事堂の前も畑となった(図3-1)。米は完配されても成人が二合一勺(一〇四七カロリー)で栄養失調がでてもおかしくない乏しさであった。加えてこの年の産米は前年に比べて六九パーセントという大凶作でもあり、食料難に拍車をかけた。

一九三四から三六年を一〇〇とした農業生産指数でみると、一九四五年は六五・五パーセントにしか達しなかった。この背景には、第一に徴兵と戦時動員による農業労働力(特に若年基幹的男子労働力)の不足、第二に軍需優先としてきた影響による農機具と化学肥料の不

第3章 生まれて初めて食べる味
戦後をつくった食の経験

図3-1　食糧難で国会議事堂の前も畑となり、イモや野菜が作られた（1945年2月）
――提供：読売新聞社

足があった。もちろん移入米（台湾・朝鮮）も途絶していた。[*3] さらに、需要からみれば、復員と引き揚げ、戦後ベビーブームによる人口増加に対応しなければならないことも食料難の一因となっていた。

こうした状況のなか、庶民は買い出し、縁故物資、闇市に頼り、また庭のある者は種を蒔いて自給し、暮らしを自衛するしかなかった。戦後の食生活は、とりわけ一九四五年（昭和二〇）から一九五〇年までは戦前よりもいっそう厳しい「飢餓段階」に直面していたのである。[*4]

廃墟の「光」となった闇市

厳しい飢餓状態の中であっても、生きるためには日々食べ続けなければならない。人びとはこの時期をいったいどのように乗り越えたのだろうか。また、いかなる人びとが食べものを戦災者たちの胃袋へ届けたのだろうか。戦争が終わって一年に満たない、いわゆる「戦後ゼロ年」[*5]の胃袋、つまり国が物価を決定するための消費者価格調査に着手し、栄養調査を始め、アメリカからの食料援助物資が届く以前の状況を、東京に焦点を当ててみてみることにしよう。[*6]

ポツダム宣言を受諾した八月一五日からわずか四日後、廃墟となった新宿で、省線（現JR）の新宿大ガード下から追分（現在の新宿大通りと明治通りとの交差点辺り）までの間にある、焼けビルの壁に、次のようなビラが貼り出された。道行く人びとはまるで光に引き寄せられるようにその文面の前に立ち止まり、一文字一文字を食い入るように見つめていた。

《新宿露店再開御挨拶》
終戦ラッパの響きと共に、街を明るく便利にす可く、「買ふ身になって売る露店」建設を志し、新宿街頭に平和の新発足を致す事と成りました。
然乍ら、物資不足の折柄、何卒皆様の「露店」として、よりよき御指導御鞭撻を賜ります様切に懇願申し上げて、帝都復興に魁けする露店再開の御挨拶に替へます。
新宿露店代表　関東尾津組[*7]

ほどなくしてコンクリートの残骸が転がる廃墟の新宿に突然現れた露店に人びとは驚き、まだ大丈夫だ、きっと何かが始まる、と希望に胸が震える思いだったという。丸太を組んで葦簀をかけて屋根としたその露店には真っ白な大弾幕が張ってあり、そこには太い筆で次のように書かれていた。

光は新宿より

このスローガンには、終戦直後、夜になればどこも真っ暗闇となる中で、電燈一〇〇個以上を連ねて露店の市を開き、その光で闇を照らすという意味が込められていた。

一九四五年(昭和二〇)九月一日、神戸で焼け出された後、大阪に戻った作家の野坂昭如は、この言葉を目にした一人である。野坂は『光は新宿より』の冒頭に「発刊によせて」という文章を寄稿し、そのなかで、戦前から今日に至るまで、これにまさるスローガン、キャッチフレーズは登場していないと述べ、次のように当時を回想している。

> 住まいはない。駅構内の太い柱の根方すべてに、栄養失調死寸前の子供たちがうずくまっていた。柱には「国体は護持された」、「承詔必謹」、「一億総懺悔」の文字。大阪駅前、また後年有名になる三宮駅周辺の闇市はまだかけらもない。その夜、終夜雑踏をきわめる大阪駅で過ごし、翌朝、柱にタブロイドの新聞が貼り出されていて、台風のためマッカーサーの日本到着などがおくれたなどの記事、そして下に、「光は新宿より」の見出しがあった。[*8]

この言葉を廃墟となった新宿にいち早く掲げ、実現したのは、尾津喜之助という人物である。長女であった尾津豊子によって著された評伝『光は新宿より』の、断片的ではあるが、関東尾津組が手掛けた露店に関わる貴重な記録から、当時いかにして食料が人びとの胃袋に届けられたか、その経路を知ることができる。

露店は無秩序に設置されたわけではなかった。戦後直ちに露店を開く時に問題になったのは、第一に商品の獲得、第二に法規との関わりであった。戦時中の「公定価格」が継続しているうちは、正当な価格での商品の出回りが困難な状況にあったため、喜之助は淀橋警察、警視庁、都庁、商工省、裁判所経済部などの各関係機関を回り、諒解と援助を求めた。闇値と公定価格との中間に相当する「適正価格」の算定法を提案し、一箇所ずつ理解を得ていった。また、復員者を優先し、失業緩和の一助とすべく、二〇〇名の店員を募集した。尾津組の呼びかけに応えて、閉鎖されていた工場が稼働し始め、続々と物資が集まってくるようになった。こうして終戦から数えて五日後の八月二〇日、焼野原の新宿に、突如として裸電球がずらりと並んで暗闇に光を灯すことができたのである。

露店ではまず日用雑貨が揃えられた。たとえばご飯茶碗一円二〇銭、素焼七輪四円二〇銭、下駄二円八〇銭、フライ鍋一五円、醤油樽九円、ベークライトの食器、皿、汁椀三つ組八円であった。[*9] 九月二日には本格的な開業となり、新聞各紙がそれを報じた。

鮮魚、青果は都庁、警視庁と交渉して販売許可を得て集荷した。魚は房州の銚子と浦安、伊豆の伊東と網代の漁業協同組合に直接交渉し、鯵や鯖をトラック五台で日に三、五〇〇貫から四、〇〇〇貫（約一・五トン）を購入し、代わりに漁業協同組合には漁業に必要なロープなどを格安で販売した。鯖が三本で一〇円、鰺は二〇尾で一〇円として露店に並べた。できるだけ多くの人の胃袋に届くように、一人一〇円限りとして販売した。一方、青果はともすると闇値になりやすく、それを防ぐために、全国青果小売商業組合協力会会長、後の東京青果物商業協同組合理事長となった大澤常太郎なる人物を訪ね、青果統制組合への加入を取り付けることに成功した。こうして雨の降らない日には、新宿駅前に五〇〇以上もの露店がひしめき合いながらさまざまな品を並べて賑わうようになったのである。

尾津喜之助のライフヒストリー——震災・戦災直後の胃袋を満たす機転

尾津喜之助なる人物は、なぜ誰よりも早く、そして政府よりも着実に復興の灯をともすことができたのだろうか。彼の人生の中にその答えを求めてみたい。

一八九八年（明治三一）、東京本所の相生町に生まれた喜之助は、実家との折り合いが悪く、親戚の家に身を寄せたが、やがて浅草の観音様の床下を仮の宿にして暮らすようになった。十七歳で小石川一帯の不良集団を配下に収め、新聞の売り子業務を手広く請け負い、その後は築港工事が盛んになっていた大阪へ向かい、工務所の働きで頭角を現した。

一九一九年（大正八）、二一歳の頃に「なぁに、米のメシとお天道様はどこにでもあらァなあ」と満州へ行き、翌年春には東京本所へ戻ってきた。そして、四年間の徴兵生活を経て、親戚の佃煮屋を手伝った後、裸一貫、新宿で屋台の鰻屋を始めた。普通の店で鰻丼一人前八〇銭、安いといわれても五〇銭が相場のところを三〇銭で売り、大変な人気を呼んだ。現在の西新宿の高層ビル群となっている界隈では、当時、水道局や専売局の人びとが毎日昼の弁当を求めていたため、喜之助の鰻丼は飛ぶように売れたという。

そんな折、一九二三年（大正一二）九月一日に関東大震災が起こった。罹災者たちが焦土の中で飢えに悩まされていたところ、喜之助はメリケン粉を大量に仕入れ、鰻丼の屋台をすいとん屋台に変え、一杯一〇銭で売りだした。屋台の前には丼を抱えた数多くの客が群がった。喜之助は「お困りの方は、どうぞおあがりください。お代はいただきません」という看板を掲げたが、代金を払わずに帰った客はほんの五、六人であって、そのうちの一人は半年ほど経てから代金一〇銭を届けにきて、万々の礼を述べて帰ったというエピソードが残っている。その後、すいとん屋台は東京中に広がった。『大正震災画集』には、「馬喰町焼跡すいとん売」と題する絵がある。絵の中央に見えるすいとん売りはまさに、その一つであったのだと思われる（図3-2）。

すいとん屋台の次に手がけたのが、今川焼の屋台であった。鋳物の街川口では震災の被害を受けた工場には雨ざらしの半製品の鋳型が山になっており、喜之助はそれをトラック二台分買い受け、今川焼の鉄板に加工してテキ屋仲間や菓子職人に売り始めると、注文が殺到した。買い手の半数が震災で住居や職場を失った人びとだった。鉄板と鋳型は三か月で売切れ、すいとん屋台と同様、東京中に広がっていった。喜之助はこれを元手に新宿淀橋に店を構え、

図3-2　馬喰町焼跡すいとん売（『大正震災画集』）
——洗鱗画、1924年、国立国会図書館デジタルコレクション

鰻屋を再開することができた。その後、紆余曲折があって店をたたみ、「関東尾津組」を結成して、露天商稼業に戻り、その後は露天商の地位を少しでも高めるために組織の秩序ある統制に努めた。その庭場は淀橋、四谷、中野、麹町、赤坂、渋谷、世田谷から多摩川の沿岸、北は八王子、川越の手前までに及ぶ広大な地域に広がっていた。

　終戦より前、一九四五年（昭和二〇）三月一〇日の大空襲の折には、その被害を目の当たりにして、喜之助は部下たちを集め、尾津組の倉庫を開け放ち、一〇台の大八車へ下駄、帽子、チョッキ、鋏、針糸、ちり紙、ボタン、スナップ、箸など日用品を

慰問袋に入れて満載すると、それらを新宿駅前交番隣の広場に運び、罹災者へ配った。下駄の鼻緒のすげ替えも始めた。土木部の荷車が井戸端に米俵を積み上げると、若い衆が米を磨ぎ、大釜に火がつけられ、「おにぎり」の炊き出しを開始した。政府の救済ではなく、露店で稼いだ金で自発的に誰よりも早く始まったこの慰問袋とおにぎりの配布は、多くの人びとの記憶に残るところとなった。

五月の大空襲で完全に焼野原となった新宿に、喜之助は尾津組総出で焼け跡を掘り起こして南瓜の種をまき、芋を植えた。それが夏から秋にかけて、新宿、大久保、柏木、百人町一帯では、南瓜と芋が豊作となり、人びとの空腹を満たす一助となった。その機転には目を見張るものがある。

淀橋署から依頼された焼け跡整理に着手し、それを完了すると、露店再開も可能となった。空襲の合間をぬっての臨時の市場とはいえ、大盛況となり、露店には人や物が続々と集まってきた。こうした戦中期からのはたらきで得た物資と資金、そして何よりも信用が、戦後わずか数日で「光は新宿より」と掲げた復興事業に着手する礎となったのである。

中野区戦災者救済協力会の取り組み——特殊食品の利用

配給制度は戦後も続いていたが、米の遅配、欠配が続き、大豆の油の絞りかすが米の代わりに配給されたり、虫のついた臭いトウモロコシの粉が主食として食べられることもあった。

たとえば東京の米の遅配は一九四六年（昭和二一）四月には月に六日、五月は八・二日、六月には二〇・四日の遅れに達したという。[*10]

米の遅配が続く中、一九四六年（昭和二一）一月末には滝野川区と板橋区で「米よこせ運動」が起こり、都内では六〇〇人が参加するデモ隊が、横浜では一〇〇〇人が参加するデモ隊が都庁や県庁に押し掛けた。五月一九日には二五万から三〇万ともいわれる人びとが「食糧メーデー」として皇居前に集合するに及んだ。[*11] これは別名、米よこせメーデー、「おしゃもじ」デモ、「風呂敷」デモなどとも呼ばれる。[*12] これらは食料危機突破をスローガンとする社会運動の拡大を意味していた。

この食糧メーデーが開催される二日前、中野区ではある取り組みが始められた。[*13] それは、進駐軍の残飯をもらい受けて、食料にするという取り組みである。中心となったのは中野区居住の「有志」とある。同会の規約をみると、各町会の役員や、中野区長、中野警察署長、野方警察署長、方面委員が名前を連ねていることから、地域社会事業としての取り組みとして始められたと推察される。その経過はまず、次のような出来事から始まった。

五月十七日　M・P・大隊長ミッドルトン中佐より左の文面記載の許可証を与へらる。

「本状持参人本領信治郎氏は毎日自午後二時半至四時本兵舎地域内の一切の食し得る残

り物を蒐集するため本兵舎に入ることを許可さる」
同時に第一日を翌十八日と約す。その直後区長の斡旋により右の趣き町会聯合会理事会に報告、続いて理事会の発意に基き総会に報告、総会は之が処置につき理事会に一任する。

五月十八日　第一回受領の特殊食品は前日理事会席上にて希望せる宮園通二、三丁目町会へ無償にて配給す。

爾後配給機構の完成まで同様希望町会に無償配給することとする。

つまりこれは、欠食者、栄養失調者に対する危急の処置として進駐軍の残飯をもらい受け、食べられるようにして配給するという取り組みであった。その配給量は、五月一八日から六月一三日までは合計四、〇〇〇世帯に無償で配給し、その後は一一月三〇日まで、地域配給による受配者二六、三三四世帯（一一月分）、職域配給による受配者五、九六〇世帯（一一月分）にのぼった。区民の大半がこの恩恵を受けたといわれる。[*14] 半年余りの限られた期間の取り組みであったとはいえ、米の凶作が重なった厳しい状況において、海外からの援助物資が届くまでの空白の半年間をつなぐ、重要な試みであったというべきであろう。秋になり、米豊作の見通しにようやく一息ついたころ、中野区戦災者救済協力会理事長であった本領信治郎は次のような文章を残している。やや長文ではあるが、引用しよう。

拝啓　晩秋の候となりましたが、各位には益々ご清栄の段お喜び申し上げます。

さて本年五月以来何かお世話になってをりました「中野区戦災者救済協力会」の名による特殊食品の配給事業は、早くも半歳余を経過しました。その間多きは四百少きは百世帯以上の人々に一日も欠かさず、わずかながら食料らしきものを配給し得ました事は、いろいろの批判にも不拘一先づ成功だったと自負いたします。しかし、あの五、六月頃の深刻な食料危機も幸ひにこれといふこともなく突破したことでありますし、今年は米も豊作、その上各々自重による各般の食料にはその手配も出来たことでありますから、この事業もまづ此の辺で打切ってよいのではないかと思います。もちろん、今でもこの特殊食品に対する需要は当初と少しもおとろへず、配給券も連日九十七・八パーセントは実際に食品と引換へられてをります。けれども、かうした食品をいつまでもアテにされることは余り愉快なことでもありませんし、元来が食料危機突破のための非常対策であったのでありますから、そうした現情にひきづられてゐるのも如何かと思ひます。それで、去る十一月十八日午前十時、区役所内で理事会を開きました結果、本協力会の名による特殊食品の配給は十一月中で打切ることとしました。*15

その後は協力会の嘱託であった三沢周一郎という人物が特殊食品取扱の許可証を得て、新たに「生活厚生共済会」を立ち上げ、困窮者その他食料難の援助にあたることになった。

戦後の闇市では進駐軍の残飯を煮込んだいわゆる「残飯シチュー」が売られていたことは知られている。[*16] しかし具体的に誰がどのようなルートで残飯を入手し、それを調理したのかを知り得る資料は、管見の限り見つけられなかった。そのような中、区の社会事業の一環として運営されていた中野区での取り組みは、進駐軍との協議の上、許可証を得て残飯を引き取っていたこと、それは「特殊食品」と呼ばれていたこと、煮沸、つまり煮込んですぐに食べられるように調理してから配給されたこと、そして、これによって命を繋いだ人びとが想像以上に多かったことなど、その利用の具体像をかなり明確に伝える貴重な事例ということができるだろう。

サザエさんに描かれた戦後

東京での米の遅配が目立ち始め、中野区でこうした取り組みが始まっているさなか、一九四六年（昭和二一）四月二二日から朝日新聞で連載が始まった四コマ漫画『サザエさん』には当時の様子が具体的に描かれていて興味深い。一九二〇年（大正九）生まれの作者、長谷川町子は当時、二六歳であった。

一九七四年まで連載を続け、その後もアニメーションとして放送が続いているサザエさんのイメージを、私見から説明してみると、なんといっても「食いしん坊」であることではないかと思う。日常生活の中で、つまみ食い、盗み食い、隠れ食い、兄弟たちとの食べものの取り合いなどがコミカルに描かれる場面が多い。

それには理由があるとわかったのは、あらためて『サザエさん』を第一巻から読み返してみた時であった。初期の『サザエさん』に食べものをめぐる日常の出来事が多く描かれているのは、食料難が厳しかった戦後間もないころの世相を反映してのことだったのである。たとえば一作目はサザエがふかし芋を食べながら登場する。そして二作目では、「ひとつめあたらしいだいよう食でもつくろうかな」とサザエが張り切り、ワカメが「つくってー」と楽しみにそれを待っている。サザエはラジオから流れてくる「つぎにおいものくずやにぼしのくずをいれます」、「最後にヌカをいれよくかきまぜます」という作り方に従って次々と材料を入れていくが、「ただいまはニワトリのえさについてもうしあげました」とラジオが締めくくって笑いのオチとなっている。食料難対策の一環であった代用食や、自宅で取り組む養鶏が奨励されていたことなどがユーモアを交えて描かれている作品である。

その他にも、サザエが満州引き上げの接待係や配給係を担当する話や、「カツオ！ ワカメ！ やみいちにつれてってあげよう」というサザエの一言から始まる闇市での買い物話、「おこめがわりのえんどうのはいきゅうだ」とカツオが大きな袋を背負ってくる場面から始まる話、カツオとワカメが父親の指導のもと庭を畑にしてトマトの種を蒔く話などがある。

まさに先述の時代状況の数々をテーマに取り上げて描いたこの漫画は、同時代の人びとに共感を持って読まれていたに違いない。社会学者の鶴見俊輔も「サザエさんの連載のはじまったころの作品には、敗戦直後の日本とぴったり呼吸のあった感じがある」と述べている。[*17]

鶴見は『戦後日本の大衆文化史――一九四五〜一九八〇年』の中でも『サザエさん』について論じている。[*18] 連載が始まった終戦直後の一九四六年度と、高度経済成長期に入って一〇年を経た一九七〇年度にテーマとなった社会的な内容を比較すると、表3－1のようになるという。一九四六年度の社会的なテーマはやはり、復員、進駐軍、食糧買い出しの遠出、家の裏庭で野菜つくりがくり返し登場していることがわかる。

国民栄養調査の開始とアメリカの食料援助

こうした厳しい食料難に対し、海外からの援助物資がそれを軽減させたことはよく知られている。しかし、この食料移入の条件として、ＧＨＱが一九四五年（昭和二〇）一二月から栄養調査を実施するよう指示したということは、あまり知られていない。この栄養調査では都市と農村、鉄道従業者、炭鉱従業者に分けてデータが集められ、栄養状態や自給率に関して都市農村間の違いが浮き彫りにされた。

都市に比べて食料があったといわれていた農山村でも厳しい状況であったことが報告されている。長岡保健所の栄養士は、一九四六年の春、新潟県中越市の山村では、「三食とも雑

1946年		1970年	
テーマ	回数	テーマ	回数
海外からの復員	4	万国博覧会	7
進駐軍	4	インフレーション	4
食糧買い出しの遠出	4	猛烈社員	3
家の裏庭で野菜つくり	3	公害	2
伝染病	2	老齢年金	1
配給	2	過保護、子どもを甘やかす	1
代用食	1	三億円銀行強盗	1
燃料不足	1	ゴミ処理	1
速成英語学習コース	1	経済大国日本	1
不良食品	1	中学校卒業ですぐさま就職する少年の希少価値	1
ヤミ取引	1	主婦のパートタイム就職	1
インフレーション	1	税金が高い	1
男女同権についての討論会	1	プロ野球で八百長	1
警察民主化	1	資本主義の矛盾	1
兵士の帰宅	1	貨幣危機	1
戦災孤児	1		
台風襲来の準備	1		
教師への批判	1		
家畜のこと	1		

表3-1　『サザエさん』で取り上げられた社会的テーマ(1946年、1970年)
――鶴見俊輔『戦後日本の大衆文化史 ―― 1945 ～ 1980年』184 ～ 187頁

炊だけである。漬物桶からダイコン葉の漬物を取り出しては刻み、わずかな米を増量していた。調味料の味噌さえなく、塩気は漬物からとるだけという深刻さである」と報告している。[*19] 一九四七年には栄養士法と栄養改善法が発令され、ララ物資（LALAアジア救済連盟、米国慈善団体）による救援物資などにより、学校給食がまず大都市で再開されている。一人につき小麦粉一〇〇グラムと脱脂粉乳一〇〇グラムの無料配給によって、パンとミルクの給食が始まった。[*20] これは占領が終了するまで続いた。実際のこの給食を食べた三人の言葉を引用しよう。東京都在住の八〇代の女性はこの給食について、次のように述べている。

小学六年生になると、学校給食が出た。「ララ物資」とかいい、外国からの支援のものであった。粉ミルクを溶かし、その中にミートボールを入れたものであった。肉やミルクなど無縁になっていた私はお腹に沁みるような美味しさを感じ、家族にも食べさせてあげられたら、と心の中で思った。しかし、漁村から来ていた何人かの生徒は「こんなまずい物」と言った。それぞれの家庭で、食生活も異なるのだと子供心に感じさせられた。[*21]

また、定時制高校に通っていたある男性は、「コッペパンと脱脂粉乳を楽しみに」と詠み、当時を思い出しながら次のように語った。

定時制の高校に合格したときは、そらうれしかったけどな。なにしろ工場には、朝五時に起きて行くんやから。一日中働いたあとに学校やろ。そら、しんどいわ、はらがへるわ……。

そやけど授業が始まる前に、給食が出んねん。コッペパン一個とな、脱脂粉乳いうて、牛乳のかすみたいな粉をとかしたやつや。それだけのもんが、どんだけありがたかったか！　それが楽しみで学校行ってた……のもあった。ははは。

スナガワ先生ていう、まだ若い、男の先生が担任でな。「君ら大変やけどがんばれよ。がんばって勉強しろよ」て、いっつも言うてくれたんや。ええ先生やったなあ。[*22]

そして、山形県で小学一年生だったSは次のように回顧している。

給食が始まって生まれて初めて食べるものばかり。何しろ初めてなので、「文明開化の味がする」という感じでした。脱脂粉乳、私は美味しかった。それからレーズンという食べものが出た。干し葡萄ですね。こんな美味しいものがあるんだと驚きました。[*23]

2　ある栄養士の食の履歴書

胃袋の近現代をみつめ続けた人生

先述でいくつか引用してきた『食の昭和史——あらためて日本人の食の意味を』を著した

白井貞は、戦前・戦中・戦後を栄養学にかかわって生き、人びとの胃袋と関わり続けた人物である。実は彼女のライフヒストリーは、前著『胃袋の近代』とも深くかかわっているため、本書との架け橋として、少し詳しくその人生を追ってみたい。[*24]

白井は一九二三年（大正一二）二月に東京府荏原郡桐ヶ谷（目黒不動尊付近）で三姉妹の長女として生まれた。ほどなくして神奈川県へ移転し、一九三五年（昭和一〇）に横浜の女学校に入学するも、新潟県に転居、一九三九年に東京の淀橋へ戻ってきた。翌年父が海軍徴用船の船長として出征し、一九四五年一月に戦死している。白井は大妻技芸学校（大妻女子大学）専門部家事科に学び、そこで「栄養学」に出会った。良妻賢母教育が盛んであった時代に、「栄養学」はそれとは異なる印象があったため選んだのだという。

白井は一九四一年八月には、毎日車窓から見ていた信濃町近くの「二葉保育園」[*25]を訪ね、食事の調査を始めている。そこから新宿旭町の二葉保育園や深川の水上生活者の保育園へ通って調査したものを卒業論文にまとめた。そしてその年の一二月に同校を卒業し、翌二月には日本労働科学研究所に就職し、そこで本格的な栄養研究に関わるようになったのである。

同所は一九一九年（大正八）に倉敷紡績の社長、大原孫三郎が設立した大原社会問題研究所から独立した研究所である。初代所長の名は暉峻《てるおか》義等という。彼女が就職する前年の一〇月、同所は大日本産業報国会に統合され、その中央研究所となった。所員数は一二〇余名、うち栄養学研究室は一二名、ここに付帯事業として設立した「日本勤労栄養学校」の生徒が五〇名ほど加わっていた。そして一九四五年九月には大日本産業報国会が解散し、一一月に財団法人労働科学研究所となった。

白井は戦前に、同研究所主催の「工場食研究会」に参加し、「飛行機工場の給食と少年工たち」、「外食券食堂と雑炊食堂の調査」、「中小工場の給食」、「大工場の給食」、「炭田・炭鉱の鉱夫の食事」、「農家の栄養調査」、「工場・炭鉱の全国紙上栄養調査」など、多くの調査にかかわっている。

そして終戦を迎えた時、「炊事の現場の改善こそが私の仕事である」[*26]と、戦前に調査に赴いていた新潟県の日本曹達《ソーダ》工場で働くことにした。二三歳の決意であった。同工場で彼女が残した調査記録は、「飢餓期の工場食の栄養量記録」として当時の状況を克明に伝える貴重な資料となっている。

たとえば以下に三つの表を示してみたい。一つ目は「主食が米に統一されるまでの経緯」を示した戦後から一〇年間のデータ（表3－2）、二つ目は約二〇年間を追った「基本食の給与栄養量」（表3－3）、三つ目はそれを時代背景とともに分析した「給与栄養量の推移」（表3－4）である。実際に白井自身が作った工場食のデータであるため、具体的な状況と白井の熱意が目に浮かぶようである。

主食の推移は毎年九月中旬の一〇日間を抜粋したデータである。この時期は夏の食欲不振と冬の食欲増進期、新入社員を迎えて活気づく春を避けたことによる。終戦直後は大豆、イ

主食 ＼ 年度	20	21	22	23	24	25	26	27	28	29	30
白い米				9	6	26	26	29	29		30
外米入りの飯					11						
押麦入りの飯										29	
大豆2割入りの飯	26										
イモ、カボチャ飯1対1		14	12	15							
乾燥おから、野菜入り飯		1									
白い飯と蒸イモ、カボチャ	1	14	2	3	10						
アズキ飯、おこわ				1	1						
雑炊											
雑穀、糖、イモ、カボチャ入り餅	3		1	1							
小麦粉、トウモロコシの団子			1	1							
すいとん			1								
ポテトケーキ				1							
乾燥おから、野菜のまんじゅう		1	2								
カボチャあんのくず餅			1								
イモ、雑穀入りのパン			7		2						
小麦粉のパン						2	3				
うどん、ラーメン			4			2	1	1	1	1	
計	30	30	31	31	30	30	30	30	30	30	30

注1)　毎年9月中旬の10日間、朝・昼・夕の各10食計30食の回数。
　2)　22年、23年の計が31日なっているのは、代用食を2品使ったため。

表3-2　主食が米に統一されるまでの経緯
——白井貞『食の昭和史——あらためて日本人の食の意味を』つくばね舎、2006年、139頁より作成

モ、カボチャ、雑穀などを混ぜた主食が続くが、一九五〇年（昭和二五）ころから米へ移行していくことが読み取れる。これと連動して熱量もやや増加するが、米の配給量が変わらなかったため、必要な熱量には不足する状況が続いた。

　白井はそれ以前を「食糧飢餓期」としたのに対し、一九五〇年以降を「最低栄養量の保持期」と名づけている。一九五五年には「もう空腹の時代ではなかった」とし、食生活に安定感が生じてきたと感じたという。それから一〇年を経た一九六五年からはようやく「満足感」が高まるようになった。一九六七年からは、ご飯を保温ジャーに入れて自由盛り

	昭和	熱量 (Cal)	たんぱく質(g)	脂肪 (g)	糖質 (g)	Ca (mg)	Fe (mg)	1日食費 (円)
食糧飢餓期	20	1,567	62.8	18.3	287.8	402	69	不確実
	21	1,525	56.4	12.2	297.5	430	29	31.25
	22	1,627	64.0	13.8	311.6	350	28	37.83
	23	1,767	62.5	13.8	347.4	284	23	44.40
	24	1,856	65.8	26.3	339.2	421	31	44.40
最低栄養の保持期	25	1,901	66.6	21.0	360.5	383	28	64.28
	26	1,954	61.3	23.0	374.1	340	38	54.28
	27	1,967	67.6	35.9	343.7	428	36	54.28
	28	2,015	72.4	29.3	366.0	570	31	65.00
	29	1,995	71.8	28.3	364.0	376	27	65.00
	30	1,967	65.3	28.6	363.8	265	11	65.00
	31	2,019	67.3	31.2	368.6	316	11	66.67
	32	1,907	61.2	28.5	355.4	299	11	66.67
	33	1,767	54.1	26.7	322.7	256	10	66.67
	34	1,856	62.3	27.6	341.5	277	11	66.67
	35	1,971	71.8	31.4	351.5	321	27	66.67
	36	1,965	66.9	30.1	356.9	273	25	66.67
	37	1,971	66.1	29.5	365.8	349	25	66.67
	38	1,904	62.0	25.7	357.8	343	15	76.00
	39	1,947	63.6	29.0	360.3	348	13	76.00
改善期	40	2,145	61.1	30.7	393.0	258	10	99.00
	41	2,142	62.6	25.7	406.2	399	9	99.00
	42	2,450	75.0	37.8	433.0	457	13	99.00

表3-3　基本食の給与栄養量
——白井貞『食の昭和史——あらためて日本人の食の意味を』つくばね舎、2006年、140頁より作成

年	給与目標2200Calに対する過不足(Cal)	たんぱく質カロリー比率				食糧事情と食生活の特筆事項
		たんぱく質	脂肪	糖質	動物性たんぱく質	
20	△633	16	11	73	30	終戦、インフレーション、闇市
21	△675	15	7	78	28	食糧メーデー、主食配給2合1勺から2合5勺、ただし代用品が3分の2
22	△573	16	8	76	28	輸入食糧放出、GHQ補助による学校給食再開
23	△433	14	7	79	33	栄養士法公布、主食2合7勺へ
24	△344	14	13	73	29	病院入院患者米増配、青果物自由販売、イモの統制廃止、料理店再会
25	△299	14	10	76	33	朝鮮戦争、魚自由販売、味噌・醤油統制廃止
26	△246	13	11	76	24	砂糖自由販売
27	△233	14	16	70	36	改正栄養士法公布、栄養審議会設置、麦統制廃止
28	△185	14	13	73	38	配給米の強化米混入、学校給食小麦粉の強化
29	△205	14	13	73	38	学校給食法制定
30	△233	13	13	73	35	史上最高の豊作
31	△181	13	14	73	35	神武景気、家庭電化ブーム、第1号電気釜普及
32	△293	13	13	74	37	添加物に対する規制強化(食品衛生法一部改正)
33	△433	12	14	74	38	インスタントラーメン発売
34	△344	13	13	74	39	岩戸景気
35	△229	15	14	71	44	米作最高記録更新、スーパーマーケットの急伸
36	△235	14	14	72	40	農業基本法公布、インスタント食品ブーム
37	△229	13	13	74	40	米作最高記録更新
38	△296	13	12	75	32	生鮮食品価格対策によるキャベツ・白菜の生産価格調整制度
39	△253	13	13	74	33	オリンピック、テレビ・洗濯機・冷蔵庫など家電の普及
40	△55	12	13	75	33	
41	△56	12	11	77	32	物価上昇、食料品の自由化傾向
42	250	11	14	75	31	米作最高記録更新

表3-4　給与栄養量の推移
——白井貞『食の昭和史——あらためて日本人の食の意味を』つくばね舎、2006年、141頁より作成

付けにすることができ、工場で働く人びとに大いに歓迎された。

生活改善運動と栄養指導――キッチンカーが走る

この時期は、都市と農村の栄養格差が大きかった。具体的に言えば、カロリーでは農村のほうが都市を上回るものの、動物性たんぱく質や脂質の摂取という点では農村は都市に比べて非常に少なかった。この格差是正のために、新生活運動の一環として都道府県主導による栄養指導が実施された。指導の対象は主婦としての女性たちであった。白井自身も農村に足を運ぶうちに、農村栄養への興味が深まり、一九五二年（昭和二七）には長岡市農業試験場で三日間の試験を受け、生活改善普及員の資格を取得している。

白井は生活改善運動の講師としてしばしば新潟県を中心とした農村を訪れ、農山漁村の女性たちと交流している。それは公民館からの依頼に始まり、工場従業員の住む村々、工場の食堂で開催される社宅婦人会、女子従業員の文化活動のクラブ、日本赤十字社での講習、保健所からの依頼による近隣僻村での講習、月に一回開催される高田市婦人会館での講習、調理師会と保健所共催の高田市のデパートでの料理展示、保健所のキッチンカーに乗っての講習などである。[*27] その頃の栄養改善は、たんぱく質と油脂の増加を目標にしていた。

一九五五年（昭和三〇）に日本食生活協会が設立されると、翌年一〇月に同協会は後部のハッチを開けると調理台が現れる栄養指導車八台を用意し、全国を巡回する栄養指導を本格的に開始した。通称「キッチンカー」と呼ばれたこの車は、保健所から保健所へとリレーされ、山奥や離島にまで足を延ばしたという[*28]（図3-3、4）。二年後には四台が新造されて一二台となり、その後さらに小型栄養指導車が加わった。一九六一年に国庫補助が認められるようになると、都道府県が新たに栄養指導車を所有するようになった。厚生白書によると、一九六五年度に七二台、一九六七年度に七八台、一九六八年度に八六台、一九六九年度には九〇台余りとなった。数の推移だけをみても、キッチンカーによる栄養指導が盛況だったことがうかがえる。一九五七年（昭和三二）には各地の保健所での栄養指導も始まった。

たとえば岡山県での具体的な活動を論じている森・橋本（二〇一二）によれば[*29]、岡山県では一九五七年四月から五月に日本食生活協会から貸与された大型栄養指導車「うぐいす号」を用いて県内を巡回した。県衛生部の栄養士二名と保健所の栄養士が乗り込み、調理実演、栄養に関する講話などを実施した。同年の講習回数は一〇〇回、受講人員はのべ一六、七一一人であったから、一回当たりの受講者数は一六七人程であったことになる。栄養指導は大好評で、キッチンカーが到着すると、田から畑から台所から、役場からは男性まで、走って集まってきた。そして食い入るように見たり聞いたりする人だかりができたという。実演された料理はマフィン、マカロニのトマトソース煮、カレー、サラダ、鯨肉の中華風、ユニセフミルク入りドーナツ、シチューうどん、豆腐の味噌煮、かき揚げ、けんちん蒸し、揚げボールなどであった。

図3-3　青森県のキッチンカー
――1957年6月21日佐々木直亮撮影、所蔵は青森県立郷土館

図3-4　青森県の栄養指導
――1957年6月21日佐々木直亮撮影、所蔵は青森県立郷土館

こうした全国的な動向のなかで、白井も栄養士、そして生活改善普及員として新潟県内をキッチンカーで回っていたのである。この時期の栄養指導はたんぱく質と油脂の普及をめざすだけでなく、合理的な食事の提案、栄養学の知識の啓蒙を合わせて食生活の地域差を是正していく役割を果たした。そしてもう一点付け加えるならば、キッチンカー事業は米国農務省の機関であるオレゴン小麦栽培者連盟と日本食生活協会が結んだ契約を発端としていた。米国が資金を提供し、協会がキッチンカーを使って実際の食生活指導をするという連携であった。つまり、より広い視野から見れば、栄養改善と合わせた粉食の普及によって、米国から小麦を輸入する素地が形成されていったのである。[*30]

キッチンカーに搭載された調理器具は新しい台所のあり方を体現してもいた。こうして台所と胃袋の画一化、統一化を人びとが受け入れる準備もまた徐々に整っていった。

3 こんな美味しいもの食べたことない

急速に変わっていくこの時期の食をめぐる状況を知るには、戦後すぐに生まれた世代と、その少し後に生まれたいわゆる「団塊の世代」の食の履歴を見ることが有効だろう。敗戦以後の四半世紀の間に彼らは子どもから大人へと成長していったからである。それはちょうど私の父や母の世代にあたる。私の父は一九四五年（昭和二〇）七月に大阪で生まれた。復興で急激に変わりゆく大阪の街を、子どもの時から見続けてきた一人でもある。

父の好物

父の好物はわかりやすい。ホットケーキとキャラメルとチョコレートである。

とにかくこの三つを食べる時の父はいつも嬉々としている。そしてそれを、頼んでもいないのに、私たち子どもにも丁寧に分けてくれ、さらに嬉しそうに、満足そうにしているのである。連れて行ってくれたファストフード店でも、なぜかハンバーガーではなく、必ずホットケーキを選ぶ父を、私は子どもながらに、「大人なのに子どもみたいなものが好きなんだな」と長らく不思議に思っていた。この三つの好物には父の食の履歴書が深くかかわっていることを、その時の私はまだ知らなかったのである。

「こんな美味しいもの食べたことない！」

父にとってはこれが、三つの好物に共通した出会いの記憶である。

まずホットケーキについて、父の食の履歴書を見てみよう。大阪の材木商の八人兄弟の下から二番目に生まれた父にとって、一番上の姉は母親代わりの存在だった。一九四九年（昭和二四）、父は四歳から五歳にかけての約一年間、大阪の実家を離れ、姉が嫁いだ小豆島に預けられていたことがある。姉は一九二七年（昭和二）生まれであったから、ちょうどその頃は二二歳であった。彼女は嫁いだばかりの婚家で、幼い弟になにかと世話を焼いてくれたそうである。大阪の実家ではすでに白米を食べるようになっていた頃であったが、姉の嫁ぎ先の小豆島では、粟を混ぜたご飯を食べていたこと、さつまいもを主食にすることもあることなど、私の父は子どもながらに地域によって食べているものが違うことを理解したらしい。

そして、大阪に帰る日、フェリーに乗る前に姉が手渡してくれた手作りのパンのようなもの。それが父とホットケーキとの初めての出会いであった。砂糖は入っておらず、甘くはなかった。ようやく五歳になろうという少年は、夜中に一人で乗り込んだ帰りのフェリーの中でかじったそのパンのようなものの味と、小豆島での日々を、大人になっても忘れることがなかった。彼がまだ、「ホットケーキ」という名前すら知らない時代の話である。

キャラメルも小豆島で初めて食べた。義兄、つまり姉の夫が父を自転車の後ろに乗せて、棕櫚《しゅろ》の木が並ぶ小豆島の緩やかなカーブが続く道を走ってゆく。この時に「これを舐めたら一〇〇メートル走れるんやって」と買ってくれた赤い箱が「グリコ」のキャラメルであった。すでに玩具のおまけもついていたという。初めて食べたこのキャラメルの味も、四歳の父にとっては忘れられない食の思い出となった。

最後にチョコレートについて。父が生まれて初めてチョコレートを食べたのは、小豆島で風邪をひいて寝込んだ時に姉がどこからか持ってきた箱入りのチョコレートであった。そして大阪に帰ってくると、家の近所にチョコレート工場ができていた。何とも美味しそうな匂いが漂ってきたらしい。父はわざわざその工場の子どもと友達になり、なんとかチョコレートを手に入れようとした。残念ながらそれは叶わなかったものの、かわりにチョコレートの香り漂う工場敷地に入り込み、そこで遊ぶことには成功した。嬉しそうな子どものころの父の姿が目に浮かぶ。

私が子どものころ、電車に乗ると父はいつも「グリコ　アーモンドチョコレート」を持っていて、姉と妹と私にそれをひと粒ずつ手渡してくれたものだった。スライドさせて開ける長方形のパッケージがかっこよかった。アーモンドが丸ごと入っているチョコレートはそれだけで贅沢だったが、それは一粒ずつ可愛いアルミホイルで丁寧に包まれており、まさに「大人が持つべきチョコレート」という風格だった。父の得意技は、そのアルミホイルを人差し指にくるりと巻き付け、素早くねじり、最後にちょっと細工をして、小さなワイングラスを作ってみせることだった。幼いころの私は、そのちょっと首をかしげたようなワイングラスや、それを作る父のしぐさを見るのが好きだった。

それにしてもなぜ父はいつもアーモンドチョコレートを持っていたのか。当時はわからなかったが、父の食の履歴書を合わせてみると、それはきっと、食べてみたくて仕方がなかったチョコレートを生まれて初めて食べた時の感動が、消えることなく彼の人生に刻まれているからなのだと理解できる。大人になった今、そんなふうに父とチョコレートの関係を想像してみたりするのである。ホットケーキもキャラメルもチョコレートも、父にとっては生涯忘れることのない特別な思い入れがある、「憧れ」の食べものにほかならなかった。

戦後の食経験とその背景

客観的に父の食の履歴書をながめてみれば、そこに社会的な背景が垣間見えてくる。たとえばホットケーキは戦後の援助物資に含まれていた小麦粉とその普及に関わっている出来事である。『暮しの手帖』第七号に「誰にでも必ず出来る　ホットケーキ」が掲載されたのは、一九五〇年（昭和二五）であったから、もしかしたら父の姉はそれを見たのかもしれない。小豆島では主食としてまだ雑穀を混ぜたご飯や芋を食べていた頃ではあったが、若い姉の好奇心や、大阪に帰る弟に何か美味しいものを食べさせてあげたいという気持ちが、彼女にホットケーキという新しいお菓子を作ってみようと思わせたのだと想像する。

キャラメルは一九〇四年（明治三七）に森永製菓が製造を開始し、一九一四年（大正三）に「ポケット用紙サック入りキャラメル」を販売した。江崎グリコが「文化栄養菓子」としてキャラメルを売り出したのは一九二二年である。戦時中から戦後にかけて、キャラメルは一九四九年（昭和二四）一二月に自由販売になるまでは統制品で、進駐軍の特需品か、農林省・復員局用、または都道府県の配給品のみであった。森永製菓では農林省・復員局関係「報償用キャラメル」や「特別及び一般配給キャラメル」を生産していた。砂糖が手に入らなかったので、サツマイモから作ったぶどう糖が主な原料であった。もとの原料の水飴の統制が撤廃されるには、一九四九年を待たなければならなかった。

そして、まだ食料難を抜け出してはいない状況ではあったが、終戦の二年後の一九四七年一〇月には江崎グリコがキャラメル「グリコ」生産を再開し、一〇円で販売した。戦後の復興とともにいち早く製造が再開されていたという点が興味深い。父は一粒で一〇〇メートル走れると記憶していたが、実際の宣伝文句は三〇〇メートルであった。そして、一九五〇年には戦争で中止していた「おまけ小箱」を復活させた。[*31] 父が初めて手にしたキャラメルは、まさにようやく自由販売となり、江崎グリコが玩具のおまけを復活させたばかりの品だったことになる。義兄がそれを買い、父に手渡した時の気持ちは、どのようなものだったのだろう。当時の時代状況の中で考えてみたいエピソードでもある。

最後はチョコレートからみえる世相である。日本で最初の国産チョコレートが製造されたのは、一九一八年（大正七）、森永製菓によるものであり、その後も続々とメーカーが誕生した。しかし、戦時中は原料のカカオの輸入が途絶した。戦後に人びとがまず味わったチョコレートは日本に駐留していたアメリカ兵から配られるものだった。その味と「ギブミーチョコレート」という英語を覚えた子どもが多かったといわれる。戦争が終わって二か月後には森永製菓が米国赤十字社の管理工場として操業を再開し、米軍向けにココアパウダーを原料としたチョコレートを製造し始めていた。そして一九五〇年に待望だったカカオの輸入が再開されるとともに、本格的なチョコレート製造が始まったのである。[*32] 父の食の履歴書に照らしてみれば、生まれて初めて食べたチョコレートはおそらくアメリカ製であったのだろう。そしてそれから数年後に、大阪にできたチョコレート工場は、一九五〇年代半ばから本格化する国産の大衆向けチョコレート製造の最初の一歩であったことがわかる。

「生きる」から「選び」「楽しむ」食へ

国産チョコレート製造がますます盛んになる一九五〇年代半ば、一九五四年（昭和二九）に神武景気が始まり、翌年には経済白書が「もはや戦後ではない」と宣言した。敗戦から一〇年が過ぎたころである。この年は米の大豊作にあたり、米不足の不安が解消したことも、食料難を脱する大きな契機となった。同年の冬には東京芝浦電気（現東芝）が自動式電気釜を発売し、空前のヒット商品となった。そして一九六四年（昭和三九）に開催される東京オリンピックにむかって、一気に戦後復興が推し進められていくことになる。

食をめぐる状況は一言でいえば、飢えをしのぎ「生きる」ために食べる時代は過ぎ、「選び」、「楽しむ」ために食べる時代へと移行しつつあった。「胃袋」で食べる時代から、「舌」で食べる時代が始まろうとしていたのである。それは一九五七年に前出の「主婦の店ダイエー」が登場したことにも象徴される、「消費者」時代の幕開けでもあった。

戦後食料難の時代、大阪梅田駅の裏手に引き揚げ者たちが開いたラーメン屋台には寒い夜

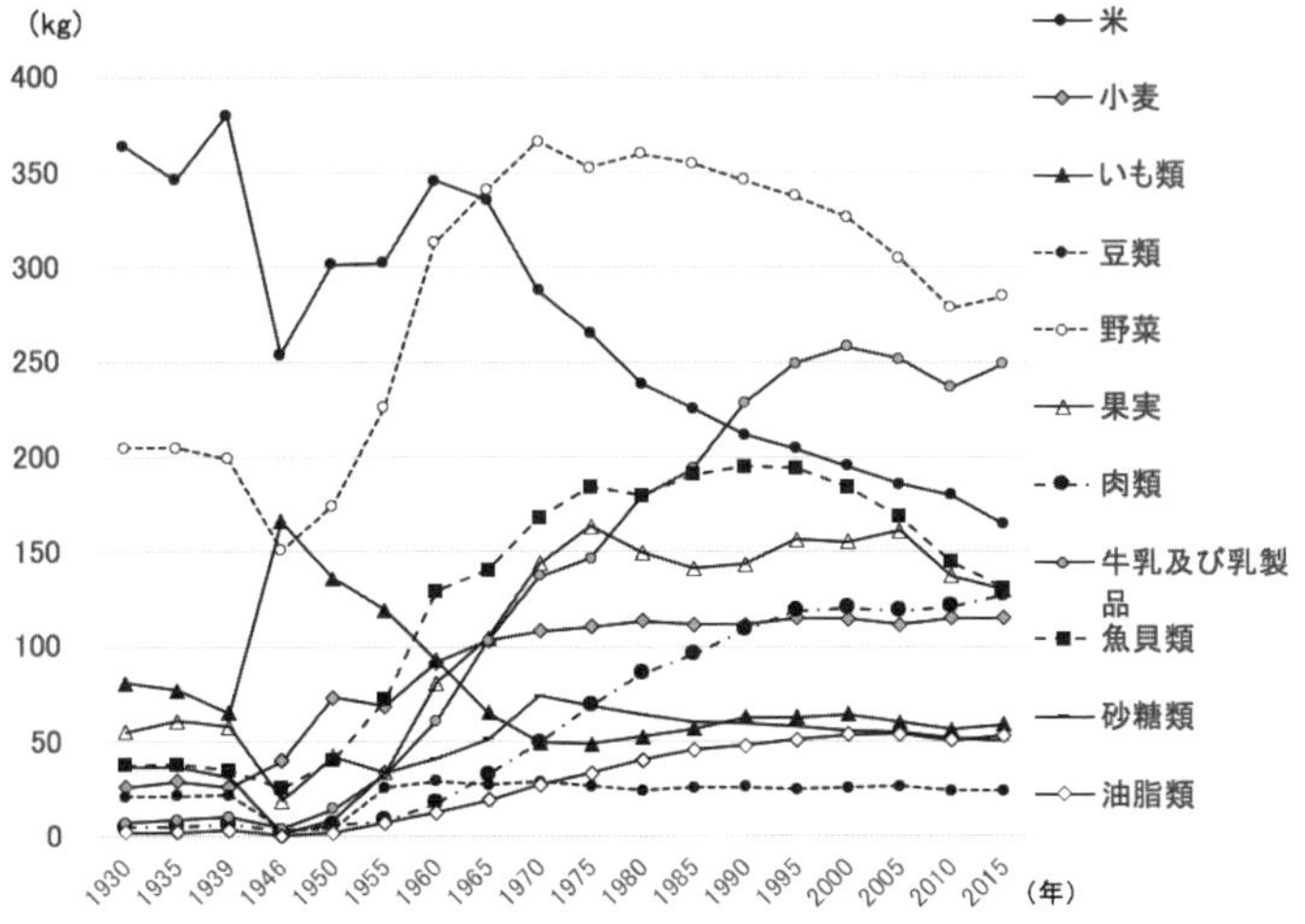

図3-5　図　1人1日あたり純食料供給量からみた食生活の変化——食料需給表
注）1972年から沖縄を含む
1930～1959年までは「食料需要に関する基礎調査」、1960年以降は「食料需給表」により作成。
1940年、1945年のデータが欠如しているため、1939年、1946年に代替した。

でもいつも長蛇の列ができていた。それを見て、「一杯のラーメンを食べるために人々はこんなにも努力するものなのか……飢えを満たし、体を温めてくれる一杯のラーメン。なんとか家で手軽に食べられないものか」と考え続けた安藤百福が即席チキンラーメンを発売したのが一九五八年(昭和三三)である。[*33] チキンラーメンは飛ぶように売れてゆく。

　都市部では一九五五年に設立された日本住宅公団が提供する公団住宅が次々と建設された。そこにはダイニングキッチンが導入され、ちゃぶ台を置いて座って食べる食事に代わって、椅子に腰かけてテーブルで食べるというスタイルが普及して

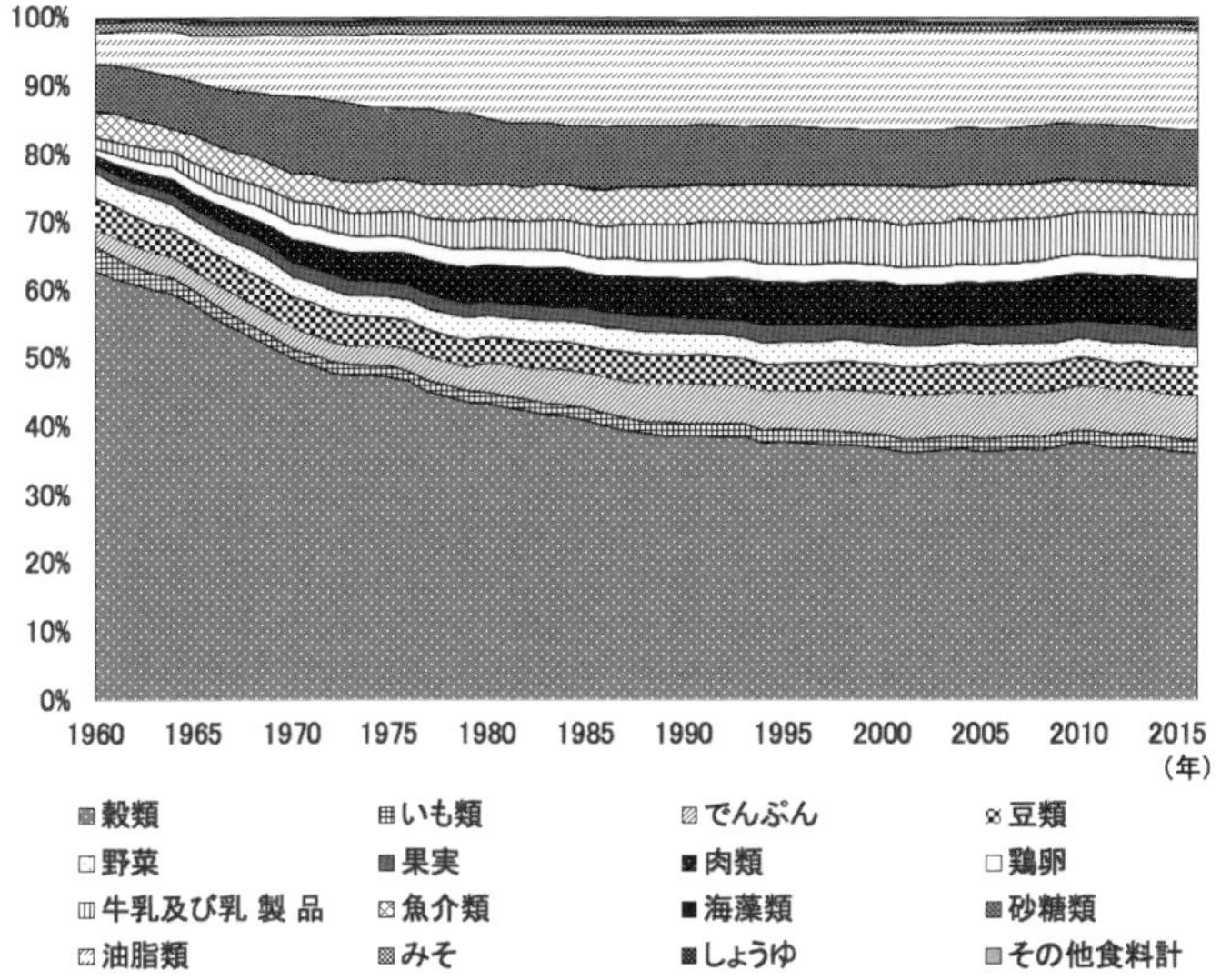

図3-6　1人1日あたりエネルギー供給量の割合推移
——食料需給表

いった（第1章・図1－5）。

では実際、食卓の上にのぼる食事はどのように変化したのだろう。農林水産省の「食料需給表」によって近現代の日本の食生活の推移を見てみよう（図3－5）。

終戦から高度経済成長期が始まる直前までの推移を見ると、この時期に食生活の大転換が起こっていたことを読み取ることができる。まず、米の供給が増えて安定する一方で、芋や雑穀は減少している。そしてこの時期以降、急速に増加する品目は野菜、牛乳・乳製品、肉類、魚介類、果物である。これらはその後、高度経済成長期を経てさらなる増加がみられる品目である。

図3-6によって、一日当たり一人分のエネルギー供給量からみた食事を年代別に比較するとわかりやすい。一九六〇年には食事全体に占める穀類の割合が非常に高い。その後、その割合は減少し、代わりに肉類、砂糖、油脂類からエネルギーを摂取する割合が高まった。図3-5と合わせると、時代ごとに一般的である食事の内容が大きく変わっていることがうかがえる。

4　「半歩先」の憧れと現実――都市と農村

有楽町とりんご村

食材が豊富になり、台所の構造も変化していく時代の中で、主婦の店ダイエーが創業した一九五七年（昭和三二）、一一月四日からNHKで「きょうの料理」のテレビ放送が始まっている。その後、二〇一八年現在まで六〇年以上続く長寿番組の始まりである。当時、テレビを通じて、どのような食が視聴者に届けられたのだろう。NHKの職員として同番組にかかわった川村明子（二〇〇三）によれば、[*34]放送開始時に紹介した料理は表3-5の通りであった。

日	曜日	メニュー	担当講師
4	月	今日の食事プラン	近藤とし子
5	火	かきのカレーライス	榊　叔子
6	水	季節の即席漬	井上鶴子
7	木	蝦仁豆腐（シャーレンドウフ）	王馬熙純
8	金	手軽に作れるクッキー	北島㭴司
9	土	さつまいもを使ったお菓子	田中三之助
11	月	御飯の炊き方	赤堀全子
12	火	ホワイトシチュー	浅田綾子
13	水	ぎょうざ	榊原　勇
14	木	子供のためのお祝い料理	土井　勝
15	金	甘鯛のかぶらむし	河野貞子
16	土	一口カナッペ	飯田深雪
18	月	包丁の扱い方	江上トミ
19	火	ひき肉とポテトの重ね焼	榊　叔子
20	水	什景火鍋子（シチンフォーコーズ）	橋口倉子
21	木	鶏肉と野菜の炊き込み御飯	関　操子
22	金	風呂吹二題	寺田栄一・鈴木徳太郎
23	土	祝日	
25	月	だしのとり方	赤堀全子
26	火	エビ入りマカロニグラタン	田中徳太郎
27	水	鶏肉のクリーム煮	滝沢清子
28	木	木筆白菜（ムーピーパサイ）	筒井たい子
29	金	かわったエビのフライ	土井　勝

表3-5　昭和32年11月放送開始時の「きょうの料理」
——川村明子『テレビ料理人列伝』生活人新書、2003年、14頁より作成

内容をみると、前出のキッチンカーで紹介していた料理と比べて庶民的とは言いがたく、凝った料理が並んでいる。これらを多くの人びとが日常的に作ったとは思えない。つまり、当時の「きょうの料理」は、視聴者よりも「半歩前に出る」料理を紹介する、[*35]人びとの「欲望と幻想を映す鏡」[*36]としての役割を果たしていたといえるだろう。

似たような欲望と幻想は、流行歌の中にも見ることができる。「きょうの料理」の放送が始まった同じ年に、歌手、フランク永井が歌う「有楽町で逢いましょう」が大ヒットした。その歌詞は次のような内容であった。

あなたを待てば雨が降る
濡れて来ぬかと気にかかる
ああビルのほとりのティールーム
雨も愛しや唄ってる
甘いブルースあなたと私の合い言葉
「有楽町で逢いましょう」[*37]

この年、有楽町に百貨店の「そごう」が開店したことに合わせて「有楽町で逢いましょう」をキャッチコピーにしたことで、有楽町はデートの名所にもなった。しかし、ビルのほとりのティールームに足を運ぶことができたのは、やはり限られた人びとであったにちがいない。歌謡曲も「半歩先」の憧れを届けることで、多くの支持を得、また新たな消費欲を引き出していったのだと思われる。

その一方で、じつはこの歌が流行する前年には、「りんご村から」という歌も流行している。前掲の歌が「都市」の象徴だとするならば、この歌は「農村」の状況を想起させる。歌詞にはこうある。

おぼえているかい故郷の村を
便りも途絶えて幾とせ過ぎた
都へ積み出す真赤なリンゴ
見るたび辛いよ
俺らのナ俺らの胸が[*38]

ほぼ同時期であるだけに、有楽町とりんご村、言い換えれば都市と農村の違いがくっきりと浮き彫りになる。「りんご村から」が流行した背景の一つには、集団就職によって、中学校を卒業した多くの若者が「金の卵」として地方から都会へと次々と移動し始めたことがあった。戦後復興とその後の経済成長を支えた彼らや、農村に残る家族の姿が目に浮かぶようでもある。ある人は故郷を思いながら、またある人は都会へ出て行った親しい人を思い、共感しながらこの歌を聴いたのではないだろうか。

集団就職と若者の胃袋

こうして集団就職で都市へ出てきた若者の胃袋は、実際にこの時期、どのような状況だったのだろう。加瀬(一九九七)は著書『集団就職の時代——高度成長のにない手たち』の中で、住込みの年少労働者たちが「食事が与えられるものだけなので、量が少ない」という不満を持っていたことに触れている。[*39] 当時、都市と比べて農村では穀物と野菜中心の食事ではあったが、分量、カロリーいずれも都会のそれを上回るものであった。集団就職をしたある少年は、就職して一番つらいことは「空腹」と答えて次のように述べている。[*40]

> 東京ではおまんまはたんと食えねえと家の人にいわれ、上京前から分量を少しずつ減らしてみたが、このウォーミングアップはまるで効き目がなかった[*41]
>
> 食事はどんぶり一杯しか食べさせてくれず、空腹をおぎなうために、給料のほとんどは、パン代に変わってしまった[*42]

「有楽町で逢いましょう」と「りんご村から」は、どちらの歌も、東京タワーが完成する少し前の流行歌である。有楽町のティールームとりんご村という二つの世界が併存している「理想と現実のコントラスト」、広がりつつある「都市と農村の格差」は、高度経済成長期が目の前に迫るこの時期を象徴し、またその後に表面化する社会の矛盾を予兆しているといっても過言ではないのである。

第4章

土と米と暮らしの戦後史
高度経済成長期の食と農

1 数字で見る農業と農家の戦後史

本章では胃袋の問題を、「食」の側面だけでなく、「農」にかかわる事象を含めて考えてみたい。食べものを消費する場と、食べものを生産する場は常に連動しているからである。前章でみた「食料需要」の変化はいうまでもなく「食料生産・供給」の変化と表裏関係にある。まず、世界農林業センサスにより、数字を通して農業と農家の戦後史の概観を把握する。次に具体的な事例として山形県で米を作り続けてきたある農家のライフヒストリーと、千葉県安房地方（南房総）で農業改良普及活動と生活改善活動に取り組んだ女性たちのライフヒストリーから食の履歴書を描き、農村の暮らしの変化を明らかにする。それに照らして国の農業政策との関係に言及することにしよう。

戦後改革の一環として進められた「農地改革」によって、地主制は廃止され、土地は耕作者へ払い下げられた。その結果、土地は細分化され、小規模な自作農の割合が高まった。この状況を出発点として戦後の日本農業が始まったのである。これまで見てきたように、厳しい食料難の中で、空腹を満たす食料生産の安定を目指し、そして「白米を食べたい」という人びとの切実な願いに応えようという確固たる決意がともなう再スタートであった。

食料難の克服はいうまでもなく国家的な課題であったため、戦後の農業は国の政策に大きな影響を受けながら展開した。本章では国家と農家という二つの側面から高度経済成長期に生じた食と農の大転換を描くことにしたい。

「もはや戦後ではない」といわれた一九五六年（昭和三一）ごろまで、多くの日本人は、「腹一杯白米の飯を食べたい」という願望を抱いていた。[*1] しかしその後、「白米が食べたい」という願いは次第に忘れられていく。二〇一九年現在に至っては、できるだけ米を食べないという糖質制限の食事がもてはやされるようになっている。わずか六〇年の間に農産物に対する人びとの欲求は大きく転換したように見える。こと「米」に関しては、もはや精霊が宿る特別な食べものでもなく、なんとかして胃袋に入れたい主食でもなくなっている。

飢餓状態を脱した一九五〇年代以降、食の生産現場ではどのような展開がみられたのだろ

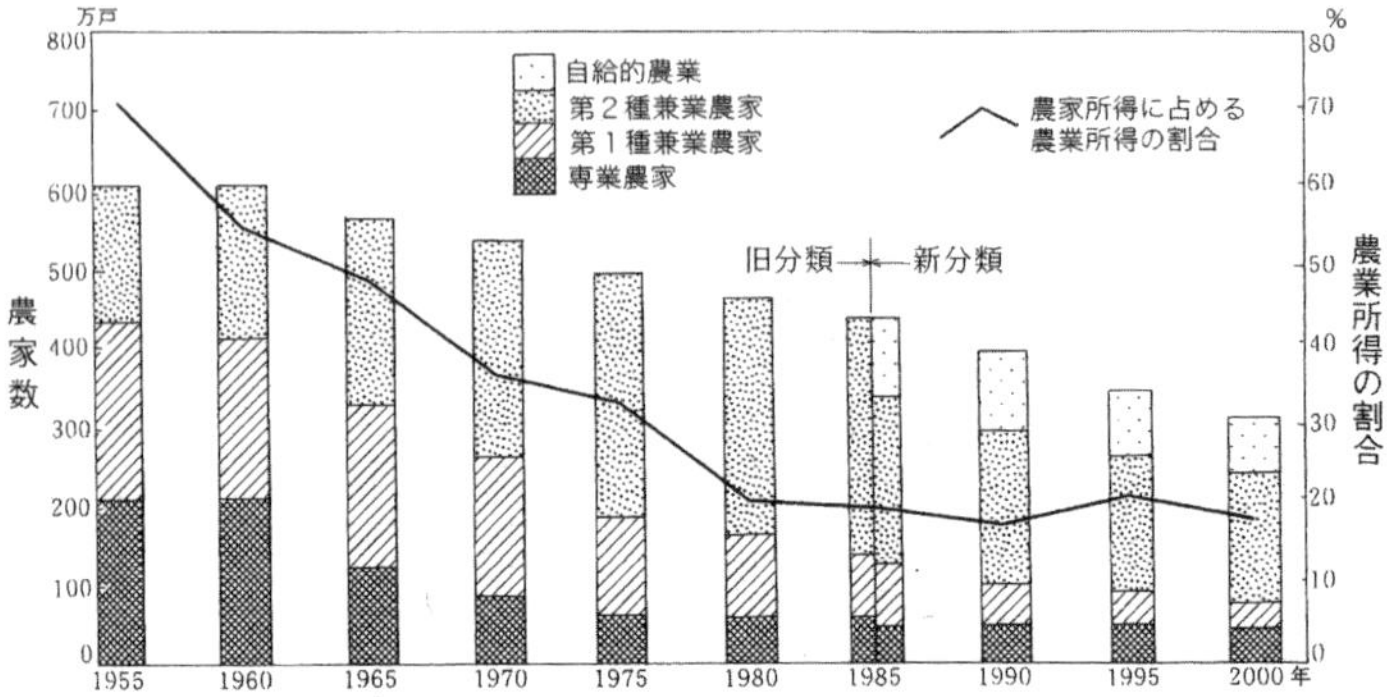

図4-1　農家数の推移
——田林明・井口梓「日本農業の変化と農業の担い手の可能性」『人文地理学研究』29、2005年、85〜134頁より転載

う。日本農業の変化と農業の担い手について論じた田林・井口（二〇〇五）は、一九五〇年代から二〇〇〇年代までを総括して、三つの時代区分を提示している。[*2] すなわち、一九五〇〜七〇年代は「伝統的農業期」、一九七〇〜九〇年代は「兼業浸透期」、一九九〇〜二〇〇〇年代を「農業再編期」としている。三つの指標からその内容を確認し、戦後日本農業がたどった足あとを追ってみたい。

まず農家数の変化を見てみよう（図4－1）。

わかりやすい変化として、農家数の減少が明らかである。農林業センサスは一九五〇年から始まるため、それ以前をグラフから知ることはできないが、日本の農家数は長らくほぼ六〇〇万戸を維持してきたことがわかっている。それをふまえると、一九六五年（昭和四〇）以降の顕著な減少自体が、まず大きな変化であったといえる。

つぎに、農家の内訳に着目すると、一九六〇年には総農家が約六〇六万戸のうち、専業農家が約二〇八万戸、第一種兼業農家[*3]が約二〇八万戸で、両者を合わせると全体の六八・六パーセントであった。一〇戸のうち七戸は農業を主体にした収入を得ていたということになり、農業に強く依存する農家が多かったことがわかる。しかし、一九六〇から一九七〇年代にかけて、農外収入を得る機会が増え、兼業が浸透すると、一九八〇年には第二種兼業農家[*4]だけで全農家数の六五・一パーセントを占めるようになった。この時期以降、販売をせず、専ら自給用に農業に従事する農家が増加し、もはやこれまでの農家区分では実態をとらえることができなくなり、一九八五年のセンサスでは「自給的農家」を加えた新区分が導入されている。

つぎに農業粗生産額とその内訳の推移を示すと図4－2のようになる。

まず、全体の粗生産額は一九五五年を基準とすると、一九七〇年に二・八倍、一九八〇年には六・二倍に増大した。消費者物価指数でみると、一・九倍と四・五倍であった。しかし、一九八〇年代には停滞し、一九九〇年代後半には減少している。つぎに、農産物の構成比でみると、一九五五年は主穀生産が全体の七〇パーセントを占めていたが、一九六〇年代後半から野菜、果樹、畜産の生産額が高まっている。一九七〇年から始まった米の生産調整の影響もあり、全体に占める米の位置づけは低下していった。水稲作付面積は一九六九年には三

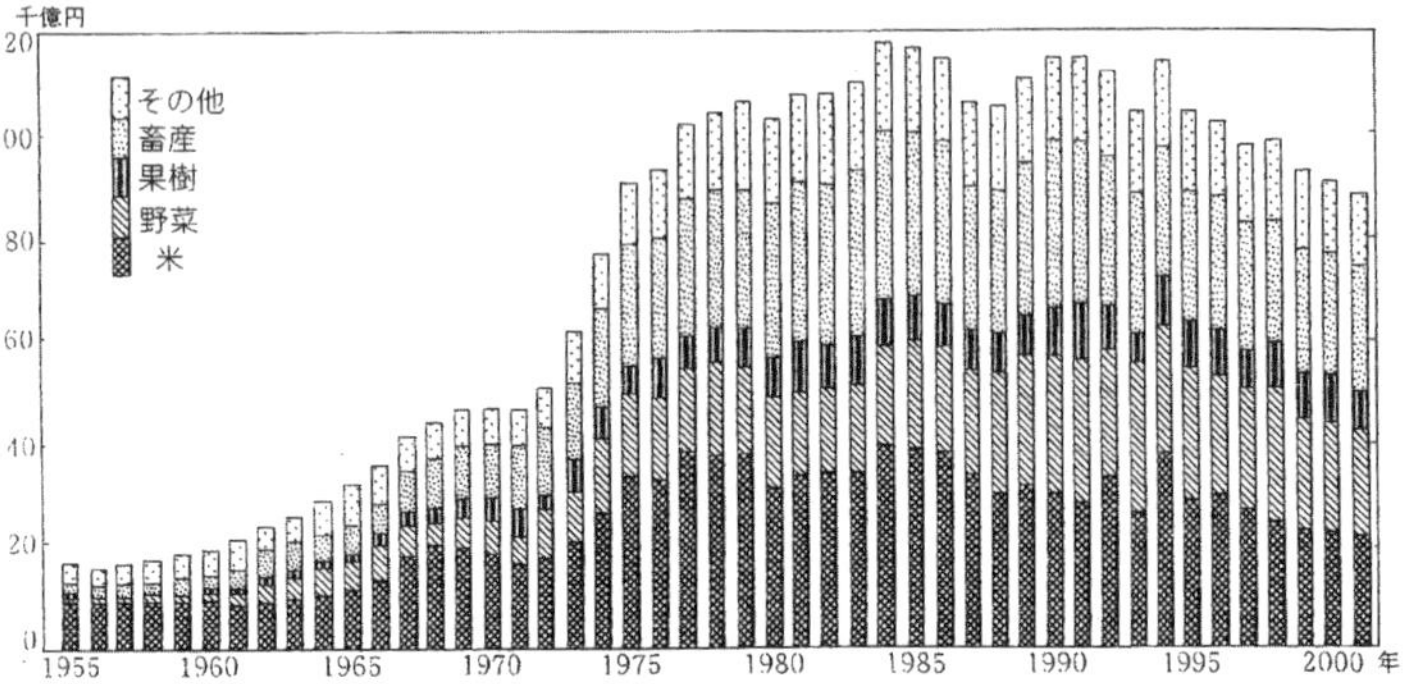

図4-2　農業粗生産額の推移
——田林明・井口梓「日本農業の変化と農業の担い手の可能性」『人文地理学研究』29、2005年、85～134頁より転載

一七・三万ヘクタールとなりピークに達したが、一九七〇年には二八三・六万ヘクタール、一九九〇年には二〇七・四万ヘクタールと減少し続けている。

最後に労働時間の推移と農業機械台数の相関関係を示した（図4－3）を見てみよう。

戦後農業の変化として特筆すべきは、省力化が著しく進んだことである。それは二つの要因、すなわち農業の土地基盤整備と農業機械の導入によるところが大きい。とりわけ水稲作における省力化が最も顕著であった。一九六〇年代からトラクターの導入が始まり、一九七〇年代から田植機とコンバインの導入が進んだ。機械化による省力化を実現するためには、従来の不規則で細切れの耕地を、規則正しい整然とした地割に改良し、集団化させることが不可欠であった。つまりこの図の

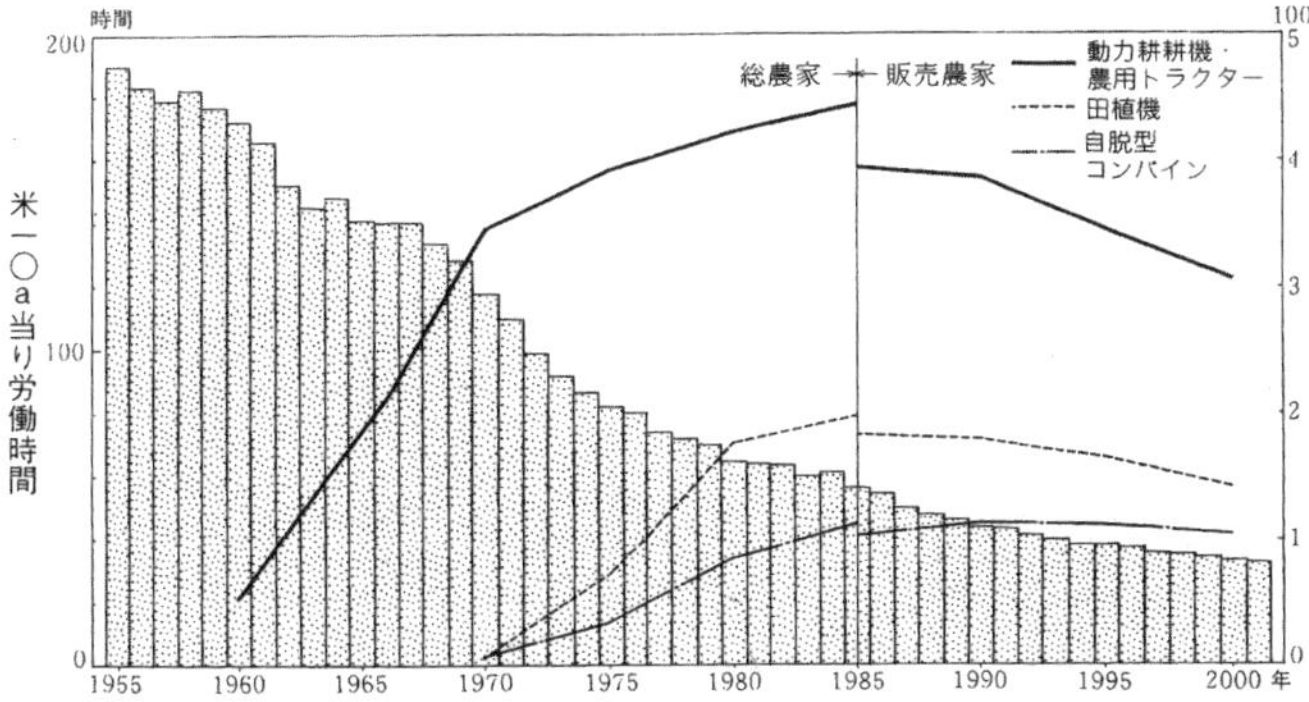

図4-3　労働時間の推移と農業機械の導入
——田林明・井口梓「日本農業の変化と農業の担い手の可能性」『人文地理学研究』29、2005年、85～134頁より転載

背景には、そのような土地改良が順次進んでいったということをも読み取ることができる。

以上のような数字でみた戦後農業の概観をふまえて、次に実際に農業に携わってきた人びとの声と視点から、より実感をともなった物語として、食と農の戦後史を描き直してみることにしよう。

2 山形県のある米農家のライフヒストリーと食の履歴書——農業政策の理想と現実

戦後農業の希望——大規模化という理想

本書冒頭で紹介したエピソードのなかで、「あなたに私の食の履歴を話したい」と最初に声をかけてくれたのは、山形県で米を作り続けてきたSであった。一九四二年（昭和一七）生まれのSは二〇一九年現在、四ヘクタール（他に転作田一・五ヘクタール）の水田を耕して暮らしている。昨年の秋、私は五八回目の米作りを終えたばかりのSを訪ねた。

ここではSが歩んだ戦後のライフヒストリーと食の履歴書を通して、山形県の農村と農業の変化を、国の政策との関わりの中で検討することから始めたい。[*5] 前述してきた数字で見る食と農の戦後史は、具体的な人生からみると、実際はどのように展開したのだろう。山形県山形市大字南館で農業に従事してきたこの半世紀を振り返り、Sは次のように言う。

かつて農業に情熱を傾けた人びとがいた自分の村から、なぜ農業は消えようとしているのか。

それを明らかにするため、彼は五八歳で大学院に入学し、一〇年をかけて、博士論文をまとめた。「なぜ農業は消えようとしているのか」。Sがこのような問いを立てた理由は、戦後七〇年余りの間にこの地域が経験した変化が刻まれた地図を見ると理解することができる。

一九三四年（昭和九）、この地域には見渡す限り一面の水田が広がっていた（図4－4）。集落から奥羽本線を走る汽車を眺めることができたという。第二次世界大戦後の一九四八年もその景観はほとんど変わらなかった。大きな変化は一九五七年に南館土地改良区が創立したことをきっかけに訪れた。二〇〇〇年まで続くその変化を、『ものがたり南館土地改良区』は次のように記している。[*6]

> コメと野菜の二本立てで農業振興に全力を挙げた時代。
> 山形市街地の膨張が地区の田畑を呑み込み始めた時代。
> コメの減産に心を痛めたこともありました。
> 露地栽培からハウス栽培へ、手植えから機械田植えへ。牛馬耕からトラクターへ。
> そして今は、大字南館全域が街となりました。

その過程は、耕地整理が進んだ一九七三年（昭和四八）の地図（図4－5）、その上に住宅地が広がり始める一九八七年の地図（図4－6）、そして、全域が山形駅からほど近い住宅地となった二〇一六年の地図（図4－7）にくっきりと表れている。二〇一九年現在では、田畑はほとんどない。S自身はこの変化を次のように語っている。

私が就農したころ、農業には希望がありました。七〇ヘクタールの田んぼが広がっていた光景は、今では夢のようですが、たかだか五〇年前のことです。先祖たちが数百年傾けてきた農業への情熱は、今はアスファルトの下に隠れています。農業の財産は土の中に隠れているのです。

Sが先代から水田を継いだのは一九六〇年（昭和三五）、高校を出たばかりの一八歳の時である。通信制の大学で学びながら農業を継ぐ決心をした。その翌年、「農業基本法」が成立した。[*7] この法律は農家の経営規模拡大を促し、大規模農業を経営する農家が中心となる農業構造を目指したものであった。農家の所得構造の転換と所得倍増を目指すというのが主な目的であった。その後、この考え方は戦後農政の一貫した方針となる。

一九歳のSはこの方針に夢を託し、自身も規模拡大に取り組んでゆく。若い仲間七人と「バイタルセブン（生き生きとした七人）」というグループを結成し、自分たちの農業をどのよ

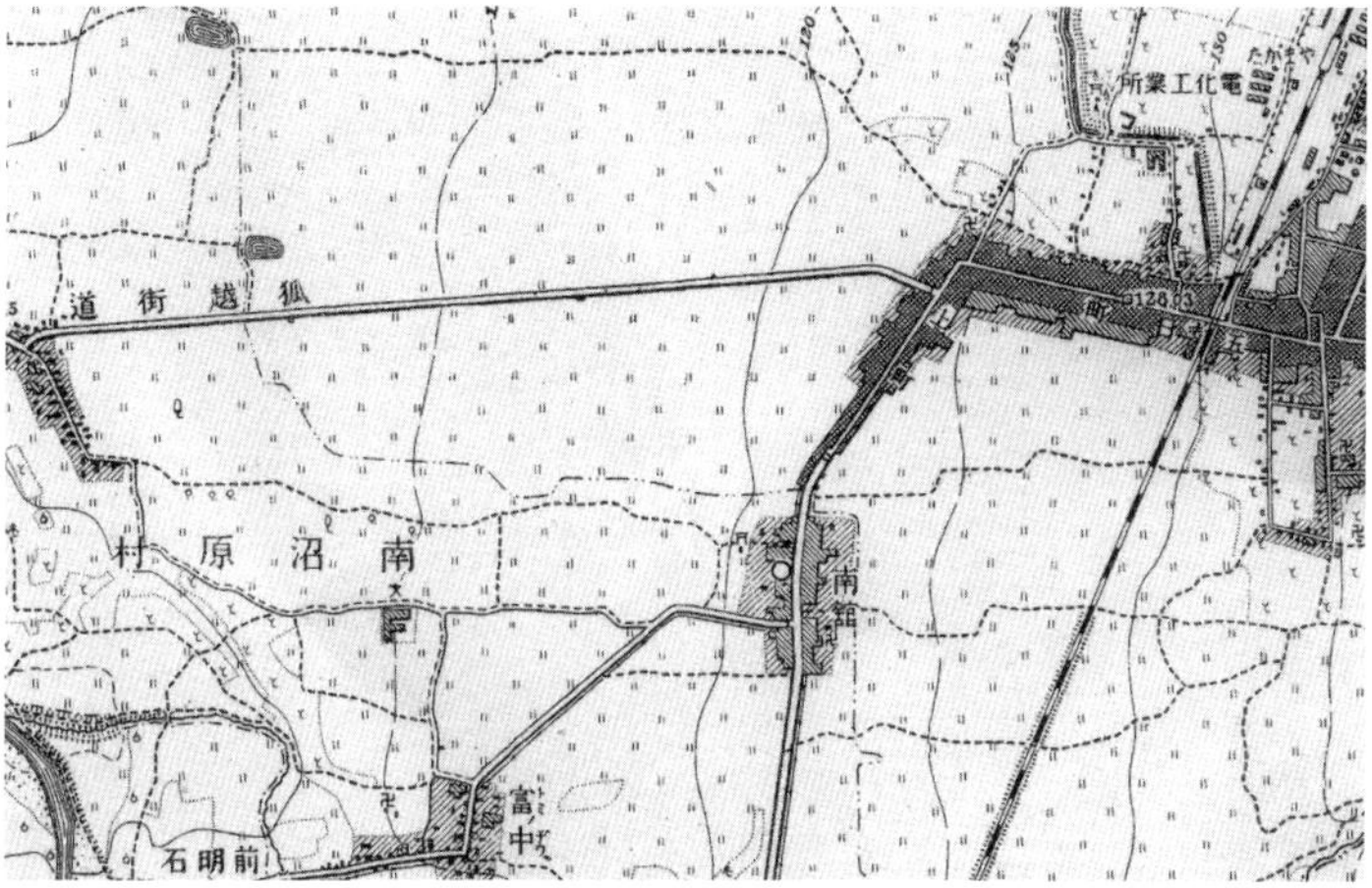

図4-4　1934（昭和9）年
――陸地測量部発行2万5千分の1地形図「山形南部」

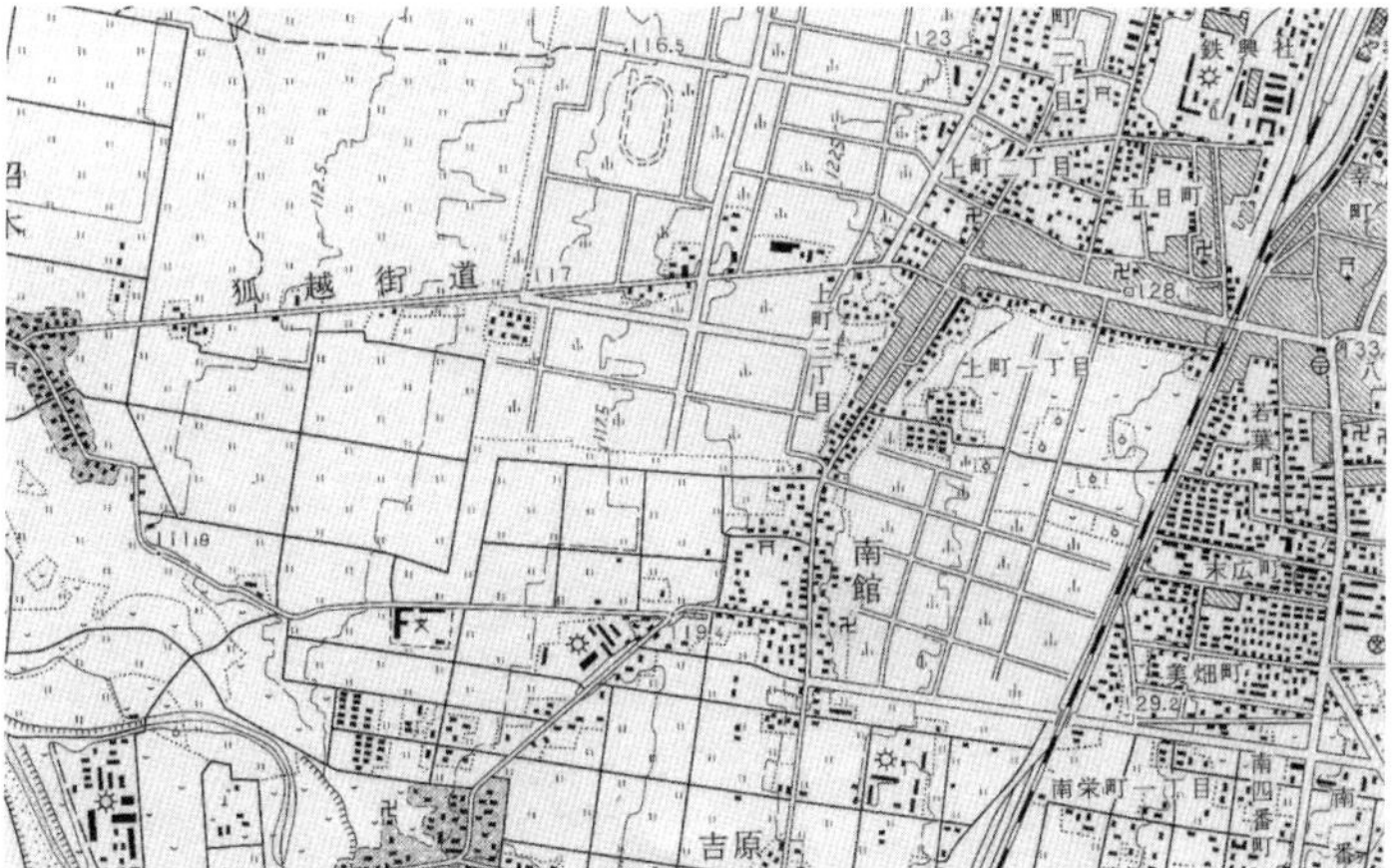

図4-5　1973（昭和48）年
――陸地測量部発行2万5千分の1地形図「山形南部」

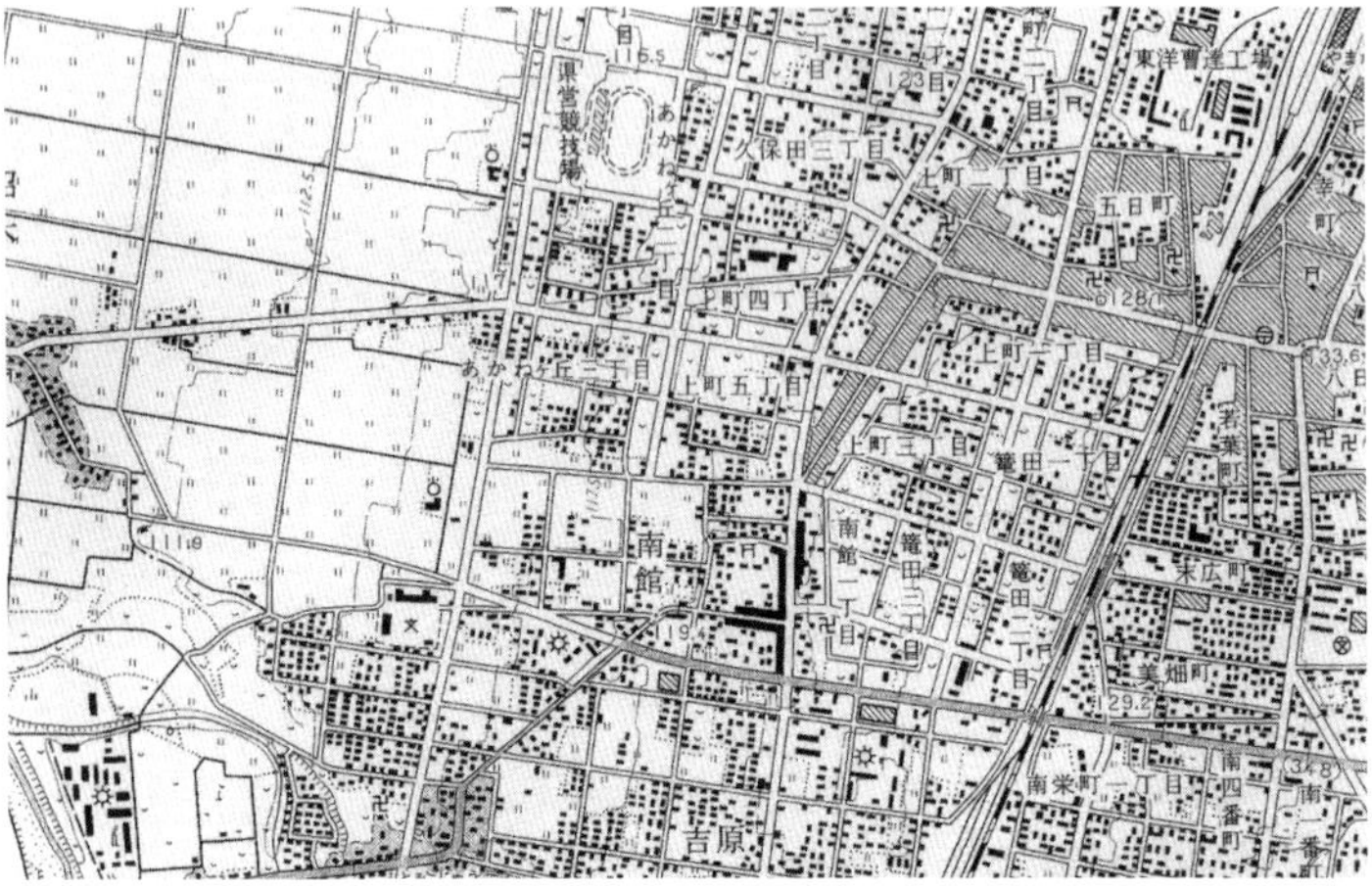

図4-6　1987（昭和62）年
——陸地測量部発行2万5千分の1地形図「山形南部」

図4-7　2016（平成28）年
——陸地測量部発行2万5千分の1地形図「山形南部」

うに近代化していくべきかを語りあった。[*8] 勉強した内容は、ガリ版刷りの小冊子にまとめ、地域の仲間に配布した。さらに、一九六五年（昭和四〇）五月から一二月までの七か月間、Sは全国4H協会から派遣され、[*9] IFYEプログラム（国際農村青年交換計画）によってアメリカ農村での現地研修で学ぶ機会を得た。Sはその時の経験を次のように記している。

アメリカの食卓には、食べられないほどの料理がいつも並んでいる。それを支えているのは質量ともに大規模な農業だ。アメリカ農民の生活をながめてみても、大農場を経営している農民の生活は安定しているが、小規模農業者は苦しそうだ。つまり、低価格に耐えうる低コストを実現できる農民だけが安定した生活をできるのである。ここに、農民個々の立場での存亡のカギがあると思う。

土地改良と村の変化

Sら若い農業従事者だけでなく、大字南館村ではこの「大規模化路線」に希望を託し、村民をあげて国が推奨した「土地改良」事業に取り組んだ。これは農業の近代化を目指した第一次農業構造改善事業の一環として進められた圃場整備事業であった。この事業は当時、全国各地で取り組まれたが、大字南館村では一九六三年〜六六年、大規模化と機械化を可能にすることを目指し、農道を敷設し、不揃いな耕地区画を碁盤の目のように整理する土地改良が進められた。大規模な農業機械などはまだ導入されていなかったため、手作業と人力による村人皆の労力を結集した作業である。冬の出稼ぎ仕事として、近隣の集落からも手伝いに来てくれた。その時、この地域の人びとはどのような気持ちだったのだろう。Sは次のように言う。

田んぼを掘り返すことにはみんな抵抗がありました。宝物の土がはがれ、土づくりは一から出直しです。土が落ち着くには早くて五年、場所によっては一〇年かかる。それでも「構造改善の波に乗り遅れるな」、「子孫のために美田を残すべきだ」という声が大半を占めました。今思えば、村が一番輝いていた時代でした。

土地改良がほぼ完了するころ、Sは規模拡大を目指し、購入できる土地を探し始めた。しかし、なかなか土地を売ってくれる人はいなかった。一九六五年に初めて購入した土地は、土地改良をしていないため機械を入れることが難しい、隣村の〇・五ヘクタールの水田であった。考えてみれば、戦後農地改革でようやく手に入れ、自らの労力をかけて改良した耕地を、人びとが容易に手放すはずはなかったのである。また、大規模化するためにはトラクターなどの農機具を購入する資金も必要であったが、その資金の捻出も課題となっていた。

土地改良が完了すると、思いがけないことが起こり始めた。農地を住宅地へと転用して売りに出す農家が現れ、農地が次々と転用されていったのである（図4－5、6）。皮肉なことに耕地整理で作った碁盤の目のような地割が住宅地開発に適した基盤となり、耕地の住宅地への転用を後押しした。ちょうど高度経済成長期が幕を開けたころの出来事である。

こうした土地利用の転換は、じつはこの村だけでなく、日本各地で生じ始めていた。無秩序な農地の転用を防ぐため、一九六八年（昭和四三）には国が都市計画法を定め、市街化区域と市街化調整区域が区分されるようになったのはその証拠である。

都市計画法制定の翌年、大字南館村ではさっそく、土地の区分をめぐって住民の話し合いがもたれた。村全体で土地改良した水田が、市街化区域と市街化調整区域に二分されていたからである。議論の結果、ほとんどの人が耕地整理した土地のすべてを市街化区域に編入することを希望したため行政に陳情し、それは認められた。

その後、この地域では国が謳った規模拡大は実現することはなかった。そのかわりに、山形県の都市化の進行とともに、大字南館村では耕地から住宅地への転用が急速に進んでいったのである。

米づくりをめぐる政策の理想と現実

まさか農地が農地でなくなるなんて、思いもしなかった。私は農地を農業以外のほかの用途に転用したくなかったんです。百姓たるもの、自分の土地を「家産」として次の世代につないでいくことを第一に考えていました。

就農したばかりのSは、土地改良後の人びとの変化、土地利用の転換を目の当たりにしながら、それでも農地の規模拡大による所得の向上を目指し、米をつくり続けることを決意した。一九六九年、二七歳の時にSは結婚し、農業に一緒に従事してくれるパートナーを得るとともに、土地改良された耕地を買い増すチャンスも訪れた。

一緒に農業をやってくれる人を得て、私は大いに張り切りました。我が家の農業の黄金時代の到来です。肉体摩滅的な農作業ではあっても、働いただけの所得は確保されたし、母はリヤカーで近所に野菜を運んで、かなりの現金収入を得ていました。両親、祖父母に私たち夫婦。家族労働力が揃ったことで、私には農業で十分家計を賄える自信があったのです。

規模拡大を目指してきたSの所有耕地も、ようやく二ヘクタール半ばに達した。妻は丹精を込めて野菜を作り、それを母が山形市内へ売りに行く商売も充実していた。都市近郊農村という土地を生かし、この地域では野菜の引き売りは「あきない」と称して盛んにおこなわれていた。機械も村の中でいち早く導入した。それ以前は田植えや稲刈りの時には一〇人ほどの臨時雇いを集めるのに苦労し、Ｓの母と祖母は彼らに供する昼と夜の食事・賄いに気を使ったが、それもなくなり、省力化した分を野菜栽培に振り向けられるようになった。

しかし、その直後、再び思いがけない出来事が起こった。技術革新による米の生産効率の上昇と粉食の導入による米需要の低下によって（第3章・図3−5）、需要に対する生産過剰が生じ始めていたのである。いわゆる「コメ余り」という事態である。これに対して、国は臨時緊急措置として、一九七〇年（昭和四五）に米の生産制限を目的とした「減反」政策を打ち出した。無理をしてようやく買い増してきた水田で一割の減反を命じられたＳは、当時を振り返って次のように言う。

まさか米を作れなくなるなんてことは、まずおよそ考えられなかった。

当初「臨時緊急」措置であった減反が、その後も強化されながら、じつに四〇年という年月をかけて継続されることになるとは、Ｓだけでなく誰も予想することはできなかった。そして最終的には三割の減反が割り当てられることになったのである。その胸中を、Ｓは日記に次のように記している。

減反とは「角を矯《た》めて牛を殺す」政策ではないだろうか。

米の生産量の調整をしたいばかりに、農業全体を殺してしまう。

「今年はどの田んぼを休むか」、そんな後ろ向きの努力が、米作りへの意欲を削ぐ。農業で生きて行こうという気概を断ち切ってゆく。ボクシングでたとえるならば、毎年、ボディーブローを叩き込まれる気分だった。


減反政策の開始は、「白い米を腹一杯食べたい」という人びとの悲願に世の中が満たされていた戦後食料難からわずか二〇年後の出来事であったということを、ここではあらためて確認しておきたい。

減反政策以降、農家は減反とひきかえに米価の引き上げを求める「米価闘争」をくり広げていった。その結果、ある程度の米価の引き上げは達成されたが、それもやがて頭打ちとなり、米の生産をこのまま続けていけるのか、農家は不安を拭い去ることはできなかったという。とりわけ山形の市街地から遠く、耕地の転用が見込めなかった地域では、暮らしの糧を農業以外に求める人びとが多くなった。

再び世界農林業センサスに目を転ずれば、日本全体で農業以外の収入を得る「兼業農家」は一九六五年以降増え始め、一九七〇年以降には、農業以外の収入が全収入の中心である「第二種兼業農家」が農家の半数以上を占めるようになっていた。

減反政策、山形市内で進む都市化に伴う地価の高騰、兼業農家の増加という状況の中で、米作りに情熱を傾け続けてきたSは、耕地を四ヘクタールまで拡大して農業を営むようになっていた。しかし、一九八六年（昭和六一）、アメリカ合衆国によるコメ市場の開放要求が始まった。日本からの工業製品輸出超過によって引き起こされた「日米貿易摩擦」がその背景にあった。この一連の動きのなかで、国は日本の農家に市場原理に耐えうるさらなる大規模化を迫るようになる。その面積はSが到達した田畑合わせて六ヘクタールという規模よりもはるかに大きな一〇から二〇ヘクタールであった。

　こうした政策が進められるなか、農業の現場では農地の流動化と合わせて農業従事者の高齢化も進み、耕作放棄地が目に見えて増加し始めていた。[*10]「先祖の遺訓」により自分の代で農地を減らすことへの躊躇が残っていた時代には農地の流動化は進まなかったが、その遺訓を手ばなしていく時期には逆に農地の流動化の進行は止まらなくなっていた。その状況に対する気持ちをSは次のように綴っている。

> 　かつては「寸土も余さず、寸時も遊ばせず」が農家の心意気であった。少しの空き地が出れば何を植えられるかと考えたものだ。畔には隈《くま》なく大豆を植え、水っぽい場所には里芋を植えた。百姓根性と笑われはするが、私は農地への執着が無ければ、農家なんて続かないと思う。

せめて、荒らすくらいなら、農地を誰かに貸すくらいできないものか。

戦後五〇年間の農業政策は、地主から小作への耕地の払い下げによって自作農を増大させた「農地改革」、食糧増産を目指した農業構造改善事業としての「土地改良」、大規模農業の模索、コメ余りによる「減反政策」の長期化、農業の国際化を目指したさらなる「規模拡大」へと進められてきた。その一方でこの五〇年は、Sのライフヒストリーに見たように、こうした政策下で、個々の農家が理想と現実との間《はざま》で厳しい選択を強いられてきた半世紀でもあったのである。[*11]

3 安房の女たちの暮らしと食の履歴書
——暮らしの革命

戦後四〇年間

稲作が中心であった山形の事例と合わせて、ここでは農業と漁業が展開し、米だけでなく、蔬菜や花卉の栽培が盛んであった地域を取り上げる。具体的には二〇一九年現在でも温暖な気候を活かした花卉栽培などが盛んな地域の事例として、千葉県の食と農の戦後史を、とくに女性たちの視点から戦後農業と暮らしの変遷を追ってみたい。舞台は千葉県南端に位置する安房地方である。

一九四八年（昭和二三）からこの地域の女性たちが取り組んだ生活改善の足跡は、彼女たち自らの手によって『安房における農漁家のくらしの変遷』[12]というガリ版刷りの冊子として、一九八七年にまとめられた。刊行に寄せて、次のような文章が掲げられている。

食生活の面でも、米のご飯を腹一杯食べることが夢で、農業であっても、代用食を一日一回はとり、甘藷でも腹一杯食べられれば良い時代でした。

農作業も共同作業が多く、共同炊事も昭和二五年頃は盛んで、働ける人はみんな農作業を分担し、都市からの転入者、非農家は、副食づくりを担当し、副食調理法、屑米利用法等を研究し、栄養というより、食べることに専念した時代でした。

現在、昭和六〇年代、物あふれた時代になり、農家農村のよさが、豊かさの中で見失われつつあるようです。

そこで、戦後四〇年間の安房の農漁家のくらしの変化を調べ、先人の貴重な生活の知恵を見直し、現在の私達が、どう活かし、後世人に伝えていくか、記録を収集し、望ましいくらしの指標づくりをめざすことになりました。

この調査は五つのテーマで成り立っている。すなわち「食生活の移り変わり」、「労働衛生の移り変わり」、「居住環境の移り変わり」、「生活経営の移り変わり」、「農村社会の移り変わり」である。以下では「食生活の移り変わり」を中心にこの地域の食の履歴書を描き、適宜他の項目を関連させながらその変化をみていくことにしよう。

食生活の移り変わり

同報告では戦後四〇年間を「食糧窮乏期（昭和二〇年代）」、「食生活回復期（昭和三〇年代）」、「食生活向上期（昭和四〇年代）」、「栄養飽和期（昭和五〇年代）」という四時期に分けている。女性たちの手記を織り込みながら記述すると、あるひとつの農漁村地域での具体的な変化は次のようであった。

「食糧窮乏期」では、あらゆる物資が不足し、配給制度がしかれていた。食品は自給するものと、物々交換して手に入れるものが多かった。この地域が漁村と農村の両方をふくんでいたこともあって、米と魚、野菜と魚など、農家と漁家の間の交換が盛んであった。昭和二〇五年を過ぎると次第に店にも食品が並ぶようになり、砂糖や菓子も出回り始めた。

食糧増産時代で少しでも多くの食糧を収穫して都会に分けてあげると、ヤミ流通として見られ、統制が厳しく自分の物でありながら、自分の物ではなく、農家は食料増産に

励みながら、麦めしを食べる。　　　　――平群

砂糖の配給が、たくさんありましたが、他のものがないので、何の料理もできず、ただ、なめていたこともありました。　　　　――鴨川市

当時は五〜六人から一〇人位の大家族（二夫婦に子供五〜六人）がほとんどでした。米は売ってしまったので、農家といっても代用食のほうが多く、いも、麦、雑炊（大根、いも、葉っぱ、みそ味にかつお節）をよく食べました。　　　　――鴨川市

昭和二三年には農業改良普及事業が国と県の共同事業として登場し、農業では食糧増産を課題とし、生活では衣食住の生活技術を工夫してよりよい暮らしができるようにと生活改善普及活動が展開した。具体的には保存食づくり、粉食普及による栄養改善が進められるとともに、台所改善が進められた。煙の出る「へっつい」は、煉瓦を使って煙突をつけた「改良かまど」になり、「洗濯台」を作ることなどによって「しゃがみ仕事」から解放された。

……炊事場と母屋が、一〇メートルも離れておりました。朝夕食運びが大変でした。……昭和三二年に母屋の部屋を改造して、土間にして煉瓦のかまどを築きました。風呂

場も煉瓦を積んで釜は鉄、湯船はタイル張りでした。……昭和四七年、再び改造して床を上げて、かまどをとりこわし、風呂場もこわして、湯船も取りかえガスにしました。四九年ガス器具の調子が悪く石油に取り替えて現在に至っています。かまども、ガスに全部変わりました。これから又どう変わることでしょう。

――館山市

「食生活回復期」になると、食糧は豊富になり、白米のご飯に、動物性たんぱく質や油を使った料理が多く登場するようになった。インスタントラーメンや菓子、粉末ジュースが出回り始めたのもこの時期である。水道が普及し始め、主婦は水くみから解放された。

昭和三五年頃まで、井戸水をつるべでくみ、水ガメにあけ、ひしゃくでくみ、使った。三六年頃は、山の出水を利用し、パイプを引き水道にした。五一年頃には、小向ダムができ、五二年頃から各家庭に飲料水として水道が引かれ、今度はお金を出して水を使うようになった。

――上区

昭和三六年に農業基本法が制定されたころ、千葉県では京葉工業地帯の造成が進み、労働力の需要が急激に高まった。農村から主力として期待されていた若者たちの労働力が流出し、爺ちゃん、婆ちゃん、母ちゃんが農業に従事する「三ちゃん農業」が広がった。農業以外で働く人びとが増加した分、現金収入が増大し、生活改善資金の支給が制度化されたことも相まって、プロパンガス、冷蔵庫が普及し、土間から床を上げた台所へと変化した。

昭和三〇年頃は、どこの家にも黒い大きな和牛を飼っていました。牛車といって、荷物や木材の運搬に利用されました。田植えの頃は、二人一組で、代かき作業をしたものです。三七年頃より三輪車が姿を見せ始め、牛車もまもなくみられなくなりました。そして、機械化の波がおしよせ、「メリーテラー」が入り、五〇年代、トラクターが、大きな音をたてて走るようになりました。それはまた、母ちゃんの手を必要としなくなり、夫婦が別々の仕事をするようになり、共に働くことが少なくなりました。

――白滝グループ

昭和四〇年頃迄は、田や畑を耕作するのは、みなの手の力、あるいは人力で耕していました。手の後に、すきくわ、又は、代かきのまんがをつけ、はんざしと言って、女の人が牛の鼻の先につけた棒を持って牛の先導をして代かき等おこなっておりました。今では、機械化されて、人が車に乗って田畑を耕作するという時代がやってきました。経済、時間を考えましたらどちらが良いものでしょうか。

――中区

新しい技術の導入により働き方が変わり、農外就業の割合が高まると、地域内での行事にまつわる食のあり方にも変化が生じた。

行事の時は、赤飯、ボタ餅、天ぷら、酢のもの、煮豆、野菜煮物などで、節句には手作りかしわ餅、彼岸には、おはぎ、ボタ餅、寿しなどでした。すしの種は、のりまき、たまご、いなりずし、ごぼう、おぼろ、酢の魚、竹の子、しいたけなどその時期の材料を使いました。昭和三〇年代後半になると、結婚式は料亭であげるようになりました。更に、四〇年代に入ると、七五三、初節句なども、料亭で行うことが多くなりました。仏事でも、料理は仕出しをとるようになった。五〇年代（現在）は、祭りの時の御馳走も仕出し物が多くなっています。……　　――岩井

「食生活向上期」には、動物性食品、牛乳、乳製品、卵の摂取量が増加した。その一方で卵や野菜の自給は減り、購入する人が増え始めた。ハウス栽培の野菜は季節を問わず市場に出回るようになった。台所に三点セット（冷蔵庫、炊飯器、電子レンジ）が入り、スーパーマーケットができ始め、冷凍食品、チューブ入りマヨネーズなどの加工食品を購入するようになった。

昭和三五〜四〇年代は、スパゲッティ、マカロニ、マヨネーズなど、今までなかった食品が、次々と出まわり、働けど楽にならずの時代がやってくる。マヨネーズなども家で作るようになりました。

——東部酪団

昭和四〇〜四五年代は、品物が輸入される時代になり、先立つものは食糧ではなく、金に変わってきました。所得倍増の時代でした。

——東部酪団

農業では田畑の区画整理、機械化、ハウスなどの施設の導入、ひとつの作物生産に専念する「専作化」が進み、農村の姿は一変した。増産を進めてきた米づくりには生産調整が求められるようになり、昭和四八年のオイルショックによる物価高騰は村の女性たちの農外就業に拍車をかけた。働き方は、昭和四〇年代は「酪農と米づくり」であったのが、昭和四五年代は「花づくりと米づくり」に、さらに昭和五〇年代には「パートと米づくり」へと変化した。

昭和四五〜五〇年代は、冷凍食品が流行し、インスタント時代になり便利に利用し、生産方面に力を入れた時代で、加工食品が多く出回りました。

——東部酪団

そして「栄養飽和期」になると、米離れ、魚離れ、インスタント化された食生活が普及していく。もはや「栄養欠乏」ではなくなり、「過剰栄養化」が問題視されるようになると、昭和五八年には農林水産省の食生活懇談会から「日本型食生活のあり方」、昭和六〇年には厚生省から「健康づくりのための食生活指針」が出されるに至った。普及所でも料理コンクールの開催をとおして食生活について考えるようになった。

昭和五〇年代は、農家も兼業農家が多くなり、安定してきました。四〇年代出回った加工食品から抜け出る様に、昔からの食生活のよいところを見直す事を考えるようになった。健康管理の時代となった。そして、現在、自給食品が見直される様になり、塩分の取り過ぎ等に、注意をうながされるようになった。

——東部酪団

先述したように、一九七一年（昭和四六）には国民栄養調査の項目として、「栄養欠乏」調査が削除され、「肥満」調査が新たに付け加えられた。次章ではこの変化を農山漁村だけでなく、日本全体の暮らしの変化として論じる。また、「昔からの食生活のよいところ」や「自給食品」が見直されるきっかけについては第6章で詳しく検討する。食や胃袋をめぐる危機的な状況がこの時期すでに表面化しつつあったことをここでは確認しておきたい。

農業では自給率の低下、農業専従者の高齢化、後継者不足の問題が表面化する一方で、海外農産物の輸入などによる国際化時代へと移行し始めた時期でもある。

暮らしの革命

巨視的な視点で日本全体を見渡してみれば、これらは安房地方に限られた動きではなく、地域的な特徴を伴いながら各地で展開した一連の運動であった。「生活改善普及事業」は国の政策でもあったからである。昭和二三年八月に施行された農業改良助長法によって農林水産省内に農業改良局が設けられ、その一部に生活改善課が設置された。同課によって昭和二〇、三〇年代に農林省主導の生活改善が推進された。

いわばトップダウンの政策でありながら、実際に取り組んだ女性たちの手記をみると、現場での彼女たちの主体的な姿勢が伝わってくるのはなぜなのだろうか。実際、この記録が残されたのも、彼女たちの暮らしに対する勉強会があったからなのである。

終戦直後、戦後の混乱期、旧体制が破綻するなかで再スタートを切ったとき、人びとはこれからどのように生きていくべきかを切実に考えたのだと想像する。農山漁村の女性たちにとっては目の前の暮らしや家族の課題を解決することが、まずその答えだったのではないだろうか。終戦直後の時代において、来るべき時代が民主主義や近代化による暮らしの実現であるという文言や政策が先行するものの、どのようにそれを実現していくのか、具体的に何をすればよいのかを村の女性たちは考え始めた。その手ごたえのある行動として、彼女たちは日々の暮らしの問題、つまり食生活、労働衛生、居住環境、生活経営の工夫と改善に取り組んだのである。国の政策と人びとの行動の両側面から戦後の農山漁村で展開した生活改善事業を研究した田中（二〇一一）は、これら一連の変化を「暮らしの革命」と名づけた[*13]。

稲作農家のSのライフヒストリーでは農業生産に関わる政策と人びとの暮らしの関係について考えたが、安房地方の女性たちのライフヒストリーでは農業生産と合わせて、暮らしの変化に言及することができた。次章ではこのような農山漁村の変化に支えられた食料供給体制の確立が、一億総中流と名づけられた社会の「一般家庭の人びと」の胃袋に、どのような経験をもたらしたかを考えてみることにしよう。

第5章

一億総中流社会の憧れと胃袋

大量生産・大量消費時代の到来

1　オリンピックと万博の味

一九五八年（昭和三三）に東京タワーが完成、翌年には皇太子の結婚を一目見ようとテレビが普及した。そして一九六〇年七月に池田勇人内閣が発足すると、同年の一二月には「国民所得倍増計画」が閣議決定され、高度経済成長へと突き進んでいくことになる。それはちょうど、前章のSが希望を胸に抱いて就農したころのことである。

この時代を象徴する出来事として、ここでは一九六四年（昭和三九）に開催された東京オリンピックと、一九七〇年（昭和四五）に開催された大阪万博を、胃袋の視点から考えてみたい。

オリンピックの胃袋

オリンピックは世界最大規模のスポーツの祭典であるが、戦後復興間もない東京に集まった多くの選手たちはいったい何を食べていたのだろうか。

東京タワーが完成する一九五八年一二月より四か月早い八月、本格的な経済成長を見越して新築された地上十階、地下五階、客室四五〇室を擁する帝国ホテルの第二新館がオープンすることになっていた。同館のインペリアルバイキングや大食堂フェニックスルーム、四〇〇人を収容できるカフェテラスは、料理が客を惹きつける看板であった。この初代料理長を務めたのが本書第2章で登場した村上信夫である。

大衆消費社会が幕を開けようとしていたこの時期、村上は食の世界でその変化に柔軟に対応し、新たな胃袋の経験を創出することに寄与した旗手の一人であるといってよい。たとえば海外に学んだビュッフェスタイルの食事を、「バイキング」という新しい食のスタイルとして日本に初めて導入したのは、村上の提案であった。[*1] さらに村上は、一九六〇年（昭和三五）には、フランス料理風家庭料理の講師として、放送が始まって三年目のＮＨＫ「きょうの料理」へ出演するようにもなった。テレビの時代がもうすぐそこまで迫っていた。敷居の高いフランス料理をさまざまな工夫とともに丁寧にお茶の間に伝え、その愛嬌も手伝って、

図5-1　東京オリンピック選手村食堂要員結団式
——Imperial Hotel. The Imperial, vol.8, August, 1964, 13頁

村上はたちまち人気の料理講師となった。

先にも少し触れたが、東京オリンピックの選手たちの胃袋には、じつはこの村上が深く関係している。

開幕前年の一九六三年（昭和三八）四月、「選手村給食準備委員会」が発足した。その三年前にローマオリンピックの食堂視察をしてきた村上も中心メンバーとして招聘されていたのである。代々木の選手村には三つの食堂がつくられた。ヨーロッパ各国が中心の「桜食堂」、「女子食堂」、日本、アジア、中東各国中心の「富士食堂」である。村上は「富士食堂」の料理長に抜擢された（図5－1）。

研究会では九四か国から集まる選

手、役員、報道陣など総勢一万人の胃袋を日々満たす食堂を円滑に、かつ無駄なく運営するための研究が重ねられた。欧米諸国から「日本の調理技術は遅れている」と思われていた状況のなかで、村上たち料理人がいかに挑み、困難を乗り越えたかについてはＮＨＫ「プロジェクトＸ――挑戦者たち」の「料理人たち――炎の東京オリンピック」に詳しい。[*2]

調理場には全国各地から三〇〇人の料理人が集まった。若い料理人たちは、日々の過酷な作業のなかで疲弊することもあったが、その彼らの胃袋と心を支えたのは故郷から送られてくる食材であったというのは興味深い。それらを食べながら同郷の調理人同士、励まし合ったというエピソードも残っている。[*3]

村上は彼らにこれまで修業で学んだすべてのノウハウや一〇〇〇人単位の大量調理のマニュアルを公開し、二〇〇〇以上にも及ぶ世界の料理のレシピ集をまとめあげた。村上は次のように当時のことを語っている。

食は文化だ。世界中から人が集う場での食事作りは気苦労が多かった。各国の日本大使館の奥様たちにコツを習い、あらゆる伝手《つて》を動員して情報収集につとめた。日本の野菜は堆肥を使うので非衛生的だ、という偏見もあった。仕方がないので、ヨーロッパの大会役員をバスに乗せて、長野県にある野菜の産地に視察に連れて行った。「素晴らしく清潔だ」と一同感嘆して、誤解はすぐに解けた。[*4]

冷凍食品の登場とシベリアの経験

東京大会では毎食一万人分の食事を用意する必要があった。しかもカロリーは通常の二倍、六〇〇〇キロカロリーが求められたため、一般の人びとで換算して二万人分の食事を提供することになる。食材の量も膨大で、ピーク時には一日あたり肉一五トン、野菜六トン、卵二万九〇〇〇個にのぼった。[*5]

こうしたこれまでに経験したことがない大規模な調理を可能にするには、調理方法や原料調達、厨房のシステムなどを合理化するための技術革新が不可欠であった。東京オリンピックで最も重要な技術革新の一つは「冷凍食品」の利用であったといわれる。

当時、日本のホテル業界はまだ生鮮食品第一主義で、冷凍食品は品質面で劣るとされており、冷凍設備も食品保存の技術研究も立ち遅れていた。帝国ホテルも例外ではなかった。しかし、経済成長と大衆消費社会の到来を目前にして、冷凍食品は大量調理の大きな武器になると注目され始めてもいた。ホテル業界にとって、オリンピックはその実践の場として大きな意味をもっていたと、村上は当時を振り返っている。そして、選手村食堂の調理場には、ニチレイとの共同作業で超大型冷凍庫が導入され、大活躍することになった。その際、村上がシベリア抑留時代に経験した極寒での調理の工夫が大いに生かされたという。戦中と戦後はここでも確かにつながっていた。

そして、東京オリンピックの胃袋を支えた冷凍技術、大量調理、サプライセンター方式[*6]を体得した三〇〇人の調理人たちは各地の職場へ戻り、間もなく到来する高度経済成長時代のホテルの調理場を支えていくことになったのである。

ある料理人の食の履歴書――河田勝彦『すべてはおいしさのために』

東京オリンピックの調理場に集まった料理人の中には、その後に別の道を選んで次の時代の一歩を踏み出した者もいた。東京都世田谷区の菓子店「オーボンヴュータン」を営む河田勝彦はその一人である。まずは彼の食の履歴書に耳を傾けてみよう。[*7]

実は、最初から菓子職人をめざしたわけではないんです。なりたかったのはむしろ料理人。夢半ばで挫折してしまったけれど。

僕は戦争中、東京の本郷坂下町で生まれました。食べることだけで大変な時代です。六人兄弟の五番目で、よき理解者として応援してくれた一番上の兄とは、ひと回り以上も離れています。

一歳の頃、東京大空襲の前に埼玉の浦和に移り、そこに親戚たちも集まってきて、大勢で暮らし始めました。広い敷地には、鶏や山羊などの家畜、犬や猫、雉などを飼い、いろいろな野菜も作っていました。トマト、きゅうり、なす……収穫したばかりの野菜はどれも濃くて、子どもながらに旨いなあと。香りがありました。僕は三男坊だから、家の手伝いにしょっちゅうかり出されて、麦踏みや芋掘り、時には白菜を漬けたりと、いろいろやらされていました。味覚を感じた僕の出発点は、ここです。

そんな原風景があって、食の世界に進もうと思ったのは高校一年生の時でした。

これからの料理は、食べてただおいしいだけでなく、栄養や科学的な要素が欠かせない時代がくるだろう……そんな思いから、都内の商業高校を卒業後、栄養科のある東京農業短期大学に進みました。

そして丸の内会館のレストランに就職したのは一九六四年、ちょうど東京オリンピック開催の年であった。四月に入社した河田は、六月末には渋谷区代々木にあった選手村のレストランへ派遣されている。

世界のトップの人々が食事をするわけですから、そこで働けることはたいへん名誉なことでもあったのですが、僕は洗い場でしたからね。

選手村へと出勤し、洗い場で一日を過ごす。洗い場には僕のほかに三人いましたが、まだ洗浄機なんてなかったから、半端じゃない数の食器や道具を手で洗って洗って、洗いまくりました。ほかに芋の皮むきもさせられて。

一日の仕事が終わる頃には、体力のすべてを出しきり、あまりに疲れすぎて選手村のほど近く、原宿の草むらに横たわってそのまま寝てしまうことが何度もありました。八月、疲労は頂点に達し、一〇月の本戦を前に風邪をひいてしまい、免疫力も落ちていたのだと思います。悪いことは重なるもので、指先からばい菌が入って瘭疽《ひょうそ》になり、水仕事もできないほど手は腫れ上がりました。いよいよこれからという時期に、どうしようかと悩んだものの、手が使えないことには僕の存在価値はゼロ、モヤモヤとしたものを抱えながら仕事を休むよりほかなかったんですね。

河田はそのまま会社を辞め、「一流の料理人になる」という夢をあきらめたが、食の世界に関わりたいという気持ちは以前にも増して強くなっていった。じつはそのきっかけは選手村の洗い場の横で見た、菓子作りの作業だったのである。一九五〇年代初頭、まだ日本が食料難に喘いでいたころ、姉が買ってきてくれた不二家のケーキへの憧れもそれを後押しした。それはバタークリームで作られたバラの花と、キラキラと輝く銀色の粒アラザンがちりばめられた真っ白なクリスマスケーキであった。

その後、伝説の焼き菓子職人と称されるまでに至る人生については彼の著書に譲り、ここでは戦前、戦中、戦後それぞれの時期における彼の食の履歴書が、オーボンヴュータンという形に結実して、現代に確かにつながっているという点を強調しておきたい。

大阪万博の胃袋――コールドチェーンでつなぐ食

一九七〇年（昭和四五）三月～九月までの一八三日間、大阪府吹田市の千里丘陵において「人類の進歩と調和」をテーマとする大阪万博が開催された。参加国七七か国、入場者数六四〇〇〇人に達する、当時としては史上最大規模の万博である。[*8]

胃袋という視点でみれば、六年前に開催された東京オリンピックは、庶民の台所というよりも、ホテルや外食業界での技術革新が進むきっかけとなったが、大阪万博は庶民の食経験と台所を大きく変えていくきっかけとなった。たとえば、パイロット店として日本初上陸のケンタッキーフライドチキン（ＫＦＣ）や上島珈琲（ＵＣＣ）の缶コーヒーなどは大阪万博において披露されている。

なかでも特筆すべきは、冷凍食品が本格的に人びとの生活に導入される一つのきっかけになったことである。ニチレイ（かつての帝国水産統制）はこの万博に芙蓉グループの一員として冷凍食品を中心とした食堂「テラス日冷」と売店「日冷コーナー」を直営で出店した。オリンピックの大規模調理でその技術を発揮した同社は、万博では会場を訪れる一般の人びとに「冷凍食品の優れた品質や調理技術の一端を披露する」目的で、飲物だけでなく、カレーライス、ハンバーグライス、当時はまだ珍しかったドリアやピザなどのメニューを並べた。しかし、ドリアやピザは馴染みがなかったせいか、あまり売れなかったという。とはいえ、テーブルとイスがぎっしり並んだ店内には、繁忙期には客がひしめき合うほどの盛況ぶりであった。そしてテラス日冷と日冷コーナーの最終的な売り上げは、二億三八〇〇万円にのぼったという。[*9]

冷凍食品は昭和初期頃にはすでに軍隊食や工場食などで利用されていた。しかし、一般の家庭には高度経済成長期に至ってもなかなか普及しなかった。それは、戦中戦後の配給食料として口にした冷凍魚が美味しくなかったことや、逆に戦後は百貨店などで扱う高級品という位置づけになったこと、そして冷蔵庫には小さな製氷室があるだけで、冷凍食品を保存するスペースはほとんどなかったことなどに起因していた。[*10]また、配送や小売段階での温度管理も困難であった。

こうした状況を打開するために、一九六五年（昭和四〇）、科学技術庁が「コールドチェーン勧告」を出した。これは、生産現場から家庭までを低温でつなぐ「低温流通網」を整備する必要性の提唱であり、肉類、魚介類、卵、野菜、果実などの摂取割合を増やし、食生活を抜本的に改善することを目指すものでもあった。この勧告以降、大手食品メーカーが次々に冷凍食品市場に参入し、冷凍食品は成長目覚ましいスーパーマーケットでの重要商品となっていった。特にダイエーは積極的に取り組み、国の勧告よりも先んじて、一九六三年には三宮店に冷凍食品売り場を設置し、その販売に力を入れ始めていた。

万博開催の一年前の一九六九年には食品メーカーと家電メーカーが「日本冷凍食品協会」を設立している。この頃から家電製品分野ではフリーザー付きの二ドア冷蔵庫が主力製品となり、冷凍食品の市場拡大の準備は整いつつあった。まさにこのタイミングで大阪万博が開催されたのである。

冷凍食品は食品メーカー、家電メーカー、国の政策、そして個々の家庭の事情が密接に関連し合って普及していった。図5-2によって、一九七〇年（昭和四五）ごろから現在までの冷凍食品の消費動向を確認してみると、ほぼ右肩上がりの上昇が続いている。一九九七年ごろから輸入品が加わり、増加傾向は続いている。一人当たりの利用量も増え続けており、今や一般家庭においても冷凍食品は無くてはならないものの一つになっていることがわかる。

「家族」時代の幕開け――ファミリーレストラン

今柊二『ファミリーレストラン――「外食」の近現代史』によれば、日本にファミリーレストランが導入されるきっかけもまた、大阪万博であった。[*11]

一九二三年、福岡県で生まれた江頭匡一は大津の航空乗員養成所などで訓練を受け、浜松航空隊に特別操縦士候補生として入隊し、終戦を迎えた。終戦後は福岡市の米軍基地でコック見習いとして働きはじめた時に、アメリカの洋食に出会っている。その後、事業を興して成功していくが、そのなかで職に関わる三つの事業に取り組んだ。一つは「パン製造」である。一九五二年に福岡市内にロイヤルベーカリーを設立した。基地で身につけたノウハウと

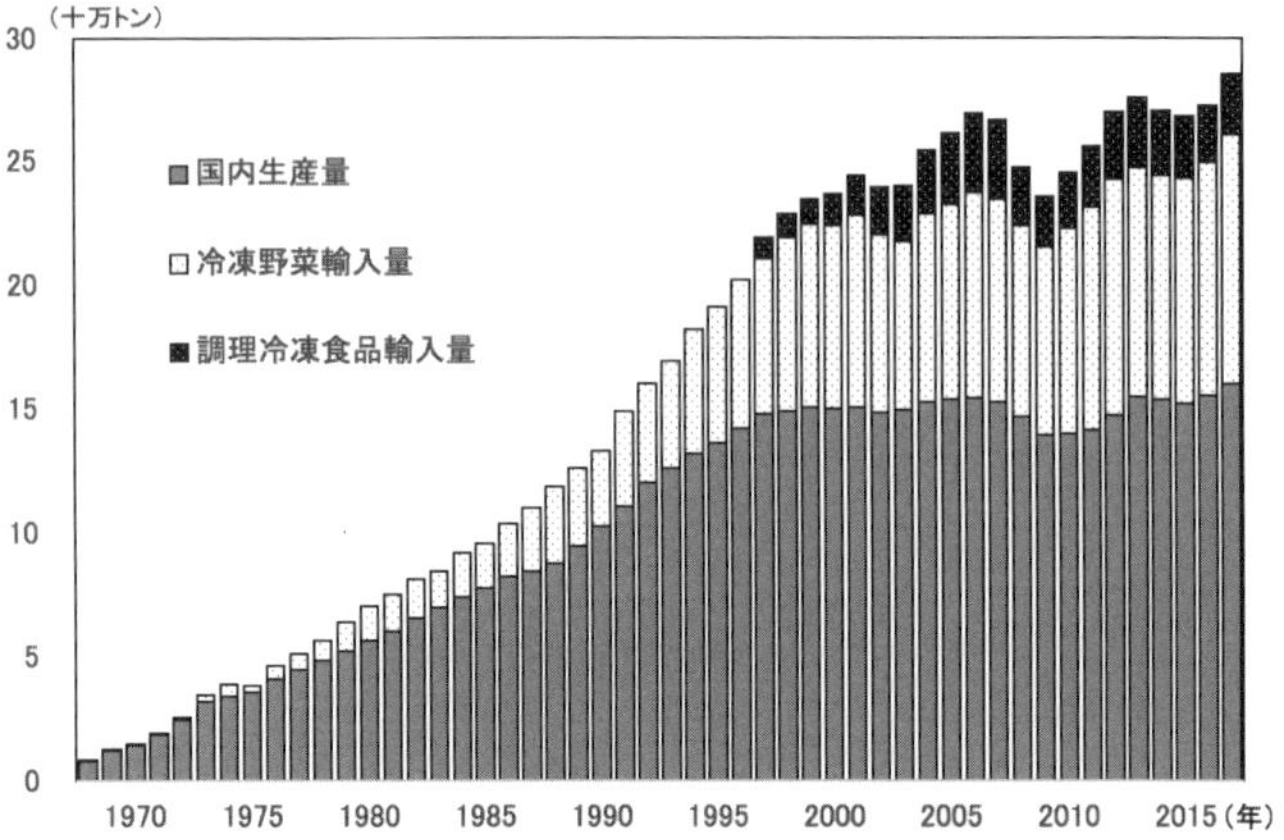

図5-2　日本における冷凍食品需要の推移
——一般社団法人日本冷凍食品協会資料

アメリカ製の機械、米軍用の物資を自由に輸入できるルートを生かして、当時の日本では製造できない上質のパンで評判を得た。二つめに一九五一年に「機内食・空港レストラン」の展開を開始した。そして三つめが「レストラン」の展開であった。

一九五六年には事業を統合し「ロイヤル株式会社」を設立し、店舗を増やしていくことになる。それを推し進めるために導入されたシステムが、集中調理工場でまとめて調理したものを冷凍して各店舗へ配送するコールドチェーンを活用した、いわゆる「セントラルキッチン」方式であった。導入当初、料理業界でも調理師たちからもこのシステムは認められなかったが、一九七〇年に開催された大阪万博を通してその価値が認められるようになったのである。

店舗名	メニュー
カフェテリアレストラン	ホンコンみつまめ、ジェロー、メロン、グレープフルーツ、サンキストオレンジ、フルーツカクテル、サラダ、焼鳥、ローストターキー、スタフドポーク、スタフドチキン、ハンバーグステーキ、クリームチキン、焼飯、米飯、パン、アップルパイ、コンビネーションサラダ、フルーツケーキ、コーヒー、紅茶、コカコーラ、ファンタ、スプライト、トマトジュース、生ビール、ウイスキー
ウエスタンステーキハウスロイヤル	ステーキディナー（2000円、2500円）
ロイヤル＆ハワードジョンソンショップ	20㎝のホットドッグ（150円）、ハンバーガー（150円）、ターキーサンドイッチ（200円）

表5-1　大阪万博におけるロイヤル株式会社提供の食べもの
——今柊二『ファミリーレストラン——「外食」の近現代史』光文社新書、2013年、110～111頁により作成

万博開催の二年前に訪れたアメリカ合衆国でみた食品産業の広がりと、外食王と呼ばれたハワード・ジョンソンとの出会いは、江頭に日本における食品産業の導入の可能性を確信させた。このような縁があって、ロイヤルは大阪万博の米国ゾーンでカフェテリアレストラン、ウエスタンステーキハウスロイヤル、ロイヤル＆ハワードジョンソンショップの三店舗を出店した。メニューを見ると、当時の日本ではまだ食べたことがない、飲んだことがない食べものがじつに多かったことがわかる（表5－1）。

万博で初めてサンキストオレンジを知り、コカコーラを飲み、ステーキという肉の食べ方に驚いたという記憶が食の履歴書に含まれている人も多いのではないかと想像する。これらの経験は、一九七〇年代以降に始まる大

量生産、大量消費時代の到来を用意する布石としての役割を果たした。そして、「家族で外食をする」という胃袋の新たな経験は、「ファミリーレストラン」の登場によって、ここから急速に拡大していくことになるのである。

人類の進歩と調和――忘れられた日本人の胃袋

高度経済成長期の渦中、「人類の進歩と調和」というスローガンを掲げた大阪万博は、戦後復興の到達点を世界に示す一大イベントであった。そこでは「進歩」を象徴する新しい食のあり方が紹介され、その後、普及していくきっかけとなったことはこれまで述べたとおりである。

その一方で、この時期は暮らしや生き方、そして胃袋の視点からいえば、従来の味や食文化が急速に失われ、忘れられていく時代でもあった。大阪万博のシンボル「太陽の塔」の製作者である岡本太郎は、その前衛的な作風が有名であるが、じつはその一方で、失われてゆく日本の原風景を写真や文章で数多く残したということはあまり知られていない。『岡本太郎が撮った「日本」』の中で、養女の敏子は次のように述べている。

まだ高度経済成長がはじまる前の、原日本ともいうべき生活感が、地方には色濃く残っていた。風景も暮しのディテールも、何よりも人の顔が、今とまったく違っていた。まさにその土地に生まれた、そこで生きてきた、逞しく優しく、飾らず、そのままの存在の厚み。岡本太郎は感動して夢中でシャッターを切った。ファインダーをのぞきながら、彼はうなる。「いいねえ。いいねえ。見ろよ、凄いじゃないか」「これらは日本に生きるものの真の姿であり、そしておそらく二度と捉えることも、再現することも出来ない美しさだ[*12]」。

岡本は一九五八年（昭和三三）に『日本再発見――芸術風土記[*13]』、一九六一年には『沖縄文化論――忘れられた日本』なども刊行し[*14]、高度経済成長期の渦中で失われていったものがいかに尊く、独特の魅力を備えていたかを記録している。

人としての誇り、自覚、つまり生甲斐をもって、逞しく人が息をし、生活する場所には、どこでも第一級の芸術があり得る。芸術のセンターは何もパリやニューヨークじゃなく、世界中あらゆる場所にあるのだ。

……重厚で、泥くさく、生活的なもの[*15]。

この言葉と共鳴するように、ほぼ同じ時期に、戦前から高度経済成長期前夜までの日本の風景や人びとの暮らし、人生などを記録した民俗学者、宮本常一の『忘れられた日本人』が刊行されている。幼いころに親を失った身寄りのない子どもを「メシモライ」と称して船に乗せて面倒をみる風習に生かされた古老の昔語りなどは、「誰が胃袋の心配をするのか」、つまり社会はどのように他人を扶養しうるのか、という問題にも深くかかわっており、強く印象に残る。地域の暮らし、先人たちの生き方を丁寧に聞き取ってまとめられた同書は次のようにいう。

一つの時代にあっても、地域によっていろいろの差があり、それをまた先進と後進という形で簡単に切り取ってはいけないのではないだろうか。[*16]

この主張は、胃袋の問題にとどまらず、あらゆる側面でさまざまな技術革新によって画一化が進んだ一九六〇~一九七〇年代に対する一つの警鐘とも受け取ることができる。

それと連動するように、地域の固有性に支えられた食の経験と胃袋を記録して残そうとする試みがこの時期に進んだことも特筆しておきたい。料理家であり、文筆家でもあった柳原敏雄は、昭和三〇年頃から日本全国一二か月の移り変わりの折々と食の風景を記録して伝えた。いわば「忘れられた日本人の胃袋」の記録ということができよう。たとえば千葉県浦安町は、次のように記録されている。

東京湾を江戸前とよんで、磯の香をふくんだ新鮮な魚貝が河岸あげされたのは、いまでは昔語りになってしまった。……京浜地区が工業地帯になると同時に、この方面の海苔場や漁場がつぶれ、続いて京葉地区の埋め立てによって東側の漁場も虫の息になってしまった。しょせん東京湾の汚水には魚がすめなくなったのである。

こんな悪条件の中で、東京の下町には自転車の荷台にカゴをのせて、「あさり、はまぐり」と売り声をあげてゆく貝売りを見かけることがある。どこから来たのとたずねると、浦安ですとこたえる。江戸前の潮の香をほそぼそながら東京の町へ送り込む浦安とはどんな町なのであろうか。……

浦安の町は〝むき身屋〟の町といってよいほど、むき身業者が多い。……ぽつりぽつりと靴底でつぶれる貝殻の音を聞きながら、夕景の町をあとにしようとすると、焼きはまぐりのたれの匂いが空腹の鼻をかすめてきた。[*17]

昭和三〇年代、京浜工業地帯の立地や、京葉地区の埋め立てなど、すでに地域は大きな変化に直面していたが、それでも貝売りの売り声や焼きはまぐりの匂いは残っていた。しかし、それから間もなく始まる高度経済成長は浦安の町をさらに劇的に変えていく。著書『味をたずねて』の文庫版あとがきで、柳原は次のようにその急速な変化を語っている。

十年一昔という。時の移りかわりとは不思議なものだ。『味をたずねて』を日本経済新聞社から出版したのが昭和四十年四月。資料を集めながら味の旅に出たのがそれより先、昭和三十年頃からである。高度成長の波に乗って日本列島の風物までが、これほど変貌しようとは考えなかったが、そろそろそのきざしは見えていた。……

一例をあげれば、見出し「潮の香匂うむき身屋の町」の千葉県浦安にしてからが、漁場はすっかり埋め立てられ、マンションや公団住宅が密集して都市化が進み、東京都心とは地下鉄の東西線で結ばれ、二十分たらずの便利さとなった。かつての海苔を干す潮風の香りも、道路にふみしだく貝殻の音も、一昔前の詩情として消えた。[*18]

地図を見比べるとこの変化は一目瞭然である(図5-3、5-4)。しかし、この地図に柳原の文章を合わせれば、それはただ単に土地の形状や利用が変化したのではなく、この地域を舞台とした暮らしと季節の移ろい、土地の恩恵と制約と共に生きる人びとの姿が消えていく過程でもあったのだと実感される。地域に根ざした胃袋のあり方は、今はもう見る影もない。

そして間もなく一九八三年(昭和五八)の東京ディズニーランドの開園によって、浦安はさらなる変化を経験することになるのである。

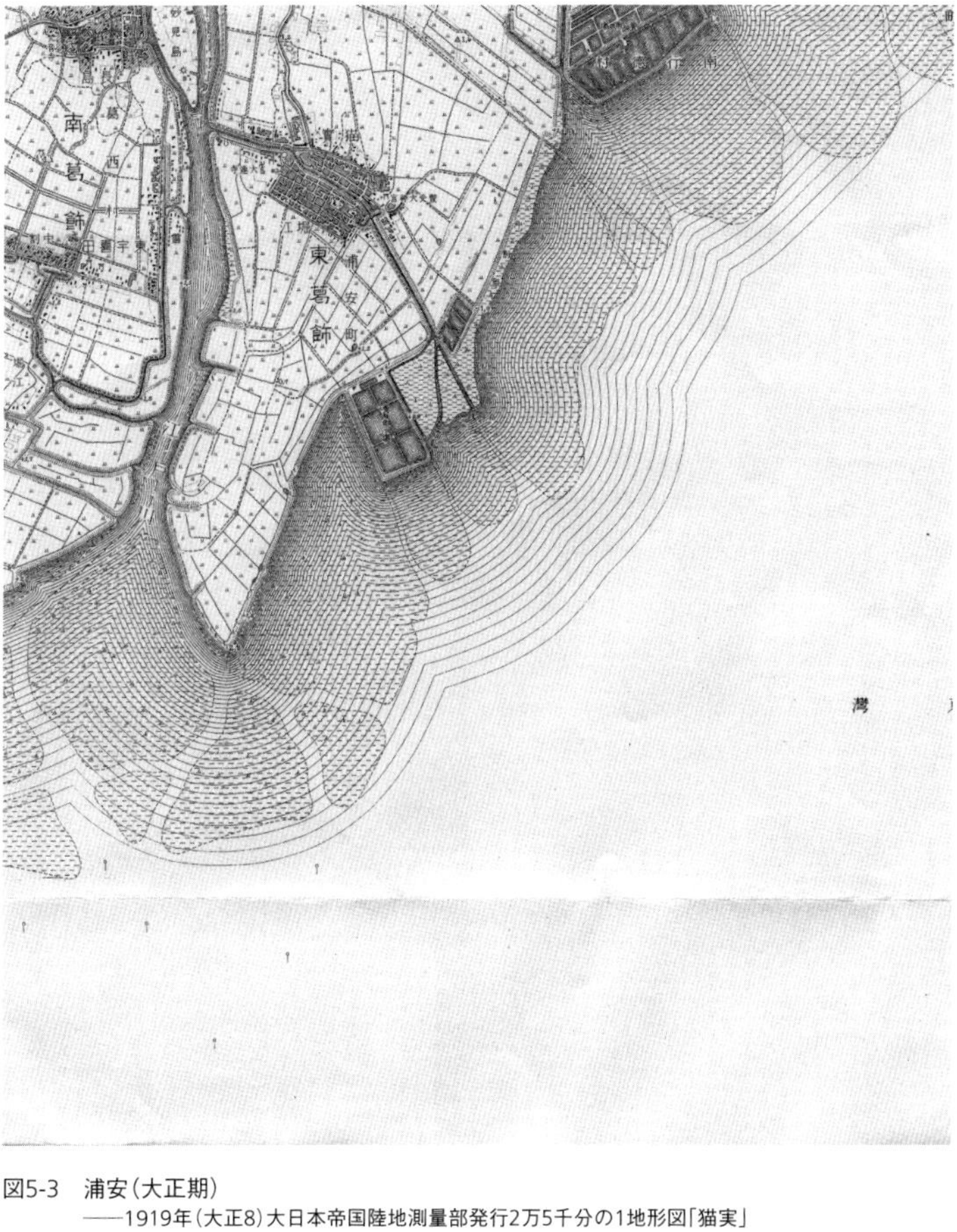

図5-3　浦安（大正期）
——1919年（大正8）大日本帝国陸地測量部発行2万5千分の1地形図「猫実」

図5-4　浦安（平成27年）
——2015年（平成27）国土地理院発行2万5千分の1地形図「浦安」

2　高度経済成長期と暮らしの変容

食の欠乏調査から肥満調査へ――ターニングポイントの一九七一年

国政調査によれば、日本の総人口が一億人を超えたのは一九七〇年（昭和四五）である。大阪万博が開催され、米の生産調整が始まる直前のこの時期、人びとはどのような感覚で暮らしていたのだろうか。

一九五八年（昭和三三）に始まった内閣府の「国民生活に関する世論調査」では、人びとが自らの生活の程度を「上」、「中の上」、「中の中」、「中の下」、「下」の五段階で評価する調査がある。「中の上」、「中の中」、「中の下」を「中流」と定義づけた場合、その割合は一九六〇年代半ばに八割、高度経済成長期を経るなかで、一九七〇年に九割に達した。これによって国民の間に「自分は中流である」という意識が広まった、いわゆる「一億総中流社会」が出現したといわれる。生活の豊かさを示すエンゲル係数（総家計支出に占める食費の割合）は一九五〇年以降急激に低下し、一九八九年（平成元）には二四パーセントという理想的な数値になった[*19]（図5−5）。

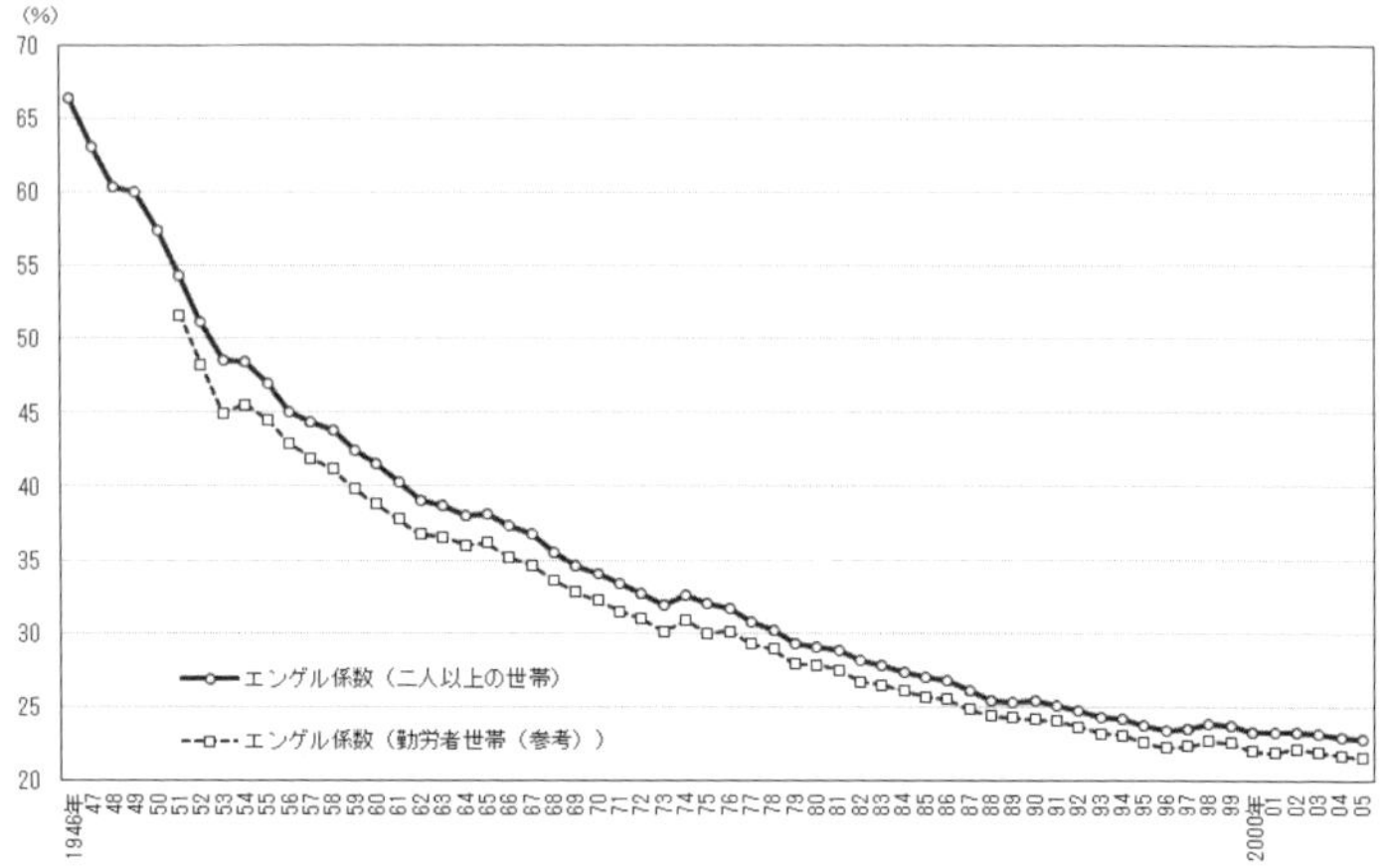

注1)　1962年以前は人口5万以上の市の平均、1963年以降は全国平均
　2)　1999年以前は農林漁家世帯を除く結果、2000年以降は農林漁家世帯を含む結果

図5-5　エンゲル係数の推移
——総務省統計局ホームページより転載（原資料は家計調査）

　ところで、戦後の飢餓状態を回復するために始まった「国民栄養調査」は、現在まで継続している世界的にみても稀有な継続調査である。その中でも戦後の急速な変化を象徴する出来事といえるのは、一九七一年（昭和四六）には栄養欠乏に関連する項目が削除される代わりに「肥満」調査が開始され、健康増進のための栄養知識普及へと転換したことであろう。これは、敗戦からわずか二五年程の間に、飢餓から飽食への大転換が生じたことを意味している。社会は「胃袋を満たす」という意味では十分「豊か」になったようにみえる。

　では、敗戦からの経済復興を経て、高度経済成長期を経た一九七〇年代まで、人びとはどのような「豊かさ」を、どのように手に入れたのだろう。一億総中流社会の胃袋について考えてみたい。

憧れの食卓と台所

中内㓛のライフヒストリーに象徴的に表れていたように、戦後の人びとの暮らしは、アメリカ的な物質生活への強い憧れをもって出発した。[*20]

農山漁村では、CIEと呼ばれるアメリカの民間情報教育局と文部省によって日本各地の公民館などで通称「ナトコ映画」と呼ばれる一種の啓蒙映画によって、アメリカの暮らしを知る機会が設けられた。[*21] この映画は一九四七年から一九五一年までに、農村部を中心に全国で上映されており、たとえば一九五〇年二月の一か月に新潟県内で八〇〇回上映され、五年間にのべ一二億人が見たといわれる。[*22]映画の中ではアメリカの暮らしが映し出される。テーブルの上に真っ白な陶器の食器、銀色のナイフやフォークが並べられ、水道の蛇口をひねればお湯と水が両方出てくる。そしてドアを開ければミートローフ、パイ、野菜サラダなどが入っている電気冷蔵庫は、当時の日本の人びとにとっては、まるで魔法の箱のように見えた。

ナトコ映画の巡回上映の普及は生活改善運動が盛んになる少し前の出来事であるので、もしかしたら前章に登場した安房の女性たちもこの映画を見て、生活改善に取り組んだのかもしれない。また、大阪万博ではアメリカ館に連日長蛇の列ができたが、それは、戦後思い描いてきた「憧れのアメリカ」の実物を一目見ようという人びとが押し寄せた結果とみることもできよう。

ではこの頃、実際の食卓にはどのようなものが並び、どのような調理をし、人びとはどのような食の経験をしていたのだろう。冷蔵庫、炊飯器、電子レンジなどの耐久消費財が食生活を大きく変えたことはよく知られているが、実際の暮らしのなかではそれはどのような出来事として受けとめられたのだろう。一億中流社会を生きた人びとの一例として、たとえば私の祖母と母から聞いた台所の話を、一般的な社会の動向と対比させながら表にまとめてみると、表5－2のようになる。

まず、当たり前のことではあるが、製品が発売されたからといって、それがすぐに普及したわけではない、ということがわかる。東芝の電気釜が発売されて間もなく、結婚式のお祝い返しとしてそれを受け取ったというエピソードそのものも興味深いが、あまりおいしく炊けなかったので、実際にはそれを使うことがなくなり、ガス炊飯器に取り替えたという事実も重要である。『暮しの手帖』に「電気釜をテストする」という商品試験の記事が掲載されたのはちょうど同じ頃、一九五八年である。

また、電子レンジが販売され始めたころは、多くの人が「いったい誰が買うんやろ」と半信半疑で見ている状況であった。それでも祖母の実家では電子レンジを購入しており、床の間において使っているというのが面白い。とても高価な商品であったがゆえに、特別な持ち

年	『近代日本総合年表』	聞き取り調査(○祖母、◎母)
1955	東芝電気釜販売	
		○東芝電気釜を結婚式のお祝い返しにもらう。その後ガス炊飯器に買い替える
1960	台所の組織化始まる、電気冷蔵庫普及	
1963	タッパーウェア輸入販売(6個セットで1360円、当時大卒初任給15000円)	
1964		
1965	家庭用電子レンジ販売開始(1台20万円)	○電子レンジは「いったい誰が買うんやろ」 ○「美味しくできるわけがない」 ◎友人が松下電工に電子レンジ普及員として就職 ○淡路島の祖母の実家では電子レンジを床の間に置いて使っていた ◎うどんすき用のアルミの打ち出し鍋を購入
1971	日立霜なしフリーザー販売	◎結婚した時、松下電工の2ドア冷蔵庫、電気炊飯器を持参
1972		◎近所の友人のすすめでタッパーウェアと圧力鍋を購入
1976		◎電子レンジを購入(7万円)
1979		◎自宅を購入した時に、ガスオーブンが装備されていた

表5-2　台所の電化製品などの登場と普及
——『近代日本総合年表』、聞き取り調査により作成

物という位置づけであったのだろう。また、母の同級生は短期大学を卒業した後、松下電工の「電子レンジ普及員」として働いていた。販売には電子レンジの使い方や便利さを説明する人が必要だったのである。[*23]

一九七二年（昭和四七）に結婚する時、母は松下電工に勤めるその同級生に教えてもらいながら、冷蔵庫、電気炊飯器を購入して持参した。この冷蔵庫は二ドアであったが、冷凍庫には霜がつくので時々「霜とり」の作業をしなければならなかった。こうした話を聞くと、前年に日立が発売した「霜なしフリーザー」がいかに画期的であったかがわかる。前章の内容に照らせば、ちょうどこの頃は、冷凍食品が業務用だけでなく、家庭用にも普及し始めようという時期であったことも思い出しておきたい。

一九七六年に三人目の子どもが生まれたことをきっかけとして、「子どもと長く遊べるように」と母は調理時間をなんとか短くできないかと考え始めた。そしてそれを理由に電子レンジを購入することを父に相談し、ボーナスを使って購入した。当時、近所では誰も電子レンジを使っておらず、その理由として「夫の反対」で購入することができない、という話をしばしば耳にしたという。同時期に小さな冷凍庫も購入し、食材や調理済みのおかずを冷凍する方法を試行錯誤しながら身につけていった。

日本全体における家電製品などの普及率の推移をみると（図5-6）、一九五五年から一九七〇年までの間に、電気冷蔵庫、電気洗濯機が急速に普及していく様子を確認することがで

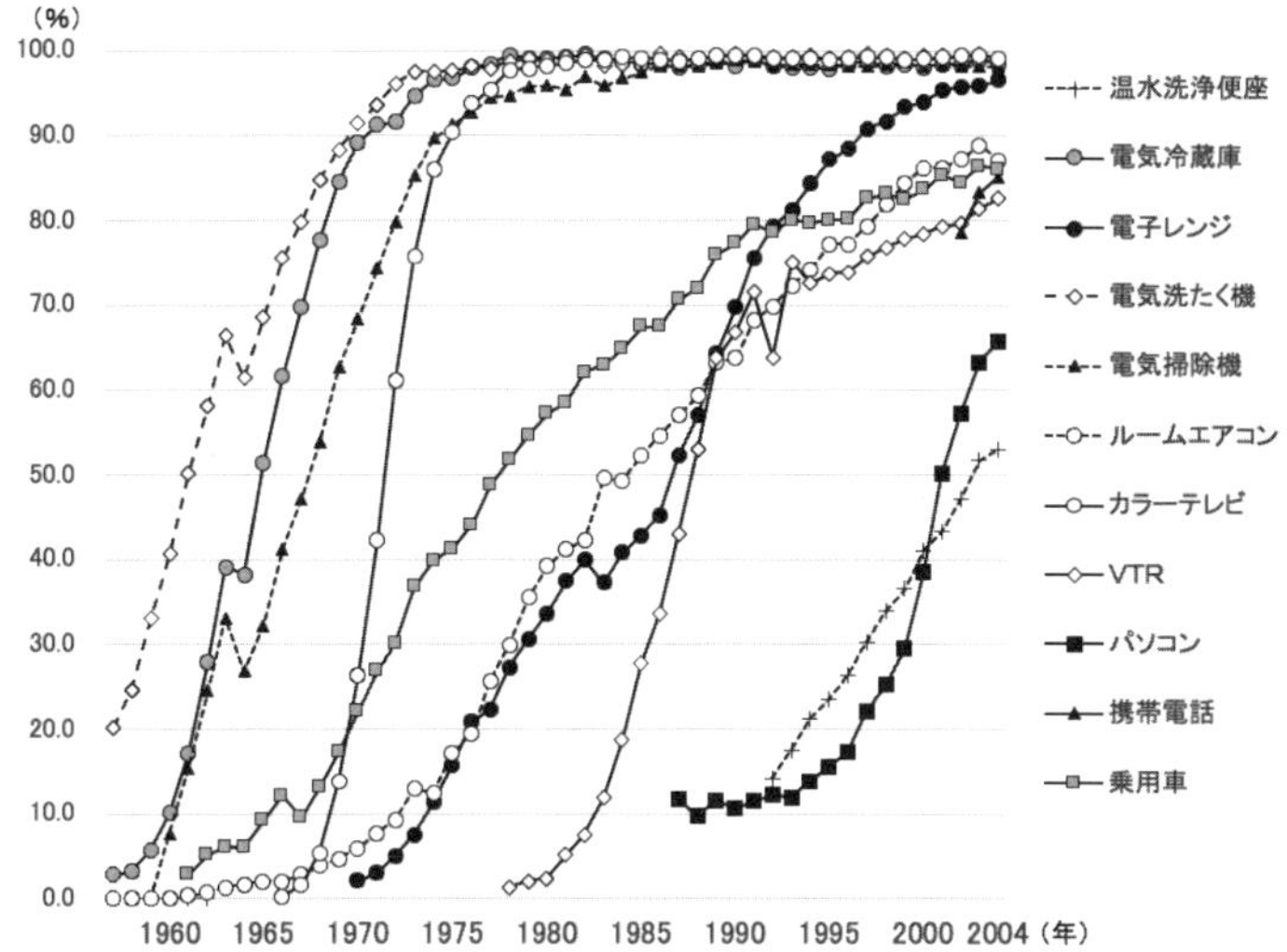

図5-6　家電製品などの普及率の推移　社会実情データ図録
——http://honkawa2.sakura.ne.jp/2280.html

きる。電子レンジは一九七〇年以降、一九八〇年代にかけて普及が進み、ほぼすべての家庭が所有するようになったのは二〇〇〇年代に入ってからであった。母が電子レンジを購入した一九七六年にはまだ二〇パーセント、つまり、五戸に一戸の割合で購入されているに過ぎなかったのである。

これと合わせて、食料供給率の推移から食生活の変化をみると（第3章・図3－5）、この時期に「牛乳・乳製品」、「野菜」、「魚介」、「肉類」、「果物」が急激に増加していることが読み取れる。これは冷蔵庫の普及とも連動した動きとみることができる。冷蔵庫の普及率は一九七四年に九七パーセントに達し、その後、大型化していく。[*24]「米」が減って、「小麦」が増えているのはパン食の普及の表れでもある。パン食になると、それと合わせて牛乳や乳製品が食卓にのぼるようになる。母が結婚してから作る朝食はほとんどトーストと牛乳、コーヒー、卵料理というメニューであった。前掲の第3章・図3−5から、こうした食卓の風景をも読み取ることができる。

昭和の戦前から戦後の昭和二〇年代までは、都市部を除いて田舎では江戸時代とほとんどかわりなくおかずの数は少なかった。一つか二つあればよいほうで、具だくさんの味噌汁と漬物が日常的であり、しかも食材の中心は野菜、乾物であった。[*25]それが高度経済成長期に至って、さまざまな食材を多様な調理方法で賑やかに食卓に並べる「おかず食いの時代」が到来した。

このように、一九七〇年代以降、アメリカをモデルとした憧れの台所と食卓は、家電メーカー、食品メーカー、流通業者、そして人びとの憧れが交錯しながら着実に現実のものへと近づいていったのである。

初めての外食――高度経済成長期の食経験

一九四八年（昭和二三）生まれの私の母は高校を卒業して働き始めるまで、ほぼ一度も外でご飯を食べたことがなかった。つまり、外食をした経験を持っていなかったのである。

初めて外食をしたのは一九六八年、彼女が二〇歳の時であった。後に結婚することになる私の父と、会社の昼休みに大阪の御堂筋沿いにある明治屋へ行き、生まれて初めてグラタンを食べたのが彼女にとっては初めての外食経験であった。その後、梅田の洋食屋モリタでタンシチューを食べたことも、忘れられない思い出である。とはいえ、ほぼ毎日、家から持参する弁当がもっぱらの昼ご飯であった母にとって、「外で食べる」ということ自体が特別な経験であったといってよいだろう。この経験以後、彼女は、いつか自分でグラタンやシチューを作ってみたいと思い続けることになる。

その後、母と父は結婚することになり、大阪の美々卯といううどんすき屋で両親を交えて食事をしている。母の母、つまり私の祖母にとっても、こうした外食は特別な経験であった。母は私が子どもの頃、寒い季節の週末にはうどんすきをすることが多かったが、そこには茹でたほうれん草を茹でた白菜で巻いて切った具が必ず入っており、また、平らで大きなアルミの打ち出しの鍋を使うのが常であった。これが両家の顔合わせ以来、祖母が美々卯のうどんすきを真似てくり返し作るようになった一品であったということも、母が入社した会社の社内販売で「おんなじお鍋や」と祖母のために買ったアルミ鍋を、祖母がとても喜んで長く使い続けたというエピソードも、子どもの頃の私は知る由もなかった。

3 家族の時代

本で覚える料理――専業主婦と新しい「家族」の時代

さて、母は一九七二年（昭和四七）に結婚するとまず、料理がうまくできないという問題に直面した。これは彼女の個人的な事情というよりも、この世代特有のいくつかの事情が関係している。

一つ目は、結婚前に祖母から料理を教わることがなかったということである。祖母の世代にとって、戦前の「土間・台所」仕事を、戦後の「キッチン」仕事として修正しながら教えることは容易なことではなかった。このことは料理に限らない。戦前の教育を受けた祖母は、戦後の新しい時代に教育を受け、新しい価値観や生き方を身につけた母に対して、何をどのように伝えていくべきかを迷うことが多かったという。

考えてみれば当たり前ではあるが、結婚後に母が作りたいと思っていたグラタンもシチューも、祖母はそうした洋食の作り方を娘に教えることができなかったし、電子レンジや冷凍庫の使い方も母と同様、初心者であった。また、母も、自分の母親から彼女が作っていた日々のお惣菜の作り方を積極的には習うことはなかった。

二つ目は、結婚後に姑から教わることもなかったということである。長男ではないため家業を継ぐことなく、父のようにサラリーマンになって、妻と子どもと暮らすいわゆる核家族は、戦後着実に増加した。こうした世帯は舅や姑と同居することはほとんどなく、家事を担当する女中が同居することもなくなっていった。

三つ目は、まさに母がそうであったように、この時代は結婚すると仕事を辞めて家事に専念する女性の割合が多かったことである。彼女たちは「専業主婦」と呼ばれるようになった。そのため、一つ目、二つ目の理由で料理を教えてもらっていない状況であっても、毎日料理をするのは彼女一人に任されるという状態になったのである。加えて、新しい家電製品が導入され、食材も急速に新しいものが普及していく状況の中で、新しい料理や献立が次々と登場し始め、それらを習得することも彼女たちの関心事になった。

一家の食事がすべて自分一人に任されているという状況は、主婦たちの張り合いでもある一方で、悩みでもあった。[*26]少なくとも、結婚したばかりの母にとっては大きな悩みであったらしい。そんな母を助けたのは、少し早く結婚した先輩主婦からのアドバイスと、彼女から結婚のお祝いとして贈られた料理の本であった。母はまず、婦人之友社から刊行された『家庭料理の基礎』[*27]や『料理上手になる勉強――若い家庭のための家事シリーズ　第一巻』[*28]をたよりに、日々の食卓を調えていくことになる。これらの本が実際にどれほど普及していたかを正確に知ることは難しいが、『家庭料理の基礎』は一九五九年に刊行されてからその後十一年間で二四版、『料理上手になる勉強』は一九六二年に刊行されてから九年間で一九版を重ねていることをふまえると、多くの人びとの手に届いたのではないかと思われる。『家庭料理の基礎』の冒頭は、次のように始まる。

「料理を習いたい」という若い方々の大部分が、まず教えてほしいのは、フランス料理、中華料理、デコレーションケーキ等といわれます。ところがよく伺って見ると、これらの料理は教わるだけで、家では御飯を炊いたこともない、お芋一つ煮たこともない、ただ食べるだけの専門家なのにおどろくことがあります。

ほんとうにお料理の勉強を正しくしたいと思う人は、いろいろと変わった料理を数多く学ぶ前に毎日必要なみそ汁、清汁の作り方、煮ものをおいしくすることから始めるのが何よりのよい勉強の順序だと思います。

結婚するまで、日常では料理をほとんどしたことがない人が料理教室や本に料理を教えてもらいたいと希望している状況がわかる。かつ、その希望はフランス料理、中華料理、デコレーションケーキといった当時としては新しい料理であったというところが時代を反映しているようでもある。

同書は「家庭料理シリーズ」としてさらに「肉たまご篇」、「魚篇」、「野菜篇」、「乾物とうふ篇」が刊行され、そこに「家庭の客料理」の上下巻が加わっている。下巻の末尾には次のようにある。

とくに嫁ぐ若い方々が、そば近くにおられないお母様にききたいことをこの本から学んで頂きたい、又お母様方には、そばについてゆけない嫁ぐ人に、ご自身の代りにこれを役立てて頂けたらと思っております。

また、母は結婚一年目の記念として、父にリクエストして暮しの手帖社から刊行された『おそうざい十二カ月』も購入している。[*29] 作り方の手順が文章ではなく、豊富な写真で示されていた点が、当時としてはとても新しかったという。つまり、彼女はまず本から料理を学んだということになる。専業主婦が誕生し、戦前の「家」とは異なる、新しい「家族」の時代が到来したのである。以後、胃袋は「家族」が面倒を見るもの、という考え方が普及、定着していくことになった。

「家族団らん」の実現期——家族と胃袋

表真美の『食卓と家族——家族団らんの歴史的変遷』によれば、高度経済成長期は「家族団らん」の実現期であった。明治二〇年代に欧米からの借り物として誕生した「食卓での家族団らん」というイデオロギーは、大正期の生活改善、戦時下の食糧不足を補うための国家戦略としての団らんへと移ったあと、戦後の高度経済成長期に新しい家族像の登場とともに「家族団らん」の食事が広く定着するようになったのである。

そもそも「家族団らん」で食事をするということ自体が普遍的なものではなく、さまざまな時代の要請を受けて普及が目指されてきたということがまず重要であるが、それがついに実現するのが高度経済成長期であったということにも注目しておきたい。まさに、新しい家族の時代が到来したといえる。一九七五年（昭和五〇）の国民栄養調査では、夕食は「家族一緒に食べる」との回答が、男性九一・四パーセント、女性八八・八パーセントであり、夫婦のみの世帯、親子世帯、三世代世帯いずれも九割以上であった。[*30]

戦前期、食事は子どものしつけの場であり、おしゃべりは少なく、どちらかというと静かであった。それが戦後に変化した。母親に「家族が最も楽しく過ごす時」について尋ねた調査によると、「食事の時」という答えが一番多く、七四パーセント、ついで「家族でおしゃべりをする時」という答えが七二パーセントであった。[*31] つまり、食事の場が家族でおしゃべりをする団らんの場へと変化したことになる。

一九七八年の調査によれば、家族そろって夕食を食べる割合は、「ほとんど毎日」が六六パーセント、「週に三〜四回」が一三パーセントであった。一〇人中八人は少なくとも二日に一回は家族そろって食事をしていることになる。その一方で、都市規模別にみると、「ほとんど毎日」と答えたのは、町村部七六パーセント、人口一〇万未満の市で七〇パーセント、都市の規模が大きくなるほど減少し、東京・大阪では町村部よりも二〇パーセント低い五七パーセントであった。[*32]

ところで、この現象は別の見方をすれば、食事が限りなく家族というまとまりで「閉じていく」変化とも説明できる。高度経済成長期以降、家族以外の人びとと日常的に食事を共にする場面は少なくなっていった。住み込みの女中、自営業を手伝う丁稚や職人、何らかの理由で居候《いそうろう》し食客となる人びとはこの時期を境に姿を消していった。国勢調査によれば、住み込みの使用人や同居人のように、非親族世帯に住んでいる単身者が総人口に占める割合は一九二〇年（大正九）に四・一五パーセントであったものが、一九六〇年（昭和三五）には一・九二パーセント、一九七〇年には〇・八一パーセント、一九八〇年には〇・二一パーセントへと減少した。[*33] たとえば、織物業地域では進学率の上昇とともに、中学校を卒業して住み込みで働く織り手がいなくなった。[*34] そして、住み込みではないが、田植えや稲刈りを手伝う人足を頼んで昼食と夕食を賄っていた農家では、農業機械の導入と共に、そのような人集めと気遣いは必要なくなった。また、戦後しばらくは行商人が村々を回っては泊っていくこともあったが、そのような販売形態も次第に見られなくなっていった。[*35]

テレビと胃袋

「家族」というまとまりに閉じていく食卓に社会との接点があるとすれば、それはテレビによってもたらされた。テレビの画像は視聴者の消費欲望を強烈に刺激するという意味で、「テレビは耐久消費財としては、他と決定的にことなる商品である」と言ったのは松原隆一郎である。[*36] 耐久消費財の中でもテレビがいち早く普及したことは、消費社会を推進していくためのインフラストラクチャー、あるいはエンジンであったといえるだろう。

先述した行商人たちが村々を回っていたころ、彼らは食客であると同時に、多様な情報を運んでくる主体でもあった。日本各地でさまざまな行商人が、それぞれ固有の情報を伝え歩いていたのである。他の地域であった出来事、金回りが村々によって違うこと、またその理由など、行商人を迎えた家の大人も子どもも、そういう話を聞くのが一つの楽しみでもあったという。彼らが伝える固有の情報がなくなる代わりに新たに登場したテレビからの情報は、それとは対照的に全国どこにでも画一的な情報を一斉に伝えるメディアであった。電子信号となって画面に映し出されるものは、効率的に、急速に、そして広範囲にわたって均質な情報として伝えられるようになった。

テレビの本放送が始まったのは、一九五三年(昭和二八)のことである。「パパは何でも知っている」(一九五八年)、「うちのママは世界一」(一九五九年)、「奥さまは魔女」(一九六六年)など、アメリカのホームドラマが次々と放送され、そのライフスタイルや料理が多くの人びとを魅了し、アメリカへの憧れ、都市への憧れを募らせた。私の母は一九五六年に放送が始まった「名犬ラッシー」を見て、アメリカには農村にも信じられないようないろいろな台所用品があり、美しい食器があることに驚いたという。

一九五一年に農村を巡回するナトコ映画が終了した後、テレビがその役割を引き継いだことになる。テレビに映し出されるライフスタイルは、家庭が消費の単位であることを認識させ、家庭が消費の主体として大きな意味を持ち始めるきっかけにもなった。そして人びとの胃袋は新しい食品や食材、調理道具を売り込むための市場となっていった。「人なみの生活」がしたいという人びとの願望、つまり同調行動と基準集団行動[*37]が台所と食卓を一つのステイタス・シンボルに見立て、それらを手に入れた充実感が「一億総中流社会」という集団意識を作り上げていったのである。

それに加えてテレビは、新しい価値との出会いを提供し、それへの憧れを浸透させるという意味で、本と並ぶ重要な料理の先生でもあった。料理番組は、一九五六年から日本テレビで始まった「奥様お料理メモ」を嚆矢として、次々と新しい番組が登場した。先述したように、一九五七年にはＮＨＫ「きょうの料理」が始まっている。河村（二〇〇三）によれば、最初は「半歩先の憧れ」を伝える内容であったが、一〇年後の一九六七年には本格的な実用番組として「基礎の見直し」という方向性を打ち出した。一世帯平均人数が四人へと移行したことを受け、一九六五年（昭和四〇）には材料表示を五人前から四人前に修正していることも興味深い。[38] 一九七二年に始まった辰巳浜子による「台所入門」は、まるで姑が嫁を躾るような雰囲気が好評であったという。ちょうど私の母が結婚した年である。

辰巳の存在が台所から失われた母や姑の姿の合わせ鏡だとすれば、一九六九年から始まった「今月の味」を担当した柳原敏雄は、ブラウン管を通して失われつつある食の謂れ、文化や歴史の世界を人びとに伝える役割を果たした。彼は本章二〇〇〜二〇二頁に登場した『味をたずねて』の著者でもある。

4 見えない世界との決別

都市化と漬物――自分の家では漬けられない

都市化が進み、集合住宅が増加したことで変化した食べものがある。それは漬物である。材料表示を五人前から四人前に変更した一九六五年に刊行された『きょうの料理』第八号第三巻の特集は「つけもの」である。担当した江上トミは次のように言う。[39]

戦争を境に食べる材料が大幅に変わり、そのため、料理法も変わった二〇年後の今、つけものを食べる回数が少なくなったといえましょう。昔のように人の話題にのぼるほどのことではなくなりましたが、それでも家庭で多少ともつけものを食べるのが普通ではないでしょうか。……

……都会でこそ近頃あまり作らない（というよりも家の面積などの都合で作れない、というほうがよいかと思います）ものの、味のよいつけものを家族に食べさせたいと願う主婦なら、事情の許される方々は手製でお作りになっておられるものと思います。

……この頃都会には〇〇づけ、というようにつけものとも煮物ともつかないものが小袋に入れてたくさん出ています。買って帰ってすぐに食べられる便利さを主にしたものでしょう。……梅の頃には梅干しを作り、梅雨の晴れ間を気にしてはらっきょうを掘ってつける世話をし、九月にみそを作れば、みそづけ作りで一日を費し、春には菜づけ、花づけなど、心にかかる主婦のつとめも年中多忙なものです。小袋を買って食べる都会人の知らない世話ごとながらまた楽しみでもあります。

時代はちょうど高度経済成長期が始まる頃である。これまで家庭で作っていた漬物が家庭では作られなくなる。食べる回数が減る、という変化だけでなく、漬物樽を置く場所や漬物の臭いが気になる小さな住まいが増加した都市部では、作りたくても作ることが難しくなるという状況がみてとれる。白菜漬けや糠漬けも作らなくなった。核家族になり、一株、二株つけてもおいしく漬からない、短時日で食べきれないからである。マンション住まいの人びとは場所（台所が狭い、西日が当たるなど）的な理由で管理がむずかしいという。ことに糠漬けは西日が当たるところでは異常発酵を起こし、手入れ（手を入れて朝夕かき混ぜること）が大変だから作らなくなったのである。*40 水洗便所が普及し、下水の臭いが感じられなくなるころには、沢庵漬けの匂いも倦厭《けんえん》されるようになっていた。

また、「世話ごと」としての漬物づくりに時間を費やす時間や、季節の感覚が失われつつある時代状況も垣間見える。また、漬物は単なる食べものではなく、家庭生活や食文化とも密接に関わってきた歴史があると江上は付け加える。

おいしいつけもの作りは、家庭を明るくし、家族を家庭に落ち着かせる秘伝だと昔の人は教えました。なつかしい家の味はつけものにまさるものはありません。つけもの作りは料理のうちで最高にむずかしく、最後の味覚だといわれて教えられ、親切にていねいに真心をつくしてこそ、初めておいしいものができ上がり、また親切な手入れこそ変わらぬ味がたもたれるものです。

スーパーマーケットなどの量販店の登場、食品の流通革命、食品加工技術の進歩によって、漬物も家庭漬けが少なくなり、小袋詰めが売られるようになった。先に述べた住宅事情のほかに、核家族と共働き世帯が増えたことに反比例して、家庭漬けは減少した。

漬物生産業界も、手作りの副業的な加工は機械化され、省力化した大規模生産工場に進展した。季節性もなくなった。漬物は元来、野菜の保存法としてつけられたため季節性が伴っていたが、ビニールハウスで年間を通じて野菜が栽培されるようになり、輸送網の整備、保存の技術革新によって年間を通じて出回るようになったことも見のがせない。ポリエチレンなどの新しい素材が登場し、小袋詰めができるようになったことは酸化変色を防ぎ、長期の腐敗防止を可能にした。こうして今では漬物においては野菜の保存という役割は薄れ、生野菜をより美味しくするための調味食という位置づけに変化しているのである。[*41]

見えない世界との交流と「世話ごと」からの決別

『きょうの料理』のテキストで江原が伝えている内容で興味深いのは、漬物は「手入れ」が必要な「世話ごと」であるという説明である。そもそも食べものやその調理には、「手」を加え、特に発酵を伴う調理には、「世話」をするという感覚が伴っていた。そういう感覚と経験が、高度経済成長期に失われ始めたというのは、非常に重要な転換点であったと考えられる。それは食べることに時間がかからなくなり、省力化されたというだけでなく、季節を感じる趣きや、手をかけて世話をする張り合い、それを家族や来客者と話題にする日常の楽しみが忘れられていく過程との引きかえでもあったからである。

「漬物は人と野菜とが交流しあって醗酵した味[*42]」という説明をふまえれば、漬物を漬けるという行為は、食べものを作るという意味だけでなく、野菜と人が共に在る世界で両者が関わり、発酵という自然現象に野菜も人も生かされるという営みと説明することもできよう。昔から発酵技術を駆使して人は食べものを作ってきた。数字として表せなくても、言葉として説明できなくても、音や香り、色や味、触った感じで判断してきたところがある。五感を用いた暗黙知が伝承され、季節の移ろいのなかで自然の営みを待つ楽しみが漬物を作る行為、食べる行為に含まれていたのだとすれば、この時期にそうした「発酵ごと」から決別したことは、非常に大きな分岐点であったというべきだろう。

これは、いわゆる「発酵」に代表されるような「見えない世界」から人びとが決別し始めたターニングポイントと言いかえることもできる。「見えない世界」は理解できないから怖いという不安も、それと決別していく理由の一つであった。新しい料理を手作りしたいという希望が高まる一方で、漬物だけでなく、味噌や甘酒なども家庭で作ることや、人びとが従来の「手しごと」から離れていくのも高度経済成長期の特徴であった。昭和三〇年代後半まで、農村では自家製味噌が各家で作られていたが、高度経済成長期の進展とともに減少の一途をたどった[*43]。

たとえば一九七八年（昭和五三）にＮＨＫ放送世論調査所が実施した調査「日本人の食生活」には「ふだんしている調理技術」について、表5-3のような結果が報告されている[*44]。

調理技術	全体	男	女	女性年齢別									
				16～19	20～24	25～29	30～34	35～39	40～44	45～49	50～54	55～59	60～69
砥石で包丁を研ぐ	43	54	41	8	17	23	36	39	50	51	61	58	52
魚を三枚におろす	43	31	46	9	9	36	50	57	64	51	53	54	50
ぬか漬けをつける	41	14	48	10	21	29	36	50	60	60	61	66	69
鳥ガラでスープをとる	30	16	34	9	16	32	37	42	49	43	41	36	25
ホワイトソースを作る	25	6	30	23	34	42	43	37	30	28	21	21	14
かつお節をけずる	21	18	22	12	12	12	17	20	29	25	28	36	30
天火でケーキを焼く	19	4	23	50	34	24	26	29	24	22	19	10	6
そばやうどんを作る	8	9	8	1	3	3	5	9	8	8	13	11	16
この中にはない	14	28	1	31	30	13	11	5	8	6	6	3	3

注）明らかに平均より多いものに網掛け、少ないものに太枠を付記。

表5-3　ふだんしている調理技術――男女・女性年齢別
――『日本人の食生活』より作成

料理をするにあたって、少し手間のかかることをどのくらいの人がしているのかを調べた結果、料理をしている人の四割以上はぬか漬けをつくっている。しかし、世代差が顕著であり、年代が高くなるほどぬか漬けをつくっている。逆に年齢が低くなるほどぬか漬けをつくる割合は減るが、天板でケーキを焼いたり、ホワイトソースをつくる割合は高くなっている。

一九七八年(昭和五三)といえば、私が四歳、私の母が三〇歳、祖母が四九歳である。実際、祖母はぬか漬けを漬けていた。そして母は、ぬか漬けは漬けないが、初めて外食として食べたグラタンを作る夢を叶えるべく、ホワイトソースを本に習って作っていた。

手と目と舌ではかる世界

大量生産、大量消費を目指す社会の中で、食べものは均一化し、できるだけ効率的に生産されることが求められた。インスタント食品が普及していく過程の中で「手」が本来持っていた役割が忘れられていくのは、食をめぐる世界にとどまらない。衣食住すべてに関わってこのような変化が見られるようになった。「早さ」という価値の中で、手しごとの意味と価値は徐々に忘れられていくことになったのである。

とはいえ現在に比べれば、料理の場面ではかろうじてまだ、「手」や「目」や「舌」そして「感触」が重要な役割を果たしていた。二〇一九年現在では計量スプーン、計量カップ、グラム数などで細かく記述されたレシピしか目にしないという状況であるが、高度経済成長期はそれ以前のいわゆる「勘」や「塩梅」から計量道具への移行期であったといってもいいだろう。

たとえば「きょうの料理」で西洋料理を担当していた村上信夫は、ハンバーグの作り方を教える時に、小鼻を指で押すしぐさをして、「はい、このぐらいの硬さにするとよろしいです」と言っている。また、必ず仕上げには「自分の舌で味を確認してください」と付け加えることを忘れなかった。塩の量は「ひとつまみ」、「ふたつまみ」と表現していた。また、『家庭料理の基礎』の冒頭には、「スプーンで計る調味料」というページの前に、「手秤り」、「目秤り」という説明が掲載されており、興味深い。[*45]

第6章

「消費者」の誕生と食をめぐる意志

抵抗する胃袋

1 生産と生活の分離——生産者と消費者

土から離れ専ら消費する人びと

一九七〇年（昭和四五）に開催された大阪万博の様子を知りたいと思い、大学の図書館で過去の新聞をめくっていた時に気がついたことがある。それは、同年の新聞記事の中に万博の話題を見つけることはじつは難しく、目を引く記事のほとんどは「公害」に関わるものであったということである。大量生産、大量消費を可能にする経済システムが着々と構築され

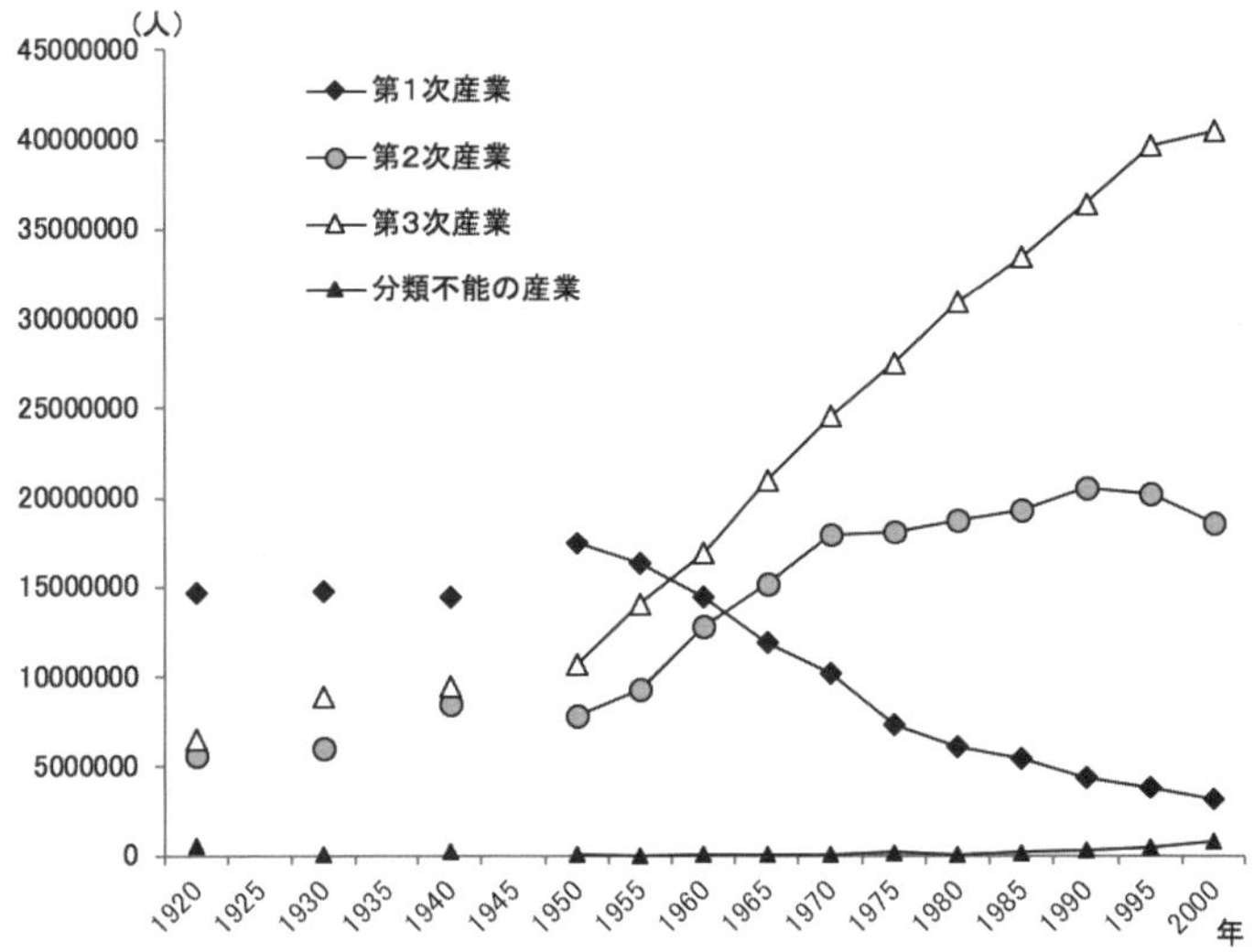

図6-1　産業別就業者人口の推移
——総務省統計局資料より作成

る中で、この時期、それまで営々と続けられてきた地域の暮らしは変化を余儀なくされていた。極端な場合、「公害」によって地域の暮らしが破壊される状況に陥ることもあった。

高度経済成長は一九七三年の第一次オイルショックまで続き、この間、政府が掲げた「所得倍増計画」は民間経済の急速な成長にも後押しされ、ほぼ達成されたといわれる。そして、一九七〇年代半ばから一九八五年前後までは安定成長期が続いた。[*1] 土から離れる人びとが増大し、食べものを生産せず、専ら消費する人びとが増えたのも高度経済成長期という時代の特徴であった。「消費者」誕生の時代といわれる所以である。図6－1は全国の産業別就業者人口の推移を示したものである。第一次産業（農林水産業）に従事する人数は一九五〇年代に第三次産業を下回り、一九六〇年代に第二次産業を下回り、減少の一途を辿っている。土から離れる人びとが増大したというのは、この産業構造の転換を言いかえたものである。

急速な工業化は地域に生きる人びとの暮らしを変え、さまざまなひずみが表出するようになった。一九七四年（昭和四九）一〇月には朝日新聞で有吉佐和子の小説『複合汚染』の連載が始まっている。農薬と化学肥料、界面活性剤を含む洗剤、排気ガスに含まれる窒素酸化物などの化学物質が相互に関係しあいながら重層的な自然破壊を引き起こしていることを告発した同書は、連載中から大きな反響を呼び、多くの読者を得た。それは、当時すでにその深刻さが明らかになっていた水俣病や四日市ぜんそくの被害を、人びとが構造的な社会問題として捉え直す警鐘にもなった。

こうした動きと連動して、全国に生活協同組合が生まれ、活発に活動するようになる。それは一度分離してしまった自然と人間、生活と生産の関係を結び直し、生産者と消費者が相互に意見を言い合うことによって成り立つ、新しい生産・流通の仕組みの確立を目指していた。子どもを育てる主婦たちが中心となり、彼女たちは子どもの胃袋に安全なものを届けるために奔走することになる。私の母も一時期生活協同組合の組合員であった。

消費者といった場合、これまで「消費行為を行う人」というニュートラルな意味しか持ち得なかったものが、この頃から政治的、経済的、社会的配置のなかで独特の意味を持ち得る一定の集団として認識されるようになったのは、こうした一連の動きと関係しているのである。[*2]

2 甘夏と海の物語――生産と消費の対話

自然と人間、生活と生産、消費者と生産者の関係を結び直すとは実際にはどのようなことなのだろうか。以下では熊本県水俣市の甘夏栽培を事例として、水俣の土と海と人びとが織りなす物語からそれを考えてみることにしよう。

椿の海の色と音と香り

まず、この地域の風景と暮らしを思い浮かべてみたい。

水俣の人びととその暮らしを描き続けた作家、石牟礼道子は『苦海浄土』[*3]によって広くその名を知られることになったが、じつはそれ以前の水俣の風景を描いた『椿の海の記』という作品がある。石牟礼はその冒頭を次のような描写から始めている（図6－2）。

図6-2　不知火海の朝焼け
——筆者撮影

春の花々があらかた散り敷いてしまうと、大地の深い匂いがむせてくる。海の香とそれはせめぎあい、不知火海沿岸は朝あけの靄が立つ。朝陽が、そのような靄をこうこうと染めあげながらのぼり出すと、光の奥からやさしい海があらわれる。[*4]

私はこの文章を初めて読んだ時のさざ波のような衝撃を忘れられずにいる。それは、一つ一つの文章から、恵み豊かな海と山の自然を慈《いつく》しみながら生きていた人びとの姿と暮らしが、ありありと目に浮かんだからである。水俣病によってこの地は全国に知られるようになった。しかしその一方で、それ以前の暮らし、つまり「川の神さま」、「山の神さま」の声に耳をすませ、それらと共に在り、生きてきた人びとのかつての暮らしに思いをはせることなく、そして、この地域が歩んできた歴史をほとんど知らなかったことに気づかされ、恥ずかしくなったのである。

そして、こうした豊かな自然と、それと調和するような人びとの暮らしは水俣病の発生によってどのように変わり、また、そこからどのような道筋を辿って現在に至っているのだろうかと、考えるようになった。

図6-3は、今から一一五年前の不知火海沿岸の風景である。山には桑が植えられ、水俣川にそって水田が広がっていた様子がわかる。山がちな地形で耕地は狭いが、海では魚が「湧く」ように獲れ、豊かな海からの恵みがこの地域の暮らしを支えていた。

図6-4は二〇〇六年の景観である。現在は、工場と市街地、海岸線に埋め立て地が広がり、その上には水俣病資料館や水俣病研究センターが設立されている。海が山を背負っているような、海岸に迫る緑の山々の風景は変わらないが、そこは甘夏が実るみかん山となっていることを読み取ることができる。斜面に苗木を植え、育て続けた歴史が土地に刻まれているのである。なぜ甘夏が植えられることになったのか、以下ではこの二枚の地図の間に起きた出来事を追っていくことにしよう。

生産者グループ「きばる」の甘夏

月に一度手伝いに行っている子ども食堂で、みかんの香りがするパンをご馳走になり、そ

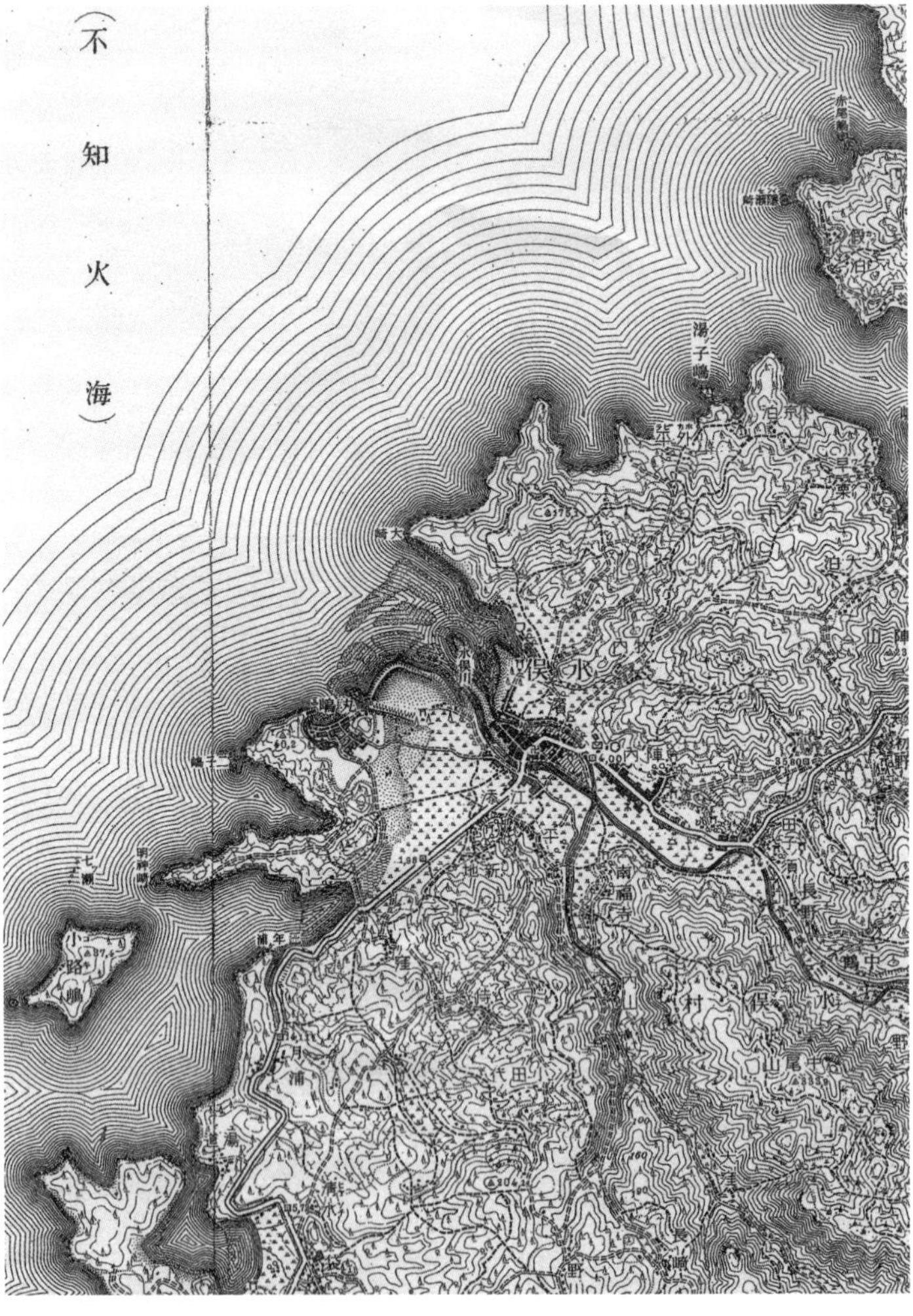

図6-3　明治後期の景観
——1903年（明治36）大日本帝国陸地測量部発行5万分の1地形図「水俣」

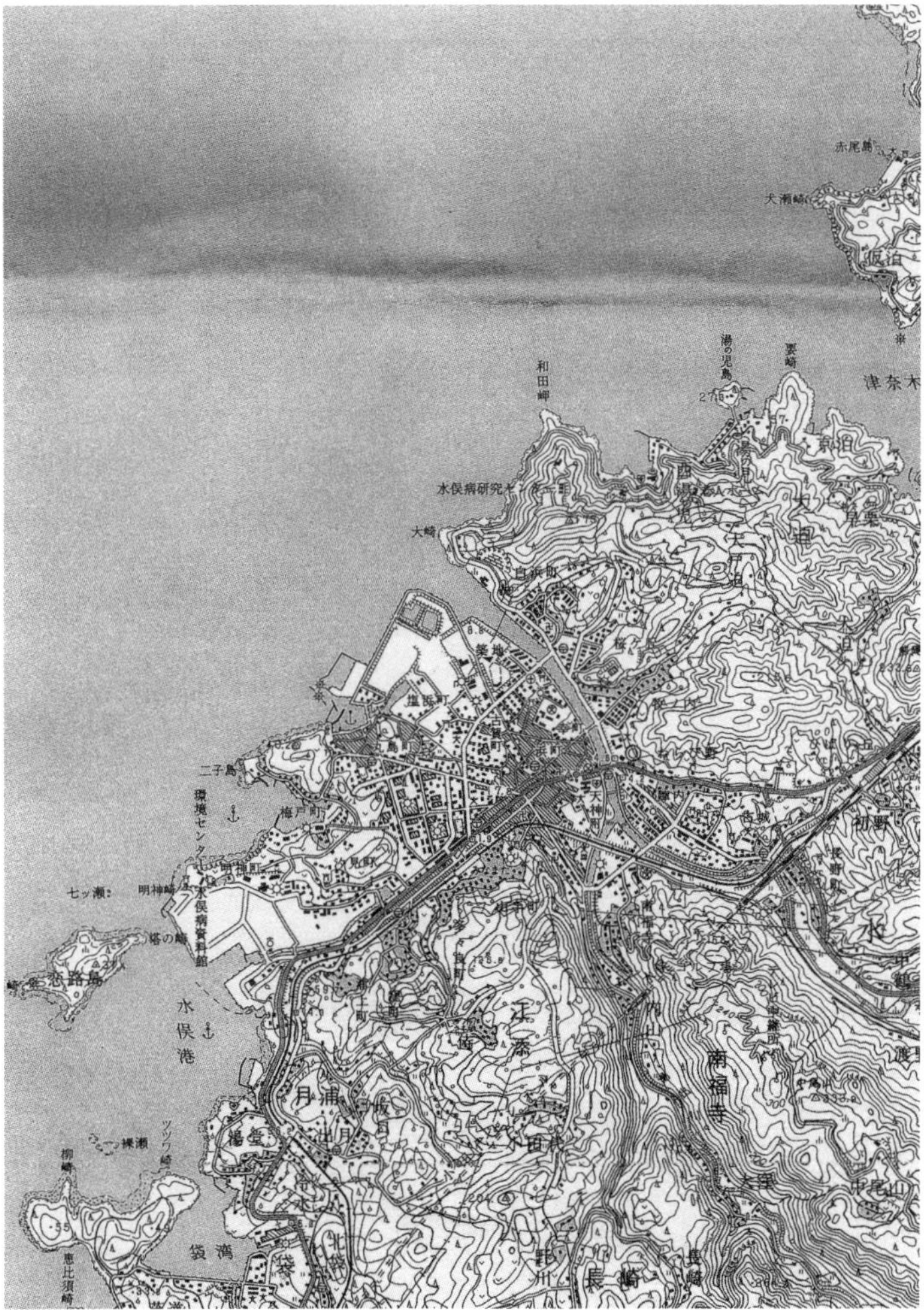

図6-4 現在の景観
――2006年(平成18)国土地理院発行5万分の1地形図「水俣」

図6-5　きばるの甘夏栽培
——生産者グループきばる提供

れは生活クラブ生協を通して購入する水俣の生産者グループ「きばる」の甘夏のピールを焼き込んだパンだと教えてもらった。その甘夏を食べると、酸っぱさだけでなく、ふくよかな甘みがあり、そして独特の苦みが加わった深い味わいがこれまで食べた甘夏のどれとも違ってい て、私は甘夏という食べものに出会い直したような気がした。そして甘夏が色づく季節を心待ちにして、毎年それを買うようになった。この甘夏は熊本県の南に位置する水俣市、芦北町、そして海を挟んだ対岸の御所浦島で低農薬・有機栽培で育てられている（図6－5）。

化学工業会社新日本窒素肥料株式会社（現・チッソ株式会社）が水俣湾に流したメチル水銀を含んだ廃水が引き起こし

た水俣病の最初の患者が公式に確認されたのは一九五六年（昭和三一）である。その後も患者が増え続けるなかで、漁業に生きる糧を求められなくなった漁師たちは陸《おか》にあがり、出稼ぎをしながら一本一本苗木を買っては、甘夏を植え続けた。甘夏の栽培は、水俣病の被害から立ち直っていくために地域の人びとが選び取った一つの希望であった。ある生産者は当時の決心を次のように記している。

事始めの話

うちが最初に甘夏の話ば聞いた時「よし、これでいこう」と思って色々思案してからおやじに話ばしてみたつです。

そしたらおやじは「そげん五年も六年もたたんと銭にならん品物ば植ゆるよりも半年で銭になるカライモば植えてきゃおけ」というでしょうが。うちは年寄りにこげん話ば納得さすっとは難しい事とは思うたばってんが、あんまり分らっさんもんだけん「そげん言うなら、うちはどっちにしてもあんた達ば面倒見らんばならんとだけん甘夏ば植えちゃいかんて言うなら、東京にでん横浜にでん出稼ぎに行こたい。東京から銭ば送るけんそっであた達は暮らしなっせ」て言うてしもたったい。

そしたらやっとおやじが「そこまで考えとっとならおまえが良かごとせ」て言うことになって甘夏の苗ば取り寄せるごとしたつです。[*5]

甘夏を植える決意は当初、周囲からすぐに受け入れられたわけではなかったことがわかる。また、甘夏があったからこそ、出稼ぎに行かずにこの地に暮らし続けることができたという状況も読み取ることができる。

こうして甘夏栽培が始まった。最初は農薬なども使っていたが、途中から農薬を使わない栽培へと切り換えた。その経緯をある生産者は次のように記している。

海と農薬

父から譲り受けた、わずかばかりの段々畑、ここに百三十本程の甘夏みかんが植えてあります。このみかん作りに、農薬を使わないようになって、はや十年を過ぎました。ふり返ってみると、その動機は水俣病事件にありました。チッソは、水銀を主とする工場廃水を実に三十五年タレ流し続け、未曽有の事件を引き起こしてきました。その加害行為は、この不知火海を汚染することから始まり、魚介類に毒を盛り、やがて人類に及ぶに至ったのです。

そのことを思うと、水俣病事件において被害者である私がまた、農薬や化学肥料を撒き散らし、さらにその品を人様に食わせることはできない。そう思ったのです。

しかし、農薬を使わないということに対して、すぐさま内外の反発が待ちかまえていました。……

こうした年月の中で、私は次第に自らの内なる葛藤にあっても、「なおも、こだわり続けて放さないものの本質は一体何なのか？」。そのことを、私が幼いときに水俣病によって殺された父の墓前で、考え続け、こんなことを想うようになりました。

「よう考えてみれば、この土地は、いずれ俺が還ってゆく所じゃないか。すでに親父や兄貴たちは永い永い眠りについて、この土地に還っていった。ここはいわばその枕元じゃないか。誰が枕元に毒をまくもんか！」

そう想いはじめたとき、これまでのことがなぜか救われるような心持ちになったのです。[*6]

こうした決意と覚悟に支えられた甘夏栽培が徐々に広がり、一九七七年（昭和五五）には「水俣病患者家庭果樹同志会」（以下、同志会）が設立され、それは一九九〇年、生産者グループ「きばる」となって、現在に至る。水俣では「きばる」を「働く」、「がんばる」という意味で使っている。海で、みかん山で、水俣病の裁判で、そして交渉などの運動でもがんばるという意味で名づけられた。[*7]

同志会が結成された目的は、化学物質被害を受けた者として、農薬をできるだけ使わない甘夏栽培をするということのほかにもう一つ、地域の分断された心をつなぎ直すということにあった。患者として認定されている人びとと、未だ認定されない人びと、そしてさまざまな理由で申請をためらっている人びととの間にある、見えないわだかまりや苦しみや葛藤が、「甘夏を育てる」ことを通して、再び自然や先祖と共に在り、共に生きる意味を見つけることへとつながることを目指したのである。ある生産者は次のように当時を振り返る。

夏は不知火海では、あじ、太刀魚、ボラなどの最盛期になる。茂道は昔程ではないにしろ、今でも漁師部落である。「水俣」に最も近い漁師部落であっただけに、水俣病の傷跡は深くかけがえのないものを失った。水俣で生きる者にとって「海の甦り」を願う気持ちは「部落の甦り」を願う気持ちと重なりあっている。[*8]

再生の物語――四〇年の足あと

自然と人間、人と人の関係を結び直して作られた甘夏は、生活クラブ生協を通して全国の消費者のもとへ届けられるようになった。[*9] 甘夏と一緒に毎年届けられる通信がある。たとえば一九八四年（昭和五九）の「甘夏だより」の表紙には、こんなメッセージが書かれている。

あまなつのあは
ありがとうのあ

汗水、雨水、風の神
ありさん　くもさん　みみずさん
毎日毎日　ありがとう

一九七六〜一九八一年に水俣を訪れた社会学者の鶴見和子は、人びとの個人史を聞き取り、それぞれの人生の物語を記録した。そのプロセスの中で、海の死によって生業や人間関係が変化し、地域がその内側に深い傷を負うことになった一方で、その傷を癒す萌芽もまた、地域の内側から生まれてきたこと、つまり「自己治癒の方法の発見と実行とが、地域小社会の再生の方法に結びついている」ことを見いだした。鶴見はこれを「内発的発展論」と名づけ、広く世に問うた[*10]。

鶴見が見出した地域の「内」なる力に加えて、地域の外から得られた力も大きな意味を持っていた。全国から集まってきた若者たちや生活クラブ生協が甘夏を栽培する人びとをサポートし、甘夏を育て、それが多くの人に食べられることによって互いに思い合い、支え合うしくみが創られていったからである（図6－6）。内と外の「合力」なくして、みかん山を拠所にした地域と人びとの心の再生は実現し得なかったとすれば、この地域の四〇年の足あとは、甘夏を育てた人びとだけでなく、堆肥をつくり、作業を手伝い、消費地と生産地を結ぶことに力を尽くすために各地から集まった人びとが加わって初めて、再生の物語となり得た

図6-6　同志会生産者の園にて援農・堆肥まきを手伝う若者
——生産者グループきばる提供

のである。

胃袋の意志と抵抗

このような歴史を背負って水俣で栽培されてきた甘夏を、三五年間、毎年購入し続けてきた東京在住のご夫婦がいる。私が作った「甘夏と海の物語」と題する小さな冊子を手に取ったことがきっかけで、これまでの三五年間を振り返り、その内容を次のような手紙にしたためて送って下さった。その文章からは、静かな、しかし確かな胃袋の意志と抵抗が伝わってくる。

……一昨日、先生のお気持ちいっぱい詰まった文と写真を前に、老妻と二人、久しぶりに語り合いました。私自身は恥ずかしながら、マーマレードの原材料としての水俣・夏みかんという認識しかなかったのですが、老妻にとっては、長年の暮らしの中で味わってきた季節の彩りであり、〝意志〟でもあったようでした。

一九八二年の春（まだ「生産者グループきばる」が結成される前でしょうか）、生活クラブ生協を通して初めて夏みかんを購入、以来三十五年間、毎年十キロほど消費しています。水俣の夏みかんの顔立ちは、市販品に比べたら、艶はやや落ちるけれど、それが良いのだ……、素肌が大事なのだと、かねがね言っておりました。

娘たちも子供の頃から母親の味覚と意志に慣らされ、夏みかんといえば、水俣、「きばる」となりました。

私自身は『苦海浄土』だけですが、老妻は、常に水俣に寄り添って書いてきた石牟礼道子を学生時代から読み通していました。その老妻が、先生の『甘夏と海の物語』を読み、「海が陸（おか）を潤し、山が海を育てるというけれど、先生の写真を見ると、夏みかんの木々が海にせり出し、水俣の山と海が一体となっていることが良くわかるね」と言うておりました。あいにく老妻は最近体調を崩しており、なかなか遠出は難しいのですが、それでも水俣の夏みかんをぜひ見に行きたいなぁ、と言うくらいの元気が出たようでした。

豊かな自然とその実り、日々の暮らしの中にある深い味わい、すべては日常なのだけれども、それがいつの間にか知らず、非日常になってしまうこともある現代社会の矛盾。地域の優しさがジワっと伝わってくる反面、そこに根深い問題も横たわっていることに気がつく、先生の「もの語り」「ひと語り」を拝読、拝見できたこと、本当に幸いでありました。

3 失われゆく共在感覚

「共に在る」暮らし

本章冒頭で示したように、一九六〇年代以降、土から離れて暮らす人びとが増加した。それはいったいどのような変化として説明しうるのだろうか。そう考えたとき、まさに、前出の手紙の一文が正鵠を射ているように思われる。

豊かな自然とその実り、日々の暮らしの中にある深い味わい、すべては日常なのだけれども、それがいつの間にか知らず、非日常になってしまうこともある現代社会の矛盾。

大量生産・大量消費が実現した高度経済成長期以降の社会では、いつでも手に入るものが増えた一方で、手に入らないものも増えた。それはたとえば、季節の彩り、旬の香り、地域の土の味、風の感触、経験、口伝えの先人の知恵、そして動植物や山の神、海の神、風の神との対話などである。どれも以前は何気ない日常の中に私たちと共に在ったが、それが非日常になったのは、いつの間にか私たちがそれらを手ばなし、遠ざかってしまったからである。それらと「共に在る」ことを感じられなくなったという方が正確かもしれない。

ここで「共存」や「共生」ではなく、あまり馴染みのない「共在」[*11]という言葉を使ったのには理由がある。共存や共生は「生きる」あるいは「生きていること」が前提となっているが、ここではそれ以外の世界を含めた議論が必要だと考えたからである。[*12]共に「生きる」というよりも、共に「在る」といった場合、生きとし生けるものと、それを生かすためのさまざまな自然の基盤との関係、生きているものとそれを取り巻く精神、世界観、価値観との関係をもとらえることができる広がりをもつ。ここでいう「共に在ることを感じる」ということは、「思いをはせる」という行為にも近いかもしれない。

自然と人間、人と人、そして生きているものだけでなく、土、水、光、風、石、空気などを含み、かつ、私たちが生きる「この世」の次元だけでなく、別の次元、つまり、石牟礼道子の言葉をかりれば、森羅万象にひらかれた[*13]「もうひとつのこの世」をも含んだ世界を見わたせば、高度経済成長期に私たちが失ったものが、これまで議論されてきたよりもずっと深く大きいものであったことにあらためて気づかされるのである。

土を喰う日々

「食べる」という行為は本来、何かと「共に在る」ことの実感、つまり「共在感覚」を最も身近な場面で感じうるものなのではないかと私は考えている。

共に在る「何か」とは、人に限らない。本書第1章で胃袋の二〇〇年を検討する中で見てきたように、神様や精霊、先祖から継承してきた精神、地域、土や水、生き物の命などもこの「何か」に含まれる。

たとえば一九七八年（昭和五三）に刊行された水上勉の『土を喰う日々――わが精進十二カ月』などを読むと、具体的にそれを理解することができるかもしれない。同書は次のように始まる。

九つから禅宗寺院の庫裡でくらして、何を得したかと問われれば、先ず精進料理をおぼえたことだろう。禅宗は小僧を養育するのに、むずかしいことはつべこべいわずに日常の些細なことのなかへむずかしいことを溶かして教えるところがある。たとえば、何かを洗ったあとのわずかな水でも、横着に庭へ捨てたとする。見ていた和尚や兄弟子は一喝する。馬鹿野郎、粗末なことをするもんじゃない、と。物を洗ったあとのきたない水だから、もったいないもあったものではない。なぜ叱られたかわからぬ。するとつづいてこんな言葉がかえってくる。一滴の水でも、草や木が待っておる。なぜ、考えもなしに、無駄に捨てるのか。どうせ捨てるなら、庭へ出て、これと思う木の根にかけてやれ。……

何もない台所から絞り出すことが精進だといったが、これは、つまり、いまのように、店頭へゆけば、何もかもが揃う時代とちがって、畑と相談してからきめられるものだった。ぼくが、精進料理とは、土を喰うものだと思ったのは、そのせいである。旬を喰うこととはつまり土を喰うことだろう。土にいま出ている菜だということで精進は生々してくる。台所が、典座職（禅寺での賄役の呼称）なる人によって土とむすびついていなければならぬ、とするのが、本孝老師の教えた料理の基本理念である。[*14]

……一日に三回あるいは二回はどうしても喰わねばならぬ厄介なぼくらのこの行事、つまり喰うことについての調理の時間は、じつはその人の全生活がかかっている一大事だといわれている気がするのである。[*15]

土と在り、水と在り、菜と在り、草と在り、木と在る。そしてそれらと話し、相談することが料理である。それゆえに、料理は慰みや遊びではなく、日々の「大事」であると水上は言う。料理を通して接する菜、草、木、土、水は、単なる生物と無生物という区別に集約されない遥かな広がりを有する世界なのである。

水俣で甘夏を育てる人びとに「みかんは主人の足音で育つ」という話を聞いた。みかん山に足を運んだ分だけ、手をかけた分だけ、美味しい甘夏が実るというこの言葉は、甘夏を育てるこの地域の人びとの心に深く根を下ろしている。これもまた、「共に在る」世界のひとつの表現であるといえるだろう。また、甘夏と虫が共に在る姿について聞いた、次のような話も印象に残っている。

みかん園にはトンボやらクモやら、私達生産者の力強い友人が住んでいます。この友人達が、みかんに害する「ダニ」や「アブラムシ」を食べてみかんを元気にしてくれます。[*16]

女島で甘夏を育てるOは、消費者との交流会で「ハナムグリ」の話をするという。花に潜るとかいてハナムグリ。この虫は、農薬をかけないいきばるのみかん山では花が咲く時期、花に潜り込み、受粉を手伝う。その時に小さな爪あとを残すことがあり、それが実になると、表面がでこぼこになる。普通の市場では「規格外」となるこの「傷」も、低農薬で育てている証、ハナムグリが一生懸命しがみついていた「足あと」と思えばほほえましく思えてきませんか、とOは消費者に説明して歩く。そうすると、低農薬で栽培された、表面がデコボコ

図6-7　ハナムグリの爪あと
——筆者撮影(2017年7月17日)

の甘夏に対する消費者の見方が変わるのだという。

これは、失われゆく共在感覚を、甘夏を通して伝え、想起させる試みであると言いかえることができるのかもしれない。

前出の手紙を送ってくれたご夫婦にとって、毎年甘夏を購入し、それを食べることは、胃袋を通して、水俣と共に在り、甘夏を栽培した人びとや自然の恵み、そして彼らが暮らす世界と共に在ることを実感し、表明することにほかならなかったのだと、あらためて考えさせられるのである。

そして水俣の甘夏が全国の消費者に届けられるようになった時期は、日本の各地で化学肥料や農薬を用いた農業が見直されるようになり、有機農業運動が展開する時期とも重なっていたことも、ここには特筆しておかなければならないだろう。

第7章

高度消費社会と胃袋のゆくえ

1　高度消費社会の幕開け

食べ残すともったいない

水俣の人びとが甘夏に希望を託して奮闘していたころ、NHK放送世論調査所が一九八一年（昭和五六）に実施した日本人の食生活に関する調査では、食べものに対する「ありがたさの感覚」が次第に薄らいできていることが指摘されている。食べものが豊富にある時代になると、一日の糧を得られたことを神に感謝するとか、食料を作っている人の苦労に思いを馳せるという感情は、ほとんど消滅してしまったとも解説されている。[*1]
同調査において「食べ残すともったいない」という問いに「そう思う」と答えたのは八二パーセントと高かったが、詳しくみると、年齢差が大きいことがわかる（図7－1）。戦中戦後の食料難を経験した人たちはこの時、およそ四〇代以降であり、食べものを大切に思う気持ちが持続していると読み取ることができる。その一方で、第二次世界大戦後、食料難が一息つき、豊かになってくる時代に生まれた世代は、若年になるほど「食べ残すともったいない」と思う割合が減少している。

国勢調査によれば、食べものを生産する人びとが含まれる第一次産業従事者の割合は、一九八〇年には約六一〇万人であり、全体（五五八一万人）の約一割になっていた。つまり、一〇人のうち九人は、農林水産業以外の産業に従事していたことになる。特に若い人びとの暮らしは土から離れるばかりであり、日常生活のなかでは、どのように食べものが生産され、自分たちの胃袋に届くのかを想像しにくい世の中になっていった。また、そうしたことに気を配らなくとも、スーパーマーケットへ行けば、お金と交換して食べものを手に入れることができるようになった。こうしたことも、数値として図7－1に表れているのかもしれない。

ＮＨＫ放送世論調査所がこの調査を実施したころ、私は小学一年生であった。

そのときのクラス担任だった女性は、おそらく校内で一番高齢の、戦前期生まれのベテラン教師だった。当時の記憶として今でもよく覚えているのは、給食を一緒に食べていた彼女

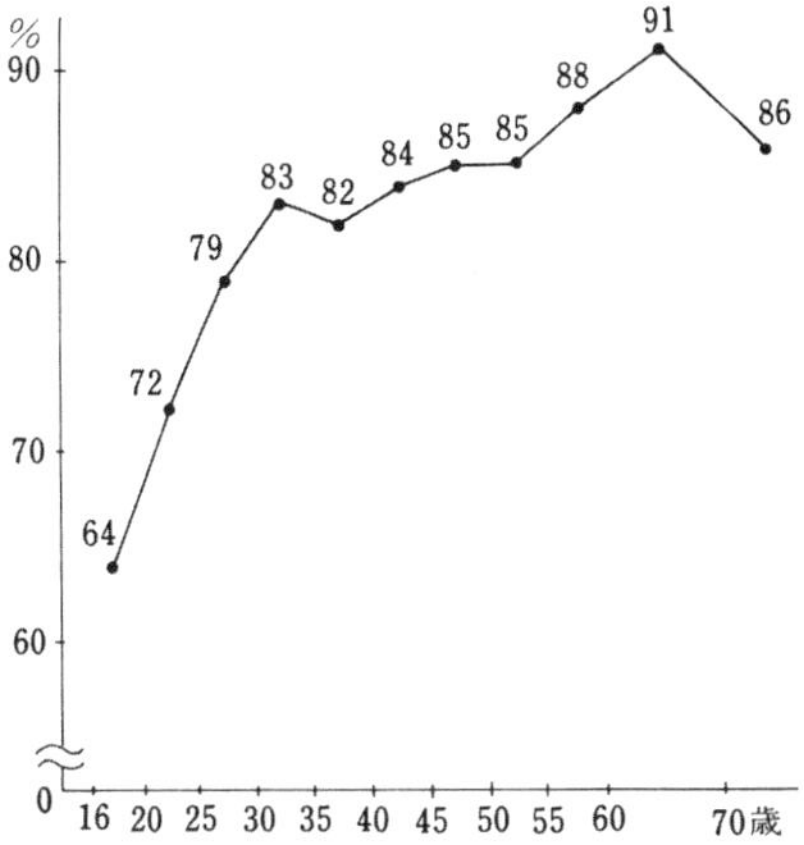

図7-1　「食べ残すともったいない」年齢別割合
——『日本人の食生活』130頁

が、「お砂糖やお醤油がこんなに贅沢に使われているお料理、戦争中には食べられなかったのよ」と話し始めた時のことである。「食べものがなかったからイナゴを捕まえてきて、それを食べるの。でもイナゴをおかずにするにも、味付けに使うお砂糖とお醤油がなくて本当に困ってしまってね」、「道具がなくても何か代わりのもので工夫すればいいのよ」、などと話しながら、「ほらね、たとえばリンゴの皮はスプーンでだって剝けるのよ、みんなもやってみなさい」といって、実演して見せてくれた。立ち上がってスプーンでりんごを剝く先生を、私は不思議な気持ちで見つめていた。

彼女はほどなく退職したので、おそらく一九二〇年代生まれ、つまり、私の祖母よりも少し年上の世代であったのだと思う。小学一年生の私は、どうして給食の時間に先生が突然そんな話をしたのか、その意味を理解することができなかったが、「お砂糖とお醤油がない世界」という、思いがけない「食物語《たべものがたり》」が強く印象に残っていた。

今振り返ってみると、図7-1でいえば彼女はおそらく六〇歳であったから、何不自由なく食べものを手に入れることができる時代を生きる子どもたちに日々接するなかで、自分の食物語を伝えておかなければならないと思ったのかもしれなかった。

そう考えてみると、私の個人的な体験の範囲ではあるが、小学生のころは、昨今の「食育」を待つまでもなく、「食」や「農」を子どもたちに体験させようという教師たちの熱意に育てられた部分も少なからずあったのだと思い至る。

私の小学校は、一九七〇年代に千葉県流山市に新しく建設された分譲住宅地、いわゆるニュータウンのなかにあった。本書でいうところの戦後の「新しい家族」の子どもたちが通う小学校である。

私が小学二、三年生になるころに赴任してきた校長先生は学校の裏の水田を農家から借り受け、私たちはそこで米づくりをすることになった。春には田植え、秋になると稲刈りをし、その風景を思い思いの絵の具で描いた。そして、その米で餅つきをし、前日から火をつけて先生たちが夜通し世話をしたもみ殻の山で焼芋をした。子どもから見ると、大人の背丈よりも高いもみ殻の山が四つほど田んぼの中に並ぶ風景は壮観だった。つきたてのお餅の美味しさ、もみ殻で焼いたサツマイモを初めて食べた時の驚き、その甘さと風味は忘れられない。
水泳部を担当していた先生は、毎年秋になると子どもたちと一緒にイナゴの佃煮を作っていた。そのおかげで私も、一年生の時に先生が話していた「お砂糖とお醤油で味をつけたイナゴ」を実際に知ることができた。

食べものはどこから来るのか

「食べ残すともったいない」という感覚、「食べもの」に対する関心が薄れていく状況はいずれも、食べものがいつでもどこでも手に入る安心感に支えられている。そして、多くの人びとの関心はもはや、それらの食べものを誰がつくり、どこから来て、自らの胃袋にたどり着くのかということには向けられなくなりつつあった。それほど、土や水と胃袋の距離が離れたのだと言いかえることもできる。

生産・流通・保存技術を駆使することに加えて、国外から食料を輸入することによって、年間を通してたいていの野菜や果物はいつでも手に入るようになった。食べものに「旬」があることは忘れられるようになり、土や水のことを気にかけなくても、近所に暮らす人びとの胃袋を気にしなくても、お金さえあれば、個人が食べものに直接アクセスできるようなしくみが次々と整えられていった。スーパーマーケットの興隆、コンビニエンスストアの誕生、通信販売の始まりなどはその一例である。こうした社会の変化の中で、食べることを通して、

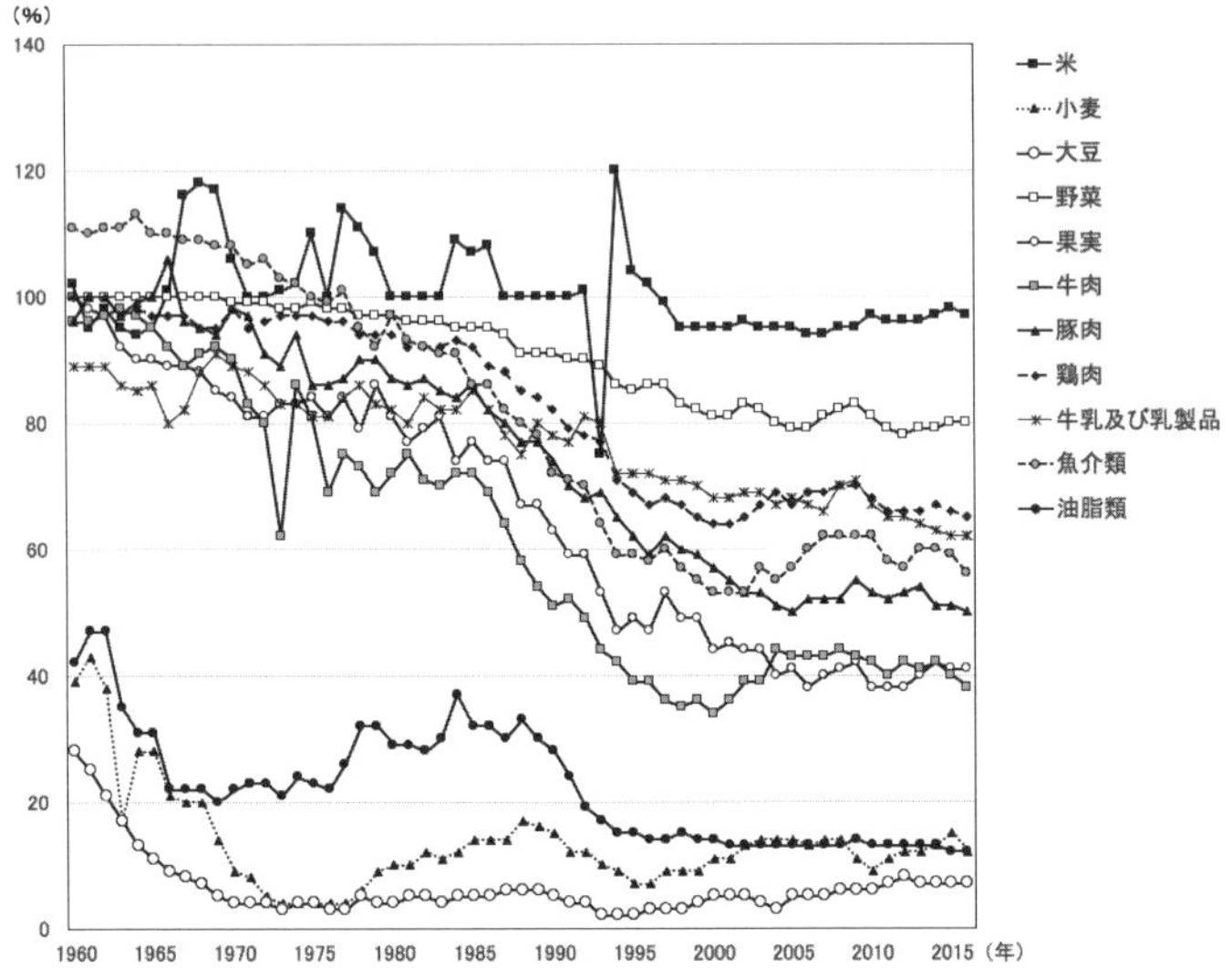

図7-2　食品の品目別自給率の推移
――農林水産省「食料需給表」

「何かと共に在る」という実感や、食べものの向こう側にある世界に思いをはせるという経験も少なくなった。

　そうした状況のなかで、とくに一九八〇年代以降、食料自給率は低下の一途をたどった（図7－2）。豊かな食卓を支えるために必要な、さまざまな食材や飼料の輸入拡大がその背景にある（図7－3）。一九八五年（昭和六〇）のプラザ合意によって始まった外国産農産物の輸入自由化がそれを後押しした。

　こうして、人びとが高度経済成長期で得たものよりもさらに豊かな食を求め続ける一方で、「食べものはどこから来るのか」という関心は急

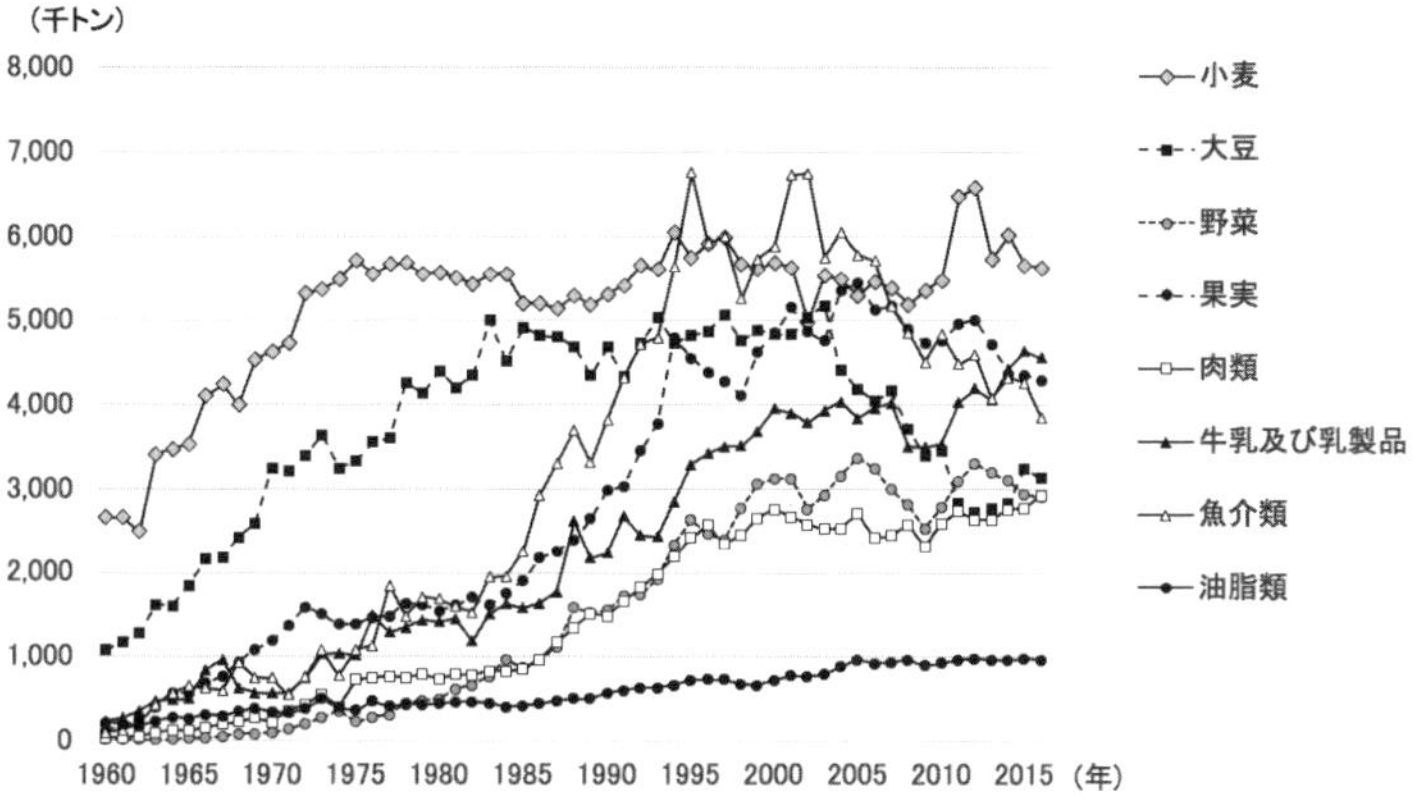

図7-3　食品輸入量の推移
――農林水産省「食料需給表」

激に薄れ、実際の供給体制には食料自給率の低下に象徴されるように、構造的な大転換が生じていた。つまり、今なお続く、日本の食料供給体制の脆弱性は、豊かな食卓を享受することと引きかえに、この時期から始まったとみることができるのである。

バナナとエビと日本人

図7-3をみると、とりわけ果実と魚介類の輸入量が急激に増加していることがわかる。土や水と胃袋の距離が離れていく時代、一九八二年（昭和五七）に鶴見良行は「バナナ」を通してグローバル経済の功罪を問う『バナナと日本人――フィリピン農園と食卓のあいだ』を刊行し、社会に大きな衝撃を与えた。今でも読み継がれる名著である。[*2]

私の祖父は戦時中に台湾にいた時の思い出

として、「バナナという美味しいものを食べた」と話してくれたことがある。当時、バナナはまだ、日本で日常的に食べられる果物ではなく、非常に珍しい食べものであった。[*3] 戦後生まれの私の父母の子ども時代も、バナナはお見舞いの果物籠の正面を飾るような、手の届かない高級品であった。

一九五一年（昭和二六）、父が小学一年生のころ、バナナは一本一〇〇円であったという。当時、ラーメン一杯が三〇円であったから、[*4] バナナはラーメン三杯よりも高価であったことになる。だから、遠足の日の朝、父親からこっそりバナナを二本渡された友達の姿を見たとき、羨ましいというより、どうして遠足のおやつにそんな高価なバナナを二本も持って来ることができるのかと、父は子どもながらに信じられない思いだったという。

父は子どものころ、バナナそのものを食べたことはなかったが、一九五三年（昭和二八）、祖父が銭湯に行く途中に連れて行ってくれたパーラーで飲んだミックスジュースの味が忘れられない。

わしが小学三年生の頃やったかなぁ、親父が弟とわしを連れて、時々大きな銭湯に連れて行ってくれたんや。南海線に乗って「田辺温泉」いう大きな銭湯に行った帰り道にパーラーいうのがあって、そこでミックスジュースを飲ませてもろた。バナナが入ってるから、バナナの味を知ったのはミックスジュースを飲んだ時やった。うまかったなぁ。

一杯五〇円もする。銭湯代が一〇円やったから、安い飲みもんやなかったね。

そういえば、父は私が小学生のころ、日曜の朝にはしばしば自分でミキサーを引っ張り出し、得意げにバナナをたっぷり入れたミックスジュースを作ってくれた。これも父の好物である。このころは、高度経済成長期が過ぎ、バナナはかつてのような高級品ではなく、安価で大衆的な果物の一つになっていた。私が子供のころ、毎週日曜日はたいていホットケーキとミックスジュースであったが、ここにも祖父や父の食物語が刻まれていたのだと思い至る。

なぜ、高級品であったバナナがこれほど安価になったのか。鶴見はそのカラクリを、フィリピン南部ミンダナオ島の農園でのフィールドワークにもとづき、多国籍企業による農産物生産と流通、そしてそれらが地元住民の暮らしへ及ぼした影響から浮き彫りにした。そしてその仕事は、食という極めて日常的な行為の中にいつの間にか深く、広く浸透し始めた資本主義という論理を、胃袋でどれほど自覚的に受けとめているのかを、多くの読者に自問させることになったのである。

鶴見は同書の末尾を「生産者に思いをはせよ」というメッセージで締めくくっている。

国家と国家でなく国民と国民の関係として考えて見ると、実際にバナナを作っているフィリピンの労働者と、これを食べている日本の消費者は分断されているといえないだろうか。私たち日本人のバナナへの関心が、「価格」や「栄養」や「安全性」にだけとどまっているのは、その端的な例である。……つましく生きようとする日本の市民が、食物を作っている人びとの苦しみに対して多少とも思いをはせるのが、消費者としてのまっとうなあり方ではあるまいか。……作るものと使うものが、たがいに相手への理解を視野に入れて、自分の立場を構築しないと、貧しさと豊かさのちがいは、——言いかえれば、彼らの孤立と私たちの自己満足の距離は、この断絶を利用している経済の仕組みを温存させるだけに終るだろう。[*5]

一九九一年（平成三）、私が高校二年生の頃、英語の先生が学校にバナナを持参して、私たちに配ってくれたことがある。そのバナナは、今でいえばフェアトレードというしくみを通して入手したバナナであった。この時私は、バナナひとつから見えてくる世界があるのだということを、思いがけない驚きとともに、初めて知ることになったのである。

鶴見の仕事はその後、村井吉敬『エビと日本人』に引き継がれ[*6]、私たちの食卓の向こう側にある、魚介類の輸入とグローバル経済の舞台裏が明らかにされた。

豊かさとは何か

生活の豊かさを示すエンゲル係数が二四パーセントという理想的な数値になった一九八九

年、暉峻《てるおか》淑子によって著された『豊かさとは何か』という本が、大きな反響を呼んだ。昭和が終わり、平成が幕を開けるころである。私は高校生の時に同書を読んだ記憶がある。数値的には豊かさに到達したと見えるまさにその時に、「豊かさとは何か」という問いが、多くの人びとの関心を集めたのはいったいなぜなのだろう。

当時は中曽根内閣が行政・民活路線を進めた結果として、「自然環境の保護とか、福祉社会とかは、経済価値を減らし、怠け者をつくり出し、日本を先進国病にする。経済の活力を維持するためには、カネは、カネを生むことにのみ使われるべきで、国民の一人ひとりは、自分の生活に自分で責任を持たなければならない」という考え方が広まっていた。[*7]

資本主義経済が発展の到達点として目指した、貨幣さえあれば欲しいモノを手に入れることができる世界がすでに現実のものとなっていた時代である。店頭には数えきれない商品が並び、ブランドの洋服やバックを身に着けた色とりどりの若者たちが街を闊歩《かっぽ》する。食べきれないほどの食事と残飯の山。テレビコマーシャルが盛んに宣伝する「食べすぎ飲みすぎ」に効く胃腸薬。そして粗大ごみ置き場に山積みになった家具や電気製品。海外旅行に出かける日本人で溢れかえる空港。これらに象徴される新しい時代、すなわち高度経済成長期に誕生した大衆消費社会を質量ともに凌駕する、「高度消費社会」という第二幕が始まろうとしていた。新自由主義経済が台頭した世界がその舞台である。

そこでは「何か」と、あるいは「誰か」と共に在ることを実感する世界というよりもむしろ、「個」の領域が着実に広がり、自己がいかに在るべきか、という関心が高まりつつあった。暉峻はまさにこの局面をとらえて、次のように言う。

効率を競う社会の制度は、個人の行動と、連鎖的に反応しあっているから、やがては生活も教育も福祉も、経済価値を求める効率社会の歯車に巻き込まれるようになる。競争は人を利己的にし、一方が利己的になれば、他の者も自分を守るために利己的にならざるを得ないから、万人は万人の敵となり、自分を守る力はカネだけになる。そんな社会では、人の能力は、経済価値をふやすか否か、で判断され、同じように社会のために働いている人であっても、経済価値に貢献しない人は認められることが少ない。[*8]

暉峻淑子は大正期に倉敷紡績株式会社の労働科学研究所で医者として勤めていた暉峻義等の義娘である。本書第3章で取り上げた暉峻義等もまた、激動する日本近代に生き、「人らしさ」、「幸せ」、「健康」とは何かを追究する実践者であったことをふまえると、「豊かさとは何か」と問う暉峻淑子の問題意識と暉峻義等の実践は、一本の糸でつながっているようにみえる。それは、単なる偶然ではないのだろう。[*9]

たとえば「誰が胃袋の心配をするのか」という問題に置きかえた場合、それが「自己責任」であるという風潮が本格的に高まったのはこの時期からであると考えられる。それにともなって、個人は自由競争によって豊かさを手に入れるものだという考え方も浸透していった。それに対して暉峻は、今や「経済大国」と言われるようになった日本は、表面だけの豊かさに浴しているのではないか、とさらに読者に問いかける。

日本の豊かさが、じつは根のない表面的な豊かさにすぎず、板子一枚下には地獄が口を開けており、砂上の楼閣のようなもろさに支えられたぜいたくが崩れ去る予感を、多くの日本人が、心中ひそかにかんじているのではないかと思えてならない。たとえば、もし寝たきり老人になったら……、もし収入が減って住宅ローンが払えなくなったら……、もし幼い子を抱えて夫と離死別したら……、などと。いざとなっても、誰からも助けてもらえない不安と、ひとなみから排除されてしまう不安とで、強迫神経症のように、はてしない飢餓感に追われる日本人は、もっともっととカネをためつづけているのではないかと、私には思われてならない。……豊かさが必然的にもたらすはずの落ち着いた安堵の情感や人生を味わうゆとりは、どこへいってしまったのだろう。本能的に自然に湧き出るはずの他者への思いやりや共感などは、金持ち日本の社会から日に日に姿を消していくように思えてならない。[*10]

戦後の飢餓を脱し、高度経済成長を成し遂げ、溢れるような食べものの洪水のただ中にいながら、はてしない飢餓感に追われているという思いがけない矛盾は、多くの読者を得た同書の反響の大きさによって、初めて明るみに出たのだといえる。

高度経済成長期に一億総中流社会が実現したのは、単純にいえば、雇用労働者が増加し、「所得」による平準化が進んだからであった。そうした社会では、「人並の所得」を得ることが豊かさにつながる唯一の道だと信じられるようになった。しかしそのように考えると、もし、何らかの理由で「人並みの所得」を得られなくなった場合、いとも簡単に豊かさからは遠ざかり、それればかりか、孤立無援の厳しい状況に陥ることになる。経済指標で見た豊かさの到達点にたどり着きながら、じつはこうした「寄る辺ない不安」がうっすらと、しかし確実に広く社会を覆っていく深層の変化を、この時期、人びとは敏感に感じ始めていたのである。

そして同書が刊行されてから二か月がたったころ、今からちょうど三〇年前、ドイツでベルリンの壁が崩壊した。「豊かさとは何か」と人びとが自問しようとするうねりを覆い隠すように、世界は資本主義社会への一元化に向けて大きく舵を切り始めた。こうした激動の時代のなかで、寄る辺ない不安を拭い去るための手段として、人びとはとにかく貯金をし、そして競うように学歴をつけて、高い生涯賃金を得ることを目指すようになったのではないだろうか。戦後学歴社会の到来は、このような社会の変化の現れにほかならなかった。

その意味で、目に見える劇的な変化を経験した高度経済成長期よりもむしろ、目に見えにくい、人びとの精神、価値観、生き方における根本的な変化が生じた高度消費社会こそが、現代社会を読み解く鍵を内包しているといえる。板子一枚下にある地獄の口が、よりいっそう大きく深くなっているという不安は、二〇一九年現在、少しも拭い去れてはいないからである。

2 胃袋のゆくえ——経路から容器へ

「家族」と「私」へと閉じていく胃袋

日々、不可欠のものでありながら、食べることが日常生活のなかでは第一に関心を寄せられるものではなくなると、「胃袋」は次第に見えにくいものになっていった。胃袋という言葉自体、日常的にはあまり使われなくなっていくのもこの時期以降なのではないかと思われる。意識する時があるとすれば、それは「空腹」の時ではなく、ストレスによる「胃痛」か、食べすぎ飲みすぎによる「胃もたれ」の時となり、生きている生々しさが感じられる「胃袋」という言葉から、一見無味乾燥な「胃」という言葉が代わりに使われるようになったのも興味深い変化である。

そして近代から高度経済成長期までは確かに社会へとつながる、あるいはつながらざるをえなかった「経路」であった胃袋は、その後に到来した高度消費社会の中で、「家族」と「私」の世界で完結しうる、閉じた「容器」へと変化していくことになる。

高度経済成長期の経済成長とコインの裏表にあった公害問題を解決するために立ち上がった団塊の世代にあたる消費者たちは、少なくとも「私たち」、「社会」、「地域」そして「地球」のための抵抗運動としての異議申し立てをしていた。子どもたちの胃袋を通して、その先にある広い世界を射程に入れていたといってもよい。少なくともこの時までは、胃袋は抵抗の意志を社会へ伝える「経路」であり得たのである。

しかし、図7−1で「食べ残しをもったいない」と思わない割合が増え、食べることよりもレジャーや娯楽に関心が高い世代、つまり一九六〇年代以降に生まれたいわゆる団塊ジュニアを含む世代は、もはや胃袋を社会への経路などとは見ていないのではないかと思われる。「食の安心・安全」を求めるのは、「社会」や「地域」に思いをはせた結果というよりも、あくまでも「私の家族」あるいは「私」が関心の対象であり、それ以上の広がりがないようにみえる。これは、私自身がこの世代に属することもあって、時代の雰囲気として実感していることでもある。

具体的に言えば、「食の安心・安全」を求めるのは、自分や家族の健康やリスク回避のためであり、それは消費者としての権利であり、責任であるという主張がしばしば聞かれるようになった。ここには高度経済成長期の消費者運動が生産者たちへ思いをはせていたような自覚的な共在感は伴っていない。

たとえば、前章に登場した甘夏の購入者にもそのような変化が垣間見える。それはちょうど、母の世代と私の世代との違いである。

生産者グループきばるの甘夏を扱う生活クラブ生協が個々の家族への個別配送を始めたのは一九八九年頃であった。私の母は一九七〇年代に近所の主婦たち五、六人で班を作り、共同で注文、受取りをしていたが、私は二〇〇〇年代に個別配送対応の組合員として加入している。私の場合は学校に勤務しており、家には不在がちなため、母の時代のような班活動が成り立たない状況にあって、個別配送が可能になったからこそ加入することができた。産地での聞き取り調査によれば、個別配送が可能になった後、一九九〇年頃から、品物の「欠品」に対する組合員の考え方が変わってきたという。[*11] 組合設立当時の「産地と共に在る」という考え方を持つ組合員たちは、天候不順などで欠品があることなどを織り込み済みで諒解していた。それも含めて産地を支えるという姿勢であったのだろう。しかし、個別配送が始まってから加入した私の世代の組合員の中には、かつてに比べて、産地との関係への興味は薄れ、「食の安心・安全」により強い関心を示す傾向にあるという。そのため、欠品を含めたクレームの質が変化してきたように感じられるというのである。

この話を聞いたとき、私はこれが甘夏の生産者と消費者の関係に限らず、より普遍的な時代の変化であるのではないかと感じた。つまり、「社会」や「地域」に思いをはせて食べものを購入するという姿勢が後景に退き、「私の家族」あるいは「私」が第一の関心の対象であるという姿勢が前景に現れるという社会へと変化したのではないかということに気がついたのである。[*12]

そして、その一方で、食の安心・安全にはそれほど興味はなく、価格の高低が選択の主たる指標になることもある。いずれにしても、これらの主張や選択行動は、自分や家族の胃袋という「容器」に何を入れるべきかを、個々の生活スタイルと価値観と家計とを照らし合わせた結果であって、社会全体の構造的な問題にまで目を向けようとしてなされたものであることは少ない。

社会を俯瞰的に眺めれば、自分の胃袋は自分で面倒を見るべきだという「自己責任論」の広がりは、「自己」のセイフティーネットは自分自身か、少なくともまず「家族」であるという前提に立っている。そのため、個人と、それをかろうじてつなぐ家族というネットワークがあるとすれば、個人や家族が胃袋に対する責任を持つべきだと考えられるようになった。そうした責任を持つ代わりに、個人や家族は、他人や社会を気にすることなく自由になった「食べる」という行為を、あるいは時に「食べない」という選択を、限りなくその内側に閉じ込んでいくことになったように見えるのである。

そして、いつの間にか、気がついてみれば、私たちは他人が何を食べているのか、あるいは隣の家族がどんな食卓を囲んでいるのかを、まったく知ることもなく、あえて知る必要があるとも考えていない社会を生きるようになっていた。見えにくい水面下での変化ではあるが、じつはこれこそが、これまでに経験したことのない、非常に大きな社会の分岐点であるように私には思われるのである。

なぜなら、個々に閉じていく胃袋は、「共在」から「孤在」[*13]へと、私たちの生き方、そして社会のあり方そのものが大きく転換しようとしている最初の局面にほかならないからである。

自由で不自由な胃袋――個化する家族

その自由ゆえに、あるいは何らかの理由で陥る不自由ゆえに、これまで想像していなかったような食の風景が社会の水面下で日々くり広げられるようにもなった。

一九九〇年代以降、日本の食風景は崩壊を始めたといわれて久しい。[*14]食べるために料理をしたり、食卓を調えたり、それを片づけたりすることを面倒だと思う人が増え、外食や中食を多用する食の外部化が進んだ時代である。このような現象はいったいなぜ生じたのだろうか。これまでもその状況は、「孤食」や「崩食」と取りざたされることはあったが、実態をつかみ、その本質を考えるまでには未だ至っていないように思える。その答えは「家族の崩壊」という社会構造の変化に求められることが多いが、私はそれだけでは十分説明できないと考えている。ここにはもう少し根源的な、文明的な転換が潜んでいるのではないだろうか。

そうしたなかで、岩村暢子が報告する一連の食事調査は、これまでの常識を遥かに凌駕する食をめぐる現実を、膨大な質的データで明らかにした重要な成果といえるだろう。[*15] 同調査は、一九六〇年（昭和三五）以降生まれの「現代主婦」とその母親を対象とした、一九九八年から二〇〇二年までの五年間の「食卓」をめぐる聞き取り調査である。具体的には食事作りや食生活、食卓に関する意識や実態について質問紙法で回答してもらい、次に一日三食一週間分の食卓に載ったものについて使用食材の入手経路やメニュー決定理由、作り方、食べ方、食べた時間などを日記と写真で記録してもらう。そして最後に先の二つの調査を分析・検討したうえで、詳細を聞き取る面接を実施して、データを集めている。読者に衝撃を与えずにはいられなかった調査の結果については岩村の著書に譲り、ここでは本書の議論に関連する部分をピックアップして紹介してみたい。

調査の対象となった一九六〇年以降生まれの現代主婦とは、前述の内容に照らせば、食べ残しをもったいないと思わない割合が増えた世代であり、食べることに「共在感」を伴わなくなった世代ということになる。この世代が家族を持ち、子どもを育てるようになった時、食の風景はどのようなものになったのだろうか。

「食べることに関心ないですから」、「食費はできるだけ削ってディズニーランドへ遊びに行ったり、できればハワイとか海外旅行にもいってみたいですね」。三〇代前半の主婦の八〜九割はそう答えている。「飽食の時代」と言われながら、じつは衣・食・住・遊の中では「食」

の総体的地位が下がり、エンゲル係数という言葉はそれほど意味を持たない時代となったように見える。これは女性に限らず、男性にも見られる傾向であるという。岩村をこの結果を「食」軽視の時代、と表現している。

料理をするには「忙しい」、「時間がない」、「疲れている」という回答も多くを占める。それは必ずしも仕事をしているための絶対的時間不足の結果ではなく、「料理に手間暇かける気分になるような時間はない」というのが実態である。つまり、しばしば指摘される女性の高学歴化、共働き世帯の増加という理由だけではなく、全体として「料理」という行為自体をそれほど魅力的なものとは思っていない世代の空気が漂っているのである。

とはいえ、料理をしていないわけではない。「健康のためにいろいろな栄養を摂るように留意しているから」、「栄養バランスを考えているから」、「なるべく一日三〇品目を目標としているから」という回答とともに、まるで食材を栄養と機能で記号化して捉えたような「飼料配合型メニュー」が頻出するようになることも、この世代の特徴であるという。

そして、岩村は膨大なデータを分析する中で家族が「個化」していることを発見する。先に私は、「胃袋が自分と家族に閉じていく」と表現したが、実態としては、もはや「家族」というまとまり自体もそれほど重要ではなくなっているのである。たとえば、ある家族の休日の昼食は、冷麦、ピザトースト、ちくわ、ハム、オムレツ、ブロッコリー、プチトマト、そして麦茶やミルクなどいろいろな食べもの、飲みもの、そしてケチャップやマヨネーズなどの調味料がテーブルに並べられ、「お好みのものを、お好みの味付けで、お好きなだけどうぞ」というスタイルになっていた。こうなると、献立という概念も意味をなさなくなっている。同じ献立をみんな一緒に食べるような食卓は珍しいものになっているという。また、毎朝家族そろって同じものを食べている家庭は一〇〇世帯中、一世帯のみであった。ほかはすべて、食べているものも、食べている時間もバラバラである。

私が大学で接している学生たちは、食べることをいったいどのように経験し、考えているのだろうか。そう思って、担当している「農村社会学」という講義に参加している五七人の学生たちに「食べる」についてのアンケート調査を実施した。[*16] そのなかで、朝ごはんに何を誰と食べているのかという質問をした。回答者五五人中、家族と暮らしている一二人（二二パーセント）の回答をみてみよう。まず、「誰と食べたのか」について、一人で食べた（八人）、家族と食べた（三人）、食べていない（一人）であった。「食べたもの」について、家族で食べた学生は「ごはん、サバの味噌煮（缶詰め）、味噌汁、緑茶」、「パン、紅茶」、「白米、大根菜のふりかけ、れんこんバーグ、麦茶」であった。一人で食べた学生は「酵素ドリンク、柿」、「米、玉子焼」、「ヨーグルト、水」、「パスタ」、「たきこみごはん」、「チョコレートケーキ、水」、「カレーライス」、「白米、ハンバーグ、みそ汁、つけもの（遅めに起床したため一人で）」という内容であった。そして、食べていない学生は、「母いたけど、放置系なので、おはよー、ってかんじでした」と回答した。[*17]

こうしたパーソナル対応の食卓風景は決して珍しいものではなく、今やどこの家庭にも見られる。クリスマスケーキ、お雑煮なども、家族それぞれが好みを譲り合ってまで同じものを食べたいとは思っていない。こうした状況の中では個々の好みに対応できるインスタント食品が重宝されている。「同じ釜の飯を食う」という言葉も、このような実態に照らせば意味を失いつつあるといえるだろう。

この背景に「個の尊重の加速化」と「家族間の葛藤回避」があるという岩村の解釈をふまえれば、家族はもはや、人と人が共に在るための場所ではなく、人が個として在るための単なる器にすぎないということになる。そしてそれぞれの胃袋もまた、栄養を受け取る単なる器となり、家族の中にありながら、限りなく個に閉じてゆく段階へと進んでいることがわかる。岩村が「家族の個化」と称したのはまさに、この段階を言い当てているのである。

そして、見逃してはならないことは、胃袋はこうした「自由」を謳歌しているように見えながら、自分では食べものにアクセスすることが難しい人びと、とりわけ子どもたちの胃袋は逆に、「不自由」を抱えやすい状況にもなったということである。

本書冒頭で取り上げた、戦後の子どもたちの空腹と甘酒のエピソードは、子どもたちの胃袋が空だということを周辺の大人が知っていて、家族以外の人でも子どもたちの胃袋を気づかっていた証左であった。しかし今日、社会への経路としての役割を失った閉じた器としての胃袋は、たとえ空っぽになろうとも、外からはそれに気づくことができないという、非常に厳しい状況へと陥っているように思える。この場合、胃袋は「個化」から「孤化」へと進んでいくことになるのである。

3 ふつうに食べられない

胃袋とは何か

二〇一七年（平成二九）七月一日、私は文化人類学者の磯野真穂と摂食障害のもと当事者として啓発活動を行う林利香が主催する、身体と食べものを社会とのつながりから考えるセミナー、「からだのシューレ」で講師を務めるために、東京ウィメンズプラザに足を運んだ。この日のテーマ「あなたの『胃袋』誰のもの？——食と社会の二〇〇年」に対して、食に関わる事象に興味がある人、食べることに何らかの悩みを抱えている人、食や医療に関わる仕事をしている人などを中心に、三〇人程の参加者が集まった。

冒頭、私はまず、「胃袋ってなんだろう？」という問いをフロアの参加者に投げかけた。すると、次のような答えが返ってきた。

「普段意識しないもの」、「一番存在感がある臓器」、「彼の胃袋をつかむ、という言葉があるように、つかむもの」、「落ち着かせる道具」、「（腹）時計」、「心と連動するもの」、「気持ちを映す鏡」、「消化酵素、ヘパリン」、「満たす場所」、「恥ずかしい場所」。

いずれも単なる臓器としてではなく、自分が最も意識する臓器、あるいは心や気持ちと連動するものとして捉えている点が興味深い。他人とのつながりを意識した回答はわずかに「彼の胃袋をつかむ」という一回答であった。つまり、多くの参加者はまず、自分自身と関わりのあるものとして、胃袋を意識していることがわかった。

「恥ずかしい場所」と回答した参加者がいたことも注目される。空腹時にお腹がグーと鳴ることは誰もが経験することであるが、この回答にはそれに「恥ずかしい」という気持ちが伴うという意味が込められている。こう感じる人もやはり少なくないのではないだろうか。

胃袋とその持ち主の関係を知りたくて、さらに「胃袋にもし耳があったら何を聞いていますか？」という質問をしてみた。すると、「胃袋には口もあり、持ち主と気が合わない」という回答があった。食べものを欲する胃袋と、食べたくない私、その間に生まれる「葛藤」が想像される。また、別の参加者は「怖い人の言うことを聞く」と答えた。これは職場や学校など社会の意見を気にしてしまい、そのストレスの結果、胃が痛くなる、というエピソードである。そして、「コマーシャル、情報、メディアの声を聞いている」という回答も見逃せない。怖い人の言うことを聞く胃袋、メディアの声を聞く胃袋はいずれも社会とのつながりを意識した回答であるが、どちらかといえば、そのつながりはあまり良いイメージのものとしては語られていなかった。

このように参加者と共に「胃袋とは何か」について話し合ってから、私は胃袋がたどった二〇〇〇年の歴史をもとに、「胃袋は私だけのものではなく、社会や他人とつながる窓であり、社会を変える可能性でもある」という話をした。これに対して事後アンケートには、「初めて聞いた視点」、「今まで考えたことがない視点」、「社会は胃袋の心配をしてくれていると考えると少し心が楽になったように思います」、「胃袋は社会の接点でもある、自分を見つめる場所でもある、沢山の役割や気付きをもたらしてくれる」、「胃袋が全然自分ひとりだけのものではないんだということに気づくことができました」などの意見が寄せられた。

サンプル数は少ないとはいえ、食や食べることに興味がある人が集まったセミナーでさえ、多くの人は胃袋を「個人のもの」と考え、社会へつながるものだとは思いもしなかったという回答が多く寄せられたことは重要な発見であった。つまり、食や食べることに特段の興味を持たない人びとを含めて、より広く社会を見わたせば、今日、多くの人にとって胃袋は、個に閉じたものとしてのみ意識されているのではないかと想像されるのである。

胃袋なんてもっていません——食べている自分との乖離《かいり》

限りなく個に閉じた胃袋は、次に個からさえ乖離する段階へと進む。

養老孟司が近年の若い人の特徴として、「自分」が非常に強い、ということに着目し、その状況を説明している。たとえばラーメンを食べようか、カレーライスを食べようかと悩んでいるのは自分じゃないという感覚があり、「自分」とはもっと高級なもの、遠くにあるものだと思っている節があるという[*18]。

これを胃袋の問題に置きかえて考えると、現実の日常生活を生き、つまり、むしゃむしゃと何かを食べ、それを胃袋に入れている自分というのは、自分のほんの一部である、あるいは自分ではないのだと考えていることになる。だから無意識に、食べている自分と、本当の自分とは乖離していると考える。自由に自分のある部分を切り離すことができるのが近年の若者の一つの特徴であるという。それゆえに、ついに「胃袋なんてもっていません」という感覚が登場するのである。

「私は胃袋なんてもっていません」という顔でいるのは、おそらくこの乖離がさらに大きくなっているからなのだと説明することができる。これは、テレビが登場してからの現象で、世の中で起こっていることに対して、「これはテレビの世界」であると、簡単に自分に言い聞かせることができるようになったことと無関係ではないとも、養老は説明している。

高度消費社会の中で食べることへの関心が下がり、胃袋は家族に、そして個に閉じてゆき、ついに個は胃袋をもっているという感覚を手ばなしてゆく。このような変化の一方で、世の中にはますます食べものが溢れ、食に関する情報や知識が増殖を続けるようにもなった。飽和した食料市場において、消費者の新たな購買意欲を刺激すべく登場したのは、食べものに含まれる「栄養」や「機能性」、「カロリー」という情報と知識であったからである。これらを食べものに付与することで、新しい市場が拓けていったことは、今日の食料品売り場や食品表示、広告などを眺めれば一目瞭然であろう。

先の「農村社会学」でのアンケートに立ち戻って、「食べる」ことによってあなたは何を得ていますか？という質問に対する学生たちの答えを見てみよう。複数回答可としたため、五五人の回答者からのべ一一五の回答を得た。その結果、最も多かったのは「幸福感」（二五回答）であった。次いで「満足感」（一九回答）と「栄養」（一九回答）が並び、その後に「エネルギー・カロリー」（一六回答）が続いている。「元気」（五回答）、「楽しさ」（五回答）、「健康・美容」、「やる気」、「生きる手段」（いずれも三回答）、その一方で「罪悪感」（二回答）というものもあった。これらは主に、自分に関する回答であるのに対し、「コミュニケーション」（三回答）、「人間関係」（二回答）、「団らん」（一回答）のような人との関係性を含めている回答が比較的少ないことに気づく。

また、「幸福感」や「満足感」という精神的な充足を得るということとほぼ同じくらい、「栄養」、「エネルギー・カロリー」が意識されていることが興味深い。彼らはもともと食と農と社会との関係に興味をもって私の講義に出席する傾向にあるため、少なくとも「胃袋なんてもっていません」という顔はしていない。しかし、それでもやはり、栄養やエネルギー・カロリーを摂取するという感覚は同時に持っていることが垣間見える。

このように情報や知識を手に入れて「食品の栄養やカロリーを摂取する」と表現される世界の中では、いったいどのようなことが起こっているのだろうか。そして、学生へのアンケートに含まれる気になる回答、つまり「罪悪感」（二回答）とは、何を意味しているのだろうか。

なぜふつうに食べられないのか

その問いに、文化人類学の視点から綿密な聞き取り調査とフィールドワークで答えたのは前出の磯野真穂である。彼女はその著書『なぜふつうに食べられないのか』の中で、二〇世紀後半、ふつうに食べられない、つまり、いわゆる「拒食」と「過食」という摂食障害の症状に苦しむ若い女性の急増が高度な工業化を果たした国々で報告され始めたことに着目し、その要因を探っていく。[*19]

ライフヒストリーのなかで語られる、家族や学校での緊張関係、周りからの視線、外見を重視する風潮、溢れるファッション情報などとの関係は、これまで述べてきた高度消費社会が生み出した社会状況と共鳴することにまず注目しておきたい。しかし本章と関連するより核心的な議論は、磯野が「自己責任論」と「還元主義」[*20]という二つの視点から、「ふつうに食べられない」状況を考察しているところである。

まず、彼女たちは他者受容を求めて「やせたい」と思う。それは、健康はたゆまぬ自己管理のもとに達成されるという健康に対する自己責任論、自分らしくあることを讃える世界、差別化の欲望を原動力とする消費社会との交錯点に「やせた身体」が現れるからである。つまり、現代社会が理想とする人間像と社会規範が「やせた身体」には刻まれており、それを手に入れることが、他者に受け入れられることにつながると彼女たちは考えているのである。

しかし、なぜそれが「ふつうに食べられない」ことにつながるのか。これまでの研究では複雑に絡み合うその原因を主に二つの問題、すなわち人間関係（特に家族）という心の問題と、生理学的身体の問題へと単純化して説明してきた。しかし、磯野はそれでは重要な点が見落とされてしまうという。つまり、過度な単純化は、食べるという体験の内実そのものが周縁化されてしまうことに繋がると警鐘をならしているのである。[*21]磯野は食べるという体験を次のように説明する。

食は豊かな体験を伴う行為である。食べものを見て、匂いをかぎ、温度を感じ、口の中でふれる。その食べ物についての思い出を楽しみ、同じ食べ物を囲む人々との交流を楽しむ。食は五感と記憶、さらには社会的紐帯すらも取り込んだ体験であるため、食を要素還元的な手法でとらえるには限界があるのである。[*22]

重要なことは、ふつうに食べられない当事者たちも、じつは磯野が説明するような、五感と共に在る「食べる」という体験を持っていないということである。本書のこれまでの議論に照らして言えば、「共在」感覚を持ち合わせて食べものを食べてはいない、ということになる。

彼女たちの語りには、食べる行為を知識や情報に「還元」して説明する傾向があるという。たとえば、カロリーという知識を得てからは、とにかく食べものを「カロリー」として理解し、それをいかに削減できるかということに傾注する女性がいる。そしてすべてをカロリーに還元して考えてしまう行動のなかで、彼女は食べる行為とその意味を失っていくのである。食べものは胃で「吸収される」というメカニズムを理解して、食べるたびに胃の動きに傾注する女性もいる。食べものは胃で吸収される物質としか考えられない場合、そこには食べものを五感で感じて、つまり食べものを通して、何かと、あるいは誰かと共に在る、という感覚が入り込む余地がないのである。

ふつうに食べられないという状況は、ある意味過度な表出であるとしても、それは決して個人の特殊な経験なのではなく、「共在」世界から「孤在」世界への転換のなかに生きる私たちすべてが直面している、社会構造的な問題なのだと言うことができるのではないだろうか。そして、工業化した物質的に豊かな国々で、二〇世紀後半に、こうした事象が広がっていたことを考慮すれば、これは日本の高度消費社会のみに生じた問題ではないということになるのである。

記号を食べる——高度消費社会の胃袋

感覚が言葉や知識や情報に絡めとられ、食べるという身体感覚と共在感覚を忘却していく時代が到来すると、食べることの「多元的意味」は失われ、食べることの意味は限りなく一元化、単純化していくことになる。

食べものは、ひとつの物質として、カロリー、ビタミン、蛋白質、炭水化物、コラーゲン、アミノ酸などという言葉や知識をともなって理解され、認識されるようになる。あるいは他人に「いいね」と言われるためのアイコン、記号と意味づけられることも多くなった。誰もが気軽にデジタル写真を撮影でき、写真やコメントを自由に発信できるようになった情報化社会がそれを後押ししている。本書前半で述べてきた、戦前戦後の食物語《たべものがたり》と比べると、まさに隔世の感がある。

本書冒頭では、食べものをどこで食べるかという問いに対して、「胃袋」で食べる、「舌」で食べる」、「目」で食べる、「頭」で食べる、「人の目」で食べるという比喩を提示した。このうち、「目」で食べる、までは身体感覚を伴う食事といえるが、「頭」で食べるようになってからは、身体感覚を手放して、言葉と記号を食べる行為へと偏重していったとみることができよう。「胃袋」で食べる前に、「心」で食べる（神様と食べる）所作があったことなどは、想像すらできない世の中になってしまった。

こうした世の中では、たとえば第2章で取り上げた、「シベリアのパイナップル」の話は成り立たないことになる。りんごは成分としても、生物学的に見ても「りんご」であって、「パイナップル」ではないからである。しかしそこで語られた食をめぐる物語は、村上がりんごをパイナップルのように「感じられるように」工夫して加工し、食べた兵士もパイナップルだと「感じた」ことが重要な意味をもっていた。それを口に入れた時の冷たさと甘さ、望んだパイナップルを食べることができたという喜び、そして、誰かが自分のためにそれを作ってくれたという共在感、それらが忘れられない美味しさの記憶と満足感となって、生きる希望を兵士は感じることができた。そして、それを料理した村上自身も、こうした経験を戦後を生きぬく糧とした。

そのような世界を今、私たちは無意識のうちに手離そうとしているのである。

終章

胃袋から見た現代

1 ごはん食べた？

ある日、中国から来た留学生に「日本ではあいさつに、ごはん食べた？とは言わないんですね」と聞かれた。中国では「吃飯了吗？（ごはん食べた？）」が「こんにちは」のあいさつになる。「さようなら」は「改天来我家吃飯！（今度、うちにごはんを食べに来てね！）」と言うらしい。中国だけでなく、じつはアジアでは「ごはん食べた？」、「なに食べた？」があいさつになる国が少なくない。[*1]

たとえば今から約一〇〇年前の日本の近代という時代を振り返った時、日々の暮らしと社会のなかで「ごはん食べた？」というささやかな問いかけがもつ意味は、決して小さくなかったことに気づく。

本書冒頭に掲げたアンパンマンに込められていたシンプルな願いは、名もない人びとが他人の胃袋を気づかい、空腹を満たす手助けをする社会の実現であった。

しかし、はたして今日の日本社会の中で、実際に誰かにそう問いかけることはあるだろうか。結論から言えば、そのような場面はほとんど見られなくなっている。さしのべる手がないのではなく、さしのべる必要がないと判断しているのでもなく、「手をさしのべる」という行為そのもの、そしてその意味を忘却しているようにみえるのである。

一部には、そもそも「ごはんを食べる」ということ、それ自体をそれほど切実なこととして捉えていない向きもある。それは一見すると、私たちの社会が十分に「豊か」になった結果なのだということもできるだろう。

しかし、本当にそうなのだろうか。

じつは、もっと別の原因があるのではないだろうか。そう思えてならなかった。「豊かさ」とはいったい何だろう。もしかしたら私たちが手に入れたと思っていたのは、豊かさの「幻影」に過ぎなかったのではないだろうか。食や食べることをめぐって、これまで私たちは何を手に入れ、何を失い、何を忘却してきたのだろうか。これらの問いに対する吟味なくして、「戦後」そして「現代」という時代を理解することはできないのではないかと思うのである。

また、近年は食べることに無関心になっている人びとがいるように見える一方で、それとは逆行するようにテレビ、雑誌、ソーシャル・ネットワーキング・サービス（ＳＮＳ）などには食の情報が溢れてもいる。

夕方、仕事から帰ってテレビをつけると、たいていどのチャンネルに合わせても食べものが映っていて、「美味しい」、「きれい」、「安い」、「満足」といったリポーターの言葉が絶え間なく流れてくる。

ＳＮＳでは無数の人びとが今まさに食べているものの写真を撮り、情報として発信していたりもする。食べることに対して無関心どころか、いまだかつてないスピードで、膨大な食の電子データが日々蓄積されているのも間違いなく現代の特徴といえるだろう。溢れるような食べものの映像を見ながら料理をし、画面の向こうで誰かが何かを食べている姿を見ながら自分も夕ご飯を食べるという状況も珍しいことではなくなった。

このような現代の現象を、いったいどのように説明したらよいのだろう。

長い歴史の中で、私たち人間が生きるということにとって、胃袋はいったいどのような意味と役割を与えられてきたのだろうか。そして、そのありようは、どのように変化しながら現在に至っているのだろうか。そう問い続けながら暮らしの戦後史をたどった先に見えてきた世界を、「胃袋から見た現代」として以下にまとめておきたい。

2　あなたは今日、何と共に在りますか？

共在世界と胃袋

現代とはどのような時代か。

「胃袋の近代」と「胃袋の現代」をつなげ、二〇〇〇年の歴史をふまえてそれに答えるならば、現代とは、「共在」世界から「孤在」世界へと転換しつつある、かつてない重要なターニングポイントであると私は考えている。その過程では、社会へつながる「経路」であった胃袋が、個の閉じた「容器」へと変化し、ついに私たちは胃袋を持っているという感覚さえも手ばなそうとしている。

本来、人がほかの生きものと異なるのは、一人でいるように見える時でも、何かと、そして誰かと「共に在る」ということを感じる能力を持っていることではないかと思う。たとえば次のような場面を思い浮かべてみよう。[*2]

樵《きこり》は山仕事のために一人で山に入った。

彼は空を仰ぎ、天気に感謝し、山の神様の機嫌をうかがいながら先祖が植えた木を切る。山菜の芽吹きに季節を感じ、その命の営みに感謝しながらそれを獲り、切株に腰かけて、家から持参した飯と少しの味噌と漬物だけが入ったワッパを開く。そして軽く火であぶった山菜でその飯を食べる。木立のあいだを吹きぬけてくる風に火照った体を労《いた》わってもらうと、彼は「さぁて、ひとつきばって、またノコギリもとか」と掛け声をかけて、もうひとはたらきするために腰を上げた。

彼は「一人」である。しかし、「孤り」ではない。空と在り、風と在り、山の神と在り、先祖と在り、木と在り、季節と在り、山菜の命と在り、火と在り、丹精込めて育てた米と在り、米を育てた土と水と太陽と在り、手をかけて世話をした味噌と漬物と在るからである。

このように感じられる能力を本書では「共在感」と呼んだ。言葉には集約されない世界を含む、五感にもとづく能力である。私たちは長く、この共在感を携えて生きてきた。たとえば作家の石牟礼道子は食と四季について綴った随筆の中でそれを次のように表現している。

霜柱が消えぬ外気の中でも、芹の根元の水に入れば暖かかった。丸い形の若菜の群落に雪が積む日には、水面《みなも》から陽炎のような蒸気が漂い、子供ごころにもそれは融和感のある眺めだった。大地はその体熱で、たった今まで懐深くこの水を抱いていたのだといの全身に触れて来る、固い清冽な外気があの、早春というものだった。[*3] そういうときひとつ流れにとけ合っている中にこちらも抱きとられている感じだった。たとえて言えば、大地の胎内の暗い暖かいところにいたもの同士が、地表の出口で、うことが、ほとんど生理的に感ぜられた。

くり返しになるが、本書であえてあまり聞きなれない「共在」という言葉を用い、「共存」や「共生」としなかったのは、生きもの以外の世界、生きているこの世以外の世界をも含めたかったからである。また、あえて「生きる」と言わなくとも、少し肩の力を抜いた、自然体の「ただそこに在る」ことを感じるだけで、これほど豊かで満ち足りた気持ちになる状況を再認識したかったからでもある。

この樵や石牟礼のようには感じられなくとも、たとえばひどく疲れた時などに、ふと見上げた空の表情に助けられたり、路傍の花の可憐さに救われたりするのも、共在感といってもよいかもしれない。その片鱗が現代を生きる私たちにも確かに備わっているのである。

共在のあり方はいくつかの段階に整理できる。まず一つは、「生きているこの世」とは異なる時空」との共在である。目には見えない世界であるが、先祖を思ったり、神に感謝したり、この世を支え共鳴するもう一つのこの世を感じたりすることなどがその例である。二つ目は、「自然」との共在である。これには生きているものだけでなく、土、水、風、空なども含まれる。そして三つ目は「人」との共在である。一対一の人関係というのではなく、「村」や「家」といったまとまりのなかに身を置いて生きる暮らしを意味する。「村」や「家」は時代とともに、「地域」や「家族」へと変化したが、人と人が何らかの関係を取り結びながら生きる姿は長く続いてきた共在のあり方といってよいだろう。

胃袋はこの三層の共在世界を言語《リテラシー》的理解だけでなく、身体的理解、つまり五感《オラリティ》で諒解する交差点である。それゆえに、そもそも食べることは、さまざまなものと共に在ると感じる能力を最も直接的に、そして日常的に体現する行為であったといってよい。

「共」と「私」と「公」

この共在世界を一つずつ脱ぎ捨ててたどり着いたのが、現代という時代である。「胃袋の近代」と「胃袋の現代」をふまえ、「食べるを語る」人びとのライフヒストリーの束をもとに、私たちが生きる世界の歴史的変遷を示すと図終-1のようになる。私たちが生きる世界を支えるものとして、ここでは大きく分けて三つの領域を示した。それは、「共」の領域、「私」の領域、その基層にある「公」の領域である。生きる世界を支えるとは、「胃袋の面倒を誰がみるのか」という問いに言いかえることができる。もう少し俯瞰的にみれば、生きるうえでは避けられない「不確実性」と向き合った時に支えてくれるものは何か、という問いにもなろう。

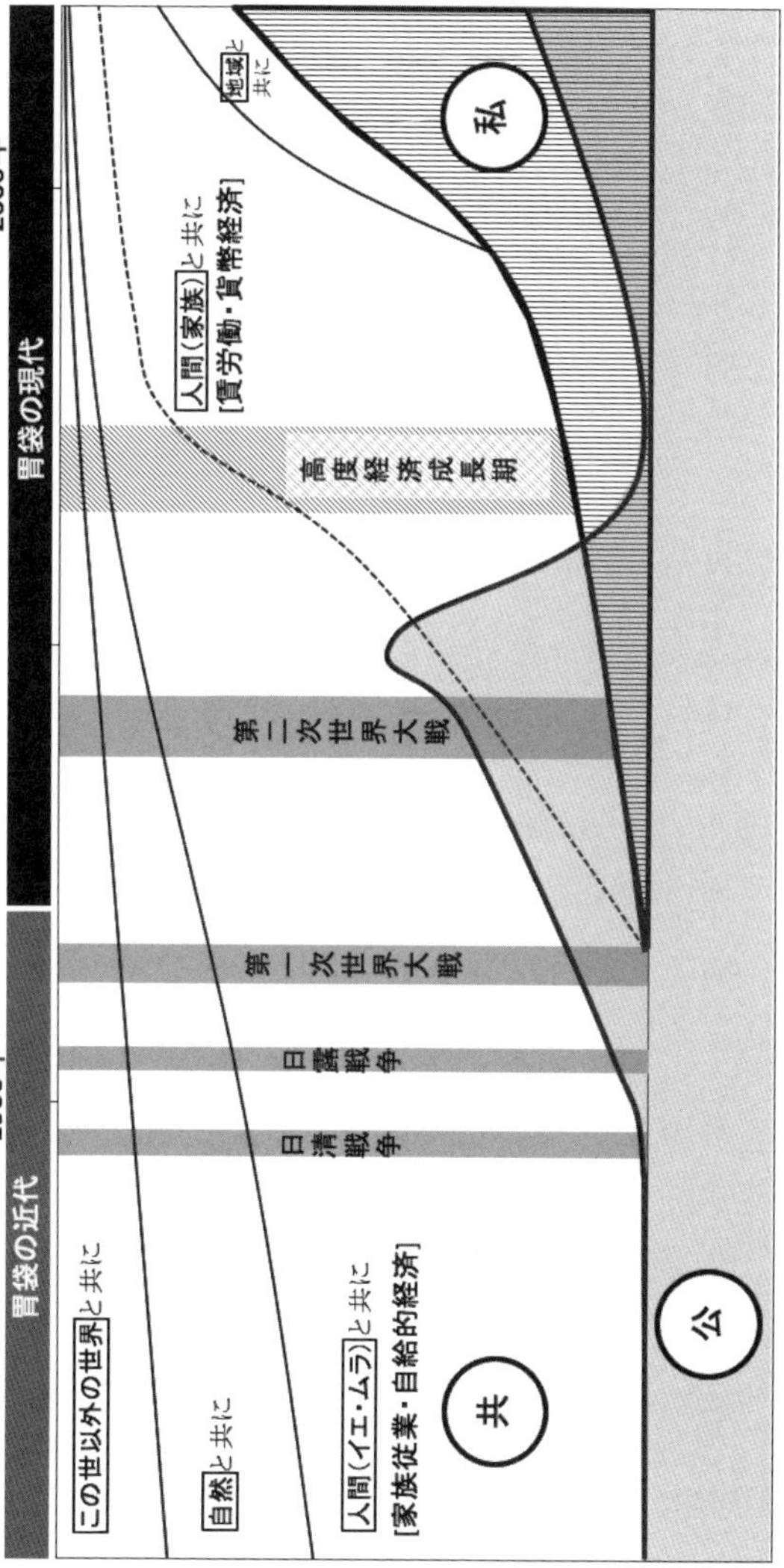

図終-1　生きる世界の歴史的変遷
——筆者作成

まず、三つの層から成る分厚い「共」の領域があり、近代以降、そこに「私」の領域が登場したのち、それは少しずつ拡大していった。二一世紀に入ると「共」に代わって「私」の領域が急激に拡大していく。近代以降の「家族」は「共」の領域にあるが、「私」の領域にも親和性をもつ、ハイブリッドな位置づけにある。そして、いずれの時代も「公」の領域、つまり国の法や制度が「共」と「私」と関係をもってきた。以下、詳しく見ていこう。

「共」に含まれる三つの層のうち、生きているこの世とは異なる時空の層と、自然と人との層はほぼ連動しながら推移した。まず近代の科学技術の導入とともにゆらぎがみられた。第1章で小説『狐』にみた東京小石川の変化と動物に対する人の心性の変化などがその例である。しかし、それはすぐにはなくならず、根本的にそれを脱ぎ捨てるのは高度経済成長期であった。科学や技術が進歩し、全産業に占める第一次産業の割合が急激に低下し、土や水と胃袋があまりにも遠くなった結果として、それらと共に在るという感覚は忘れられていったのである。[*4]

人と人が共に在る層は、二〇世紀まではかなり分厚く残っていた。その内側をみると、さらに二つの層に分けられる。それは農林漁業を中心とした「家族従業」の世界と、雇用労働を中心とした「賃労働」の世界である。これは、顔と顔が見える範囲での「自給的経済」の世界と、顔が見えない「貨幣経済」の世界と言い換えることもできる。貨幣経済の世界が拡大していくことは、資本主義社会の浸透と台頭を意味していた。これは第一次世界大戦後から徐々に拡大し、戦後の本格的な経済成長を準備した。

胃袋の問題に立ち返れば、自給的経済から貨幣経済への移行は、胃袋の自給的基盤を持っている人びとが多い世界から、持っていない人びとが多い世界への移行を意味し、貨幣と食べものを交換するしくみが広く社会に浸透していく状況を生み出していった。[*5] こうした状況のなかで人びとは、食べものはいつでも貨幣と交換して手に入れることができるという自由を手に入れると同時に、貨幣がない場合には食べものを手に入れられないという不自由に陥ることにもなった。それゆえに、近代にはそれを補うべく、人と人とが共に在ることに根ざした「地域社会事業」というゆるやかなセイフティーネットが生まれた。[*6]

三つの層をもつ共在世界に取って代わって、新しく「私」や「個」の概念がはっきりと表れてくるのも近代であった。とはいえこの時にはまだ、多くの人びとは「共」の世界に暮らしていた。人口でみれば、都市の胃袋よりも農村の胃袋のほうが格段に多く、工場労働者の集団食や都市労働者の一膳飯よりも、家庭で調えられる食事のほうが量的には多かったからである。

その後、戦時下では「共」だけでなく「公」の領域が胃袋に関与するようになった。それは統制救済や配給制度、栄養学の導入として表れた。また戦後しばらくは、この体制が強化されることになった。

戦後復興のなかで、発展の到達点として目指された一人一人が自立した「個」が自由を謳《おう》歌《か》する世界は、貨幣があればあらゆるものが手に入る世界であった。それは徐々に拡大し、高度経済成長期には、「共」の世界では顔と顔が見える範囲で営まれてきた衣食住、冠婚葬祭、生きることに関わるさまざまなしくみも、お金を出して買えるようになった。その結果、共同体と結びついた「家」に代わって、個々の核家族が独立した、新しい「家族」が登場した。次々と登場する耐久消費財、大量生産大量消費を可能にする生産流通革命は「個」や「家族」がそれぞれの暮らしを個々に営むことを後押し、人びとは個人であることの伸びやかさを謳歌するようになった。

この時期に一気に共在感を脱ぎ捨てていくことができたのは、「人は何にも頼らず、自己責任にもとづいて一人で生きることができる」という自信を人びとが得たからだろう。実際には一人で生きることには非常な困難が伴うにも関わらず、貨幣、科学技術、言語などによって、お金があれば、少なくとも衣食住を一人で手に入れることができる仕組みが次々と整えられていった。また、顔と顔が見える共同体の中でさまざまな協議をし、責任を持ち合って暮らしを支え合うことも少なくなり、広域化した行政に支払う税金が間接的に人びとの暮らしを支えるようになった。そうした仕組みのなかで、次第に私たちは、一人で生きることができると思い込むことができるようになっていったのである。

その一方で、一九七〇年代には公害問題をきっかけとして、人びとは「共在」世界の喪失に気づき、危機感を募らせるようにもなった。そして、社会への経路であった胃袋を通して、こうした社会の流れに抗う意思を表明したことは特筆される出来事であった。

しかし二〇世紀末になると、「共」の世界を狭小化させるほどに、「私」や「個」の領域が急速に拡大し始めた。本書ではこれを、高度経済成長期を質量ともに凌駕する「高度消費社会」の到来と意味づけた。社会への「経路」であった胃袋は、限りなく個へ閉じ込み、栄養、知識、記号を入れる「容器」へと変貌した。そうした高度消費社会を生きる人びとがふと立ち止まり、「豊かさとは何か」と問い直し始めた一九九〇年代にはすでに、板子一枚下には大きく深い穴が空いており、誰もがそこに落ちないようにと必死で競争する利己的な社会が広がっていたのである。

幾重にも感じられる共在世界で生きる人びとは、たとえ一人であっても、そして貨幣が手に入れられなくても、それは「死」への恐れとは直結してはいなかった。本書で登場した多くの人びとのライフヒストリーがそれを証明している。[*7] しかし今日、一人であることは、ともすると、誰にも頼ることができない不安につながり、貨幣が手に入れられないことは「死」に直結する絶望感を伴うと、少なからぬ人が感じるようになった。

これは共在感を脱ぎ捨て、胃袋を個々へと閉じていった二〇世紀の社会的構造そのものなのではないだろうか。そして今日、「私」の領域は、自由を謳歌してきた「個」から、不自由に苛まれる「孤」の位相へと変わりつつあるように見える。「孤食」が取りざたされるようになるのはこうした社会の反映でもあるのかもしれない。

孤食は一人で食べることを問題視した言葉であるが、じつは私たちは人と食べなくてもよいのである。風と一緒に、空と一緒に、雲と一緒に、猫と一緒にという答えがあってもよい。共に在る、一緒にいると感じることさえできれば、何だっていいのである。孤食が問題なのは、そういう感覚を忘れてしまったがゆえに、自分一人になったとき、途方もない孤独感に苛まれるということなのであろう。

その意味で、胃袋の現代は、近代とは比べものにならないほど、危機的で大きな転換点を迎えているといえるのではないだろうか。

3 胃袋の再発見と価値観の転換

震災と胃袋

しかしその一方で、個化から孤化へと進んでいこうとする胃袋をもつ人びとが行き交う社会や、高度に記号化された食の在り方に歯止めをかけようとする動きが、近年さまざまな分野、立場、人びとから生まれていることにも注目しておきたい。[*8]

私が学生たちと、本書に書いてきたような暮らしの戦後史を議論する目的も、長い歴史をふまえて、「胃袋」を通して「生きること」は何かを考え、「共に在る」世界に「希望」を見いだしたいと考えているからにほかならない。

本当の豊かさとは何か、人が生きるとはどういうことか、格差や貧困にどのように向き合うべきなのか、それらを日常の暮らしから考える意義があるのではないだろうか。こうした私自身がもつ問題意識の背景には、相次ぐ災害や資本主義社会の限界を感じさせるような社会的事件が刻印されている。だから、今からちょうど一〇〇年前に起こった米騒動、その五年後に起こった関東大震災をきっかけにして、空っぽになった胃袋が連帯し、他人の胃袋を気づかう「地域社会事業」としての共同炊事が始まったと知ったとき、現代という時代を考えるうえでも重要な示唆が多く含まれていると直感せずにはいられなかった。物価の絶え間ない変動、自然災害、社会不安は決して過去の出来事ではなく、現代の問題でもあるからである。そのため、私は前著を、現代を照射するための歴史として書いた。

一九九五年（平成七）は一月に阪神大震災、その二か月後にオウム真理教による地下鉄サリン事件が起こっている。一九九七年一一月に山一證券が自主廃業を発表し、日本経済をけん引してきた大企業の倒産に多くの人びとは衝撃を隠せなかった。二〇〇一年九月一一日にアメリカ同時多発テロ事件、二〇〇八年のリーマン・ブラザーズ・ホールディングスの経営破綻を発端とする世界規模の金融危機、そして二〇一一年三月一一日に東日本大震災が起こった。

阪神大震災が起きた年、私はちょうど二〇歳であった。少し早く生まれていればバブル経済を経験する世代になっていたが、私たちの世代はまさにバブル経済崩壊後の就職氷河期世代にあたる。将来を考えようとする時期に、目の前でこれまで信じてきた世界がガラガラと音を立てて崩れていくような実感があった。

そして、資本主義社会のほころび、というだけではなく、相次ぐ大震災によって、高度経済成長期に脱ぎ捨て、忘却してきたはずの自然と共在する世界のままならなさに直面した衝撃は、私一人だけでなく、おそらく当時を生きた多くの人びとが実感したことなのではないかと思う。所与のものだと思っていた食べものも、電力も、日々の暮らしも、何ひとつ自分一人ではままならないものだったのである。

とりわけ記憶にいまだ鮮明な東日本大震災は、物質的な豊かさの中で生きてきた私たちに「食べること」の意味と、「胃袋」の存在をまざまざと実感させることにもなった。食べものがどこから来るのか、食べものを作っている人はどのような人なのか、その人生や苦悩もさまざまなメディアを通じて知る機会が格段に増え、また、そうした情報を入手し、考えようとする人びとも増えたといえる。

世紀転換期を含めた今日に至るまでの約二〇年間を振り返ると、高度経済成長期に定着した価値観や生き方にとらわれずに、信じてきた価値観を一度手ばなし、新しい価値観や生き方を模索する人びとが徐々に増え始めていた。それが一つのゆり戻しとなって、共在世界に対する再評価が始まっているように思えるのである。東日本大震災はその意味で、より多くの人びとに生き方や価値観の転換を迫る出来事にほかならなかった。

地域とは何か。農とは何か。食とは何か。

シンプルだが、深くて難しいこの問いを、自分の足や手や目や耳や舌や鼻で確かめながら考えようとする学生たちが、確実に増えてきたように感じている。各地で頻発する震災、大学がある茨城県内での洪水や竜巻の被害などを目の当たりにして、自然と人間との関係を問い直し、セイフティーネットとしての地域の役割を再認識する機会が多くなったことがその背景のひとつにある。時に被災した故郷を思いながら、あるいは各地の震災復興活動に直接関わる中で、今、学生たちは自分たちの未来を「地域」や「農」そして「食」や「食べること」そのものの中に見いだそうとしているのである。もとをただせば、「食」や「胃袋」を通して社会や歴史を考えてみようと私が心に留めるようになったのも、彼らの姿勢に教えられたからなのである。[*9]

共在感覚を取り戻そうとする試み

ビートルズが〝Across the Universe〟の中で words are flowing out like endless rain into a

paper cupと歌ったのは一九六九年（昭和四四）である。
言葉の雨は、今日さらに強く絶え間なく降り注ぎ、もはや紙コップに入りきらずに溢れ、パソコンからも、携帯電話からも、とめどなく溢れ出すようになった。言葉という便利な記号によって、私たちはより多くの人と、同時に、かつ広範囲に言葉と情報を共有できるようになった。しかし、感覚と言葉について、養老孟司は次のように言う。

頭の中で主観的にどういう感覚が生じているかということは言語にはならない。それはなぜかというと、言語は外部に表出された記号だからです。外部に表出された記号のことを、私たちは表現と呼びます。……こういった表現の非常に大きな特徴は、それは記号ですから、不変性を持っているということです。言語も不変性を持っています。[*10]

五感でとらえる世界は絶えず変化する。それは、自然や人が二度と同じ状態にはならない、変わり続ける存在だからである。その一方で言葉や情報は変化しない。それらは固定し、増殖し、固着する。したがって、たとえば五感や共在感を手ばなすと、移ろいゆく季節の香りや風の表情、水のせせらぎ、先人たちが土に込めてきた丹精、食べものになる前の生きものの命のあたたかさを実感することは少なくなる。そして言葉だけが先鋭化していく社会の中では、自分の五感で確かめた主観的な情報よりも、誰かが発信した電子信号となって届く情報のほうが客観的であると疑わずに、それを信じる人びとが多くなり、先鋭化した言葉が拡散し、増殖していく。

これまで、私たちは感覚を手ばなして言葉を使うようになることを「進歩」と考えてきた。主観的にではなく、客観的に説明する方法を追い求め、一期一会の事ごとよりも、事物の再現可能性の中に、科学的根拠を見いだしてきた。こうした状況は本当に進歩といえるのだろうか。

私が一緒に暮らしている猫たちは、何か食べものらしきものを見つけると、五感を研ぎ澄ませ、それが食べられるものか、食べられないものかを吟味している。そして、食べられるものだと自分で判断するとそれを口に入れる。これは何も猫に限ったことではなく、ほかの動物も、そして私たち人間も、生きるために全身の感覚を使って口に入れるものを選び取ってきた歴史を持っている。世界は多様性に満ちていて、たった一つずつの生命の受け渡しによってのみ、生命はつながってきた。一見同じように見えても、じつはかけがえのない唯一無二の存在によって成り立つ世界なのである。

手と土と見えないものから決別した後、食をめぐる機械化、工業化、合理化、効率化が急速に進んだ。「進歩」を実現した結果、私たちは同じ形と同じ味をした同じ品質の食べ物を同じ言葉で注文し、同じ量を同じ食器と食卓で同じ音楽を聴きながら、同じ壁紙に囲まれて食べるようになった。日本のどこにいても、あるいは世界中を旅しようと、望めば同じ味のコーヒーを飲むことができ、同じ味の食事をすることもできるようになった。どこでも同じ味を食べられるようにするために、あるいは誰が作っても同じ味になるようにするために、統一されたマテリアルとレシピとマニュアルが用意されている。[*11]こうして世界は放っておいても急速に同質になろうとしている。

これがグローバリゼーションという現象の一局面である。

こうした同質的世界を希求するグローバリゼーションの流れのなかで、本来多様であるはずの人間は、ともすると同質であることを求められる。そして、暉峻淑子が警鐘を鳴らしたように、生活も教育も福祉も、経済価値を求める効率社会の歯車に巻き込まれ、競争によって利己的になった人にとって、万人は万人の敵となる社会が広く世界を覆っていこうとしている。こう考えたとき、固有性に満ちていた世界から見れば、今まさに、まったく異形の世界へと移行しようとしているのである。その世界を支える「リテラシー」への偏重と先鋭化は、世界と人びとを本当に「豊かに」してきたのだろうか。同質を求める社会には、じつは排除の論理が内包されているのではないだろうか。

そのことを問い直し、歯止めをかけようとする動きこそが、「オラリティ」の世界、つまり、五感と共在感の世界に対する再評価にほかならない。[*12]オラリティとは「話し言葉」の世界であり、即興性、暗黙の知恵、生活経験、声の文化などが含まれる。いわば世界の固有性と多様性、そして重層性を議論の俎上にのせるための枠組みである。

それに対峙する概念は「リテラシー」、つまり「書き言葉」の世界である。[*13] これまで述べてきた言葉、情報、記号などがそれに含まれ、普遍性と均一性の世界を含意している。世界を理解するには、そして未来を拓くためには、いずれかに偏重することなく、その両方が必要であるという議論が始まりつつある。

4　二一世紀を生きる子どもたちの胃袋

最後に本書を「二一世紀を生きる子どもたちの胃袋」へとつなげたい。

7袋のポテトチップス

私の息子は二〇〇〇年生まれである。つまり二一世紀を生きる子どもたちの世代ということになる。

彼が七歳になった時、学童保育をやめて、鍵を持って自分で留守番をすると言いだした。理由を聞くと、放課後いろいろな友達と遊びたいからだという。学童保育に行っていない子どもたちは誰かの家で遊ぶ約束をし、友達の家を行ったり来たりしていたらしい。学童保育に行くと放課後の自由な時間がないという理由のほかに、私が仕事で留守のため、自分の家を遊び場として提供できなかった息子は、友達の家に行くことに遠慮もあり、放課後に遊びの約束をすることをためらっていたということもわかった。そんな話を聞いて、息子に説得されるかたちで私は彼が学童保育所をやめることを認め、彼らの放課後ライフを応援することになった。

そうした生活が始まってみると、予想していた大変さよりもむしろ、驚きと面白さと発見の数々が私を楽しませるようになった。放課後の小学生たちの「生態」が実に興味深かったからである。家で仕事をするときなどは、彼らの会話に耳を澄ませながら、彼らの行動を目の端で追いながら観察することが私の一つの楽しみにもなるほど、とにかく面白かった。そして、考えさせられることも多くあった。

なかでも一番印象深く、忘れられないのは、彼らの放課後ライフが我が家のリビングで初めてくり広げられた初日の出来事である。七人の少年が集まり、彼らはそれぞれ一袋のポテトチップスを持ってきた。放課後に友達の家に遊びに行くときには一人一つのお菓子を持っていくという暗黙のルールがあるということを私はじきに知ることになるのだが、この日は七袋のポテトチップスが集まったことにまず驚いた。そしてさらに驚いたことには、彼らは一人ひとりが自分で持ってきたポテトチップスの袋を開けると、誰かと分けることなく自分の袋の中からそれぞれがそれぞれのポテトチップスを食べ続けたのである。

この光景を何と説明したらよいのだろう。彼らがポテトチップスを食べる音を聞きながら、まだ小さなその背中を見つめながら、しばし私は考えこんでしまった。

そして、我が家に彼らが集まるという次のチャンスが巡ってきた時、私は彼らの目の前でお菓子を焼いてみることにした。リビングとキッチンが一つながりになっているという間取りのせいもあって、クッキーの焼ける香りは彼らの鼻に届き、リビングは即座にざわざわと落ち着かない雰囲気に満たされた。ねらい通りである。

ある少年は「何つくってるの？」と興味津々といった面持ちでキッチンに飛んできた。またある少年はこの香ばしい香りはいったい何によるものなのかを思案しつつ、こちらをちらちらと見ていた。結果的にこの試みは大成功で、子供たちは焼けたそばから争ってクッキーを食べ始めた。「分け合う」というよりも、むしろ「取り合う」という状況ではあったが、なんとなく楽しそうに、ふざけながら、クッキーをめぐるやり取りが彼らの遊びの一部に、ごく自然に入り込んだという感じだった。

しかし、一人の少年だけがなぜかクッキーを食べようとしない。「どうしたの」と私が尋ねると、彼は「人の家でつくってもらった食べものを食べてはいけない」と言われていると返事をした。私はその時の彼の表情をよく覚えている。確固たる決意をもって真面目に答えているようでもあったが、少し寂しそうでもあった。だから私は「秘密にして食べてみれば」と声をかけたが、彼は「それはできない」と首をふった。

当時、私は彼が遠慮しているだけなのだと単純に考えていた。だから、「遠慮しなくていいよ」という意味で彼にクッキーをすすめた。しかし、今になって考えてみると、もう一つの可能性が思い浮かぶ。それは「他人がつくったものは危険だから」という考え方である。まさか、そんな、と思う一方で、食べものの「個包装化」が進む昨今の状況を考えてみると、その可能性はぬぐいきれない。

そのように考えたのは、最近は人の手で握ったおにぎりが食べられない、という人が増えているらしいと知ったからである。「手づくりのクッキーはみんなが喜ぶはず」と考えていた私にとって、それは思いもしない発想だった。

ちなみに学生たちのアンケートで「人の手で握ったおにぎりと、コンビニエンスストアで買うおにぎりとどちらが好きか」と質問したところ、五五人中、二九人（五三パーセント）が「人の手で握ったおにぎりが好き」と答え、二三人（四二パーセント）が「コンビニエンスストアで買うおにぎりが好き」と答えた。「温かいものであれば手で握ったおにぎり、冷たいものであればコンビニエンスストア」という回答もあった。

人の手よりもコンビニエンスストアのおにぎりを選ぶ学生の割合は、私の予想よりもはるかに高かったが、学生たちは妥当だと感じたらしい。そして、コンビニエンスストアのおにぎりを好む学生たちは「人の手で作ったおにぎりを食べる機会がそもそもない」、「清潔な感じがする」、「自分と自分の親がにぎった以外のおにぎりに抵抗がある」、「（コンビニエンスストアの方が）信頼できるから」と答えている。

結局、首を振ってクッキーを食べようとしなかったその少年は、次の時には手を伸ばすようになった。その時の彼の表情もやはり忘れられない。はにかんだような、泣きたいような、そんな笑顔で私を見たからである。

その後、彼らは中学生になり、声変わりをする頃までよく我が家に来ては、私がつくった何かを食べ、時には一緒に料理をしたが、なかでも彼は、「おいしい」「すごい」「うまい」「さすが」という素直な言葉で、食べる喜びを私に伝えてくれるようになった。六年生くらいになったころ、一度だけ「今までここで食べたなかで、何が一番おいしかった？」と聞いたことがある。彼は「やっぱりワッフル。焼き立てってていうの、初めて食べたんだ」と答えた。少し大人になりかけの表情を消して見せた満面の笑顔が忘れられない。

この経験を今振り返ってみると、七袋のポテトチップスは個に閉じた胃袋の象徴だったのだと思う。そしてあの日の私は、「他人」に対しては完全に閉じている彼らの胃袋がいつか開くことを願って、クッキーを焼かずにはいられなかった。

そしてじつは、この出来事こそが、私にとっては本書を書く原点となったのである。

子ども食堂という共在空間

人が人らしく生きていくために必要なものはいったい何だろう。

言葉が溢れ、人工知能が登場する時代のなかで、人には何が残っていくのだろう。生きている実感と本当の豊かさはどのようにしたら手に入れることができるのだろう。人びとが「豊かさとは何か」と問うたのは二〇世紀末であった。そして、二一世紀に踏み出した今日、私たちは「人が人らしく生きるとはどういうことか」と問い始めている。それは、「格差」と「貧困」、そして「孤独」が、世界的な社会問題として浮上してきた時代の足音とも歩調を合わせて登場した問いである。

国立社会保障・人口問題研究所の推計によれば、二〇四〇年には単身世帯が全世帯の約四〇パーセントに達するという。[*14] 未婚化が進む影響で、六五歳以上の高齢者が増えることがその主な要因である。厚生省が発表したデータによれば、子どもの貧困率は二〇一五年（平成二七）の段階で一三・九パーセント、七人に一人の割合に達した。[*15] そのうち、ひとり親世帯の子どもの貧困率が五〇・八パーセントと非常に高くなっている。これはつまり、現代においては本人が望むと望まないとにかかわらず、「個」や「私」の領域に生きることになり、場合によっては「孤」の領域へと陥りやすい人びとの割合がこれまで以上に高くなることを示唆している。

これまでも「公」の領域がそのセイフティーネットになってきた部分があるが、「個」あるいは「孤」の領域があまりにも膨大になれば、それは立ちゆかなくなる。そして、これまでの利己的な競争社会では、こうした人びとの胃袋を気にかけることなく、いわば「排除型」社会が展開してゆくことになる。近年、こうした危機的な状況に気づいた人びとによる「包摂型」社会の再構築を目指したさまざまな取り組みが見られるようになった。

ここ数年のうちに全国各地に次々と誕生している「子ども食堂」の実践はその一つといってよいだろう。[*16] 奇《く》しくもそれは、一〇〇年前に試みられた「地域社会事業」の実践と共鳴するところがある。[*17] 子ども食堂同士が連携し合い、地域ネットワーク、そして全国ネットワークも誕生した。私自身もその活動に関わって二年程になる。この間、なぜ、これほどまでに子ども食堂が増え続け、全国的な広がりを見せているのかと考え続けてきた。本書を書く動機は、その答えを見つけることにもあった。

たどりついた答えは、子ども食堂は「共在空間」という試みなのではないだろうか、ということである。

子ども食堂はさまざまな方法、目的にもとづいているため多様である。しかし、共通しているのは、何らかの理由で「生きづらさ」や「孤独」を感じている子どもたちに、温かい食事や居場所を用意することで、胃袋の満足とともに、何かと、そして誰かと共に在ることの豊かさを手渡しているのではないかと思うのである。

まさに、やなせたかしがアンパンマンに託した願いのように、「一緒にいるよ」というメッセージを、胃袋を通して伝えること。

それは、外からは誰も見ることができない個に閉じた胃袋を、単なる容器としてではなく、他者や社会へと通じる経路としてつなぎ直す試みと言ってもよいかもしれない。それが可能なのは、食べる場が、孤在世界から共在世界へと通じる最も日常的で親しみやすい空間であるからなのである。

「食堂」という共在空間を通して、二一世紀を生きる子どもたちの胃袋に関わろうとする意志の大きなうねりは、その意味で、「人が人らしく生きていくとはどういうことか」と大人たち自身が問い直し始めている証左でもある。したがって、これは子どもの世界に限ったことではなく、すべての人びとを含めた社会全体にとっての一つの可能性であり、希望であるのだと、私は思っている。

本書の序章で取り上げた、新宿のめし屋は土埃の道がアスファルトにおおわれた一〇〇年後の今日も、変わることなく人びとの胃袋を満たし続けている。そして、その一方で、静岡県のある一膳飯屋は、フードバンクに変わっていた。一〇〇年の間に、想像もしなかったような社会の大きな変化をくぐり抜けてたどりついた現代という時代に、変わることなく食事を提供し続けていること、そして一膳飯屋がフードバンクに変わっていたこともまた、人が人らしく生きていくための実践、そして可能性といえるのではないだろうか。

食を通して他人の胃袋に語りかける行為は、忘れられ、失われつつある共在感をとりもどし、生きる世界の多元性を再認識することにつながる。あるいは共在感を失い、「私」や「個」に閉じていく孤在感の中にいる人にとっては、共に在る世界の意味を、胃袋を通して再び思い出すきっかけになるだろう。

「ただ共に在る」

この、もっともシンプルなメッセージから始まることがきっとあるのだと信じたい。それは「飽食」から「崩食」へと移り変わってきた胃袋をとりまく世界を、何かと、そして誰かとめぐり逢う、「逢食《ほうしょく》」へと転換させる、ささやかではあるが、確かな試みにほかならないのだから。

あとがき

何かが根本的に変わった気がするんです。何か大切なものが。

私は土に対する考え方にそれがはっきりと表れているように感じています。


山形で約六〇年間、米を作り続けているSは水田や畑を案内してくれた後に、静かにそうつぶやいた。

「あなたに私の食の履歴を話したい」と真っ先に声をかけてくれたSを、稲刈りが終わった山形に訪ね、その人生に耳を傾けるうちに、私は近代から現代へと至るこの一〇〇年の間に、私たちが生きる世界そのものが大きく転換しつつあるのだと確信せずにはいられなかった。

山形から帰った後、Sから「食の私史」という文章が届いた。長文になるが、以下全文を記しておきたい。

食の私史

私は昭和一七年生まれで七六歳になるが、これまで一度たりとも一日三度のコメのメシを欠かしたことがない。農家の子として生まれ育ち農家で生きてきたおかげである。両親は私たち兄弟に食べさせたいからであったろう、家の周りにさまざまな果樹を植えて季節ごとの果物が食べられるようにしていた。サクランボ、リンゴ、梨、柿、スモモ、アンズ、畑には西瓜にまくわ瓜、さつま芋があった。多種多様な野菜を季節ごとに潤沢に食べた。

祖母は鶏を飼って卵は自給、祖父は羊毛を採るためか羊を一頭育てていた。魚・肉は買った。それも魚のこけ取り、三枚おろしなどは主婦の仕事。店で買ってそのまま食卓に上がるのではなかった。肉はまれにしか食べなかった。作物が育たない冬は、秋野菜を塩漬けにしておいてそれを食べながら冬を凌いだ。

「農家たるもの、食べるものは自分で育てる、作らない物は食べない」の主義だった。現金支出を減らして家計を維持していかなければならなった財布事情もあったろう。昭和四〇年代までは、あらましこんな状況だった。

あの頃を思えば今の食生活はまさに王侯貴族の食卓である。農家であっても購入食材が多く、季節外れの食べ物、海外からの輸入物も平気で食卓に上がって来る。それに国内産の農産物の品質が格段に向上した。特に果物の見てくれのすばらしさと味の良さはどうだ。子供の頃に腹をすかしてうまいと思って食べた虫食いだらけの果物は、今だったらとても食べられる代物ではない。

現金収入が増えて農家でさえも食の自給を放棄したのだから、国全体も「経済大国」になって自給放棄するのは当たり前。世界中から日本民族の胃袋を満たすべく食材を買い漁ってくる。そのために海外産地の人々が飢えようとも意に介しない。

二〇年前、JAが組織一丸となってコメ消費拡大運動を展開したことがあった。その結果は消費の減退の速度をいくぶん緩和したかな、という程度で終息した。私はその時に思った。「他人様の食べ物までは干渉できない」と。

日本の農地は今、加速度的に山林原野に先祖帰りしている。山林と共に動物たちも山から里に降りてくる。山林と獣はかって人間どもに奪われた失地回復をしているのだ。国内の農地が減り海外から輸入できる経済力を失った時、日本は食べものを求めてまた無謀な戦争を始めるのではないか、と危惧している。

食べ物は国内、国外を問わず平和の礎であることを忘れてはいけない。

(『農政と共済』二〇一八年一一月一三日、一二頁)

私たちは常に変化のさなかにあるが、とりわけ一九九〇年代以降の変化は、Sが実感しているように、まったく「異形」の世界へと移りつつあるといってもよいほど、「根本的な」

ものであるように思われる。それはいったい何なのか。どのように説明しうるのか。これが本書を貫く問いとなっている。この問いに答えうる暮らしの戦後史と現代史を、やはり今回も「胃袋」から描きたいと思った。

それは、「現代」を生きる若い学生たちを含めて、できるだけ多くの人と、身近な出来事を通して「他人ごと」ではなく「自分ごと」の歴史をめぐる話をしてみたいという意図にもとづいている。戦後の食について論じた本は決して少なくはないが、自分のこととして、あるいは自分の家族や身近にいた誰かを思い出しながら読むことができる本はあまり多くはない。客観的に過ぎてどこかよそよそしく、「食」という、暮らしに最も根差した話題でさえも、なぜか「近くて遠い」戦後史をまとっているという印象がぬぐえなかった。

また、これまで講義などで戦後の食と農の歴史を学生たちに話すとき、自分自身が経験していない時代については、実感がこもった説明ができていなかったという反省もある。食と農の戦後史を、ステレオタイプの一般論としてかなり駆け足で説明して終わる、というのが実際のところであった。そのため、一度じっくりと腰をすえて、私なりに実感をともなった理解に至るように、暮らしの戦後史と向き合わなければならないと思っていた。

それはまさに、「自分のなかに歴史をよむ」(阿部謹也『自分のなかに歴史をよむ』ちくま文庫、二〇〇七年)という作業のくり返しであり、苦しい自問自答の連続でもあった。一方、あらためて父や母にその人生を聞き、祖父母の思い出を記録し直すことで、家族の思いがけない物語に出会い、今まで知らなかった祖父母や父母に出会い直すことができたのは、研究者である以前に、現代を生きる一人としての得難い経験となった。結果的に、祖父母世代、父母世代、私の世代、そして七袋のポテトチップスというエピソードの主役である息子たちの世代に至る四世代の胃袋と食物語から、戦後史を見つめることになった。私事のエピソードを織り込むことに若干の躊躇はあったが、私自身が「自分のなかに歴史をよむ」ためには不可欠なプロセスであったので、ご了承いただければと思う。

本書では、学術的な史料だけでなく、童話、小説、ノンフィクション、詩、絵画、音楽などもを含め、私自身が関心を寄せてきた事ごとを組み合わせ、さまざまなかたちで残された数々のエピソードを織り込んだ裂織《さきおり》のようなコラージュ作品になっている。雑多にみえるが「食」や「胃袋」、そして「生きること」を経糸《たていと》にした、やや風変わりな読書案内ともいえるかもしれない。それでも不思議なことに、本書に登場する人びとは『胃袋の近代』と同様、どこかで関係し、あるいはどこかで出会って、ある時は共鳴し、またある時は対立し合いながら、戦後から始まる「現代」という時代をつくってきた群像劇を見せてくれたように思う。有名無名問わず、多くの人びとの「食の履歴書」の束が緯糸《よこいと》となって本書に厚みを持たせてくれている。

共通しているのは一九五〇年代以前に生まれた人びとが直接的に、あるいは間接的に「空腹と飢餓の記憶」を持っているということであろう。それに比べて、私自身が含まれる世代、ちょうど今、四〇代、五〇代を生きる世代以降は「空腹と飢餓の記憶」を持たず、その経験は、それ以前と比べると想像していた以上に大きな変化を経ていることに驚かざるをえなかった。この無自覚の変化に自覚的になったことで見えてきたことも多い。

本書に記したそれぞれの「食べるを語る」食物語《たべものがたり》は、何かを代表する典型事例ではないかもしれない。経済合理性にはそぐわない話も多かったかもしれない。しかし、この唯一無二の固有性こそ、そして、リテラシーに収まりきらないオラリティの世界を含みこむことこそが、人が人たるゆえんを描くことなのだと思う私にとっては、どうしても記録しておきたい物語であったのである。

歴史学でも地理学でも社会学でもない、しかし、そのいずれでもあるような記述ゆえに、どこをとっても中途半端にみえる論述になっているのは私の筆の力不足というほかないのであるが、読み進めていくと、読者の皆さんが、なぜか自分自身の「食の履歴書」を誰かに話したくなってしまう、という展開になっているとしたら、筆者としては望外の喜びである。

誰もが持っている一人ひとりの「食物語《たべものがたり》」を見せ合いながら、自分と自分以外の人びとの胃袋がたどってきた歴史に耳を傾け、「戦後」そして「現代」という時代を今いちど、「五感」を通して捉え直す時期に来ているのだと思う。食べることを通して、何かと、あるいは誰かと共に在ることを感じるだけでいい。それは大きな文明的転換に抗うための、ささやかな、しかし大切な一歩になるはずである。

それゆえに、大胆にも胃袋の二〇〇〇年を素描し、戦後史という、長いだけでなく、かくも複雑な激動の時代を描かなければと取り組んだのであるが、正直なところ私には荷が勝ちすぎる非常に難しい仕事であったことは間違いない。読んでいて、物足りない部分、深まりがない部分を感じられた読者の皆さまには、ぜひご自身の「食の履歴書」を書き記し、「食べるを語る」ことで、それを後世に伝えていただければと切に願っている。あるいはそれこそが、本書のささやかな役割なのだと、書き終えた今、実感している。

資料の引用について、株式会社サンリオ、農山漁村文化協会、農文協プロダクション、暮しの手帖社、読売新聞社、青森県立郷土館、田林明さんと井口梓さんからのご理解とご協力をいただいた。山形に暮らす佐藤章夫さん、新宿の長野屋の皆様、静岡浅間通り商店街の皆様、街生産者グループきばるの皆様には、貴重なお話をうかがうことができた。

食と現代社会を考える際には、磯野真穂さんを中心とした食の研究会のメンバー（岩佐光宏さん、比嘉理麻さん、宮野真生子さん）、食と農の歴史研究会のメンバーとの議論から多くの示唆を受けた。また、子ども食堂を運営する仲間からは、一緒に野菜を刻んでいる場で前著『胃袋の近代』についてたくさんの感想が寄せられ、「現代編を書くなら、やっぱりアンパンマンから始めなくちゃ」、という思いがけないアイディアをいただいた。

そして、前著に書評を寄せてくれたご縁で議論を共有してくださった松原隆一郎さんには「公」でも「私」でもない「共」の世界の重要性を指摘していただいた。松原さんのご提案で大阪市西成区にある大阪自彊館を再訪し、一〇〇年間続く食堂で実際に食事をした。三六五日、朝昼晩、欠かすことなく調えられるお盆の上の小鉢と温かいご飯とおかず、そしてその味わいは、同館が一〇〇年間、決して手離さなかった覚悟と意志、そのものであるように感じられた。「胃袋の近代」から「胃袋の現代」へと引き継がれたその覚悟と意志は、共在世界を取り戻す一つの鍵なのだと信じたい。

本書が生まれるきっかけをつくってくださった晶文社の江坂祐輔さんには、ひとかたならぬお世話になりました。ささやかな私の仕事を見つけてくださっただけでなく、日常と学問がくっきりと分かれていない、その「あわい」に立って考えることの意味、そして歴史を描くうえで自分自身に向き合う大切さにも気づかせてくれました。

最後に、「食べるを語ってくれた」皆さま、胃袋と暮らしの戦後史という、いくつもの分岐点がある複雑な旅路を共に歩いてくれた学生たち、そして議論を共有してくれたすべての人に、心を込めてお礼申し上げます。

二〇一九年一月　7袋のポテトチップスとあの日の小さな背中に思いを寄せて

湯澤規子

注一覧

序章

＊1 湯澤規子『胃袋の近代――食と人びとの日常史』名古屋大学出版会、二〇一八年、二六八頁。

＊2 ＰＨＰ研究所編『やなせたかし　明日をひらく言葉』ＰＨＰ文庫、二〇一二年、三頁。

＊3 やなせたかし『アンパンマンの遺書』岩波現代文庫、二〇一三年、iv頁。

＊4 やなせたかし『わたしが正義について語るなら』ポプラ新書、二〇一三年、九二～九三頁。

＊5 古代～現代までの長期的視野で食生活を論じたものとして江原絢子・石川尚子・東四柳祥子『日本食物史』吉川弘文館、二〇一〇年、渡辺実『日本食生活史』吉川弘文館、二〇〇七年、瀬川清子『食生活の歴史』講談社学術文庫、二〇〇一年（初版は一九六八年）、近代から現代（一九七〇年代）までの論考としては、加藤英俊『食生活世相史』柴田書店、一九七七年などが参考になる。

＊6 一般社団法人日本植物油協会ホームページ「植物油サロン」第七回「料理記者として半世紀。『おいしゅうございます』の感謝の心を忘れずに。」（www.oil.or.jp/topJiji/bn7.html 二〇一八年九月二六日アクセス）。

＊7 正岡子規『獺祭書屋俳話　増補三版（日本叢書）』弘文館、一九〇二年、一九三頁。同書によれば、この歌を含む「高尾紀行」は一八九二年（明治二五）に書かれた。

＊8 新宿長野屋での聞き取り調査による。『胃袋の近代――食と人びとの日常史』で引用した林芙美子の小説『放浪記』に登場するめし屋も「青梅街道入口」であった。

第1章

＊1 土屋又三郎著、清水隆久解説『農業図絵　日本農書全集二六巻』農山漁村文化協会、一五一頁。
＊2 神崎宣武「『神人共食』の伝統」『ｖｅｓｔａ』一〇〇、味の素食の文化センター、二〇一五年、四一頁。
＊3 亀井千歩子『日本の菓子――祈りと感謝と厄除けと』東書選書、一九九六年、一四一頁。
＊4 前掲3、一二六頁。
＊5 湯澤規子『胃袋の近代――食と人びとの日常史』名古屋大学出版会、二〇一八年、二六九～二七一頁。
＊6 菊池勇夫『飢饉の社会史』校倉書房、二〇〇〇年（初版は一九九四年）は、近世の飢饉を生々しく描くと同時に、飢饉に対する藩の施行、村の制裁、領主の餓死供養などにも言及し、飢饉を社会の問題として論じている。
＊7 浜谷正人「近代日本農村の地域的変容――東北地方の郷蔵制を中心として」『人文地理』二八（五）、一九七六年、一～三一頁。
＊8 上杉鷹山・中条至資・莅戸太華・上杉治憲・莅戸善政『かてもの』一八〇二年。同書は一九一四年に米沢図書館によって復刊された。なお、原本は米沢市立図書館に所蔵されている。
＊9 高垣順子「かてもの」『調理科学』六（三）、一九七三年、一八五～一九〇頁。
＊10 北原糸子『都市と貧困の社会史――江戸から東京へ』吉川弘文館、一九九五年。
＊11 平野哲也「関東主穀生産地帯における米の生産・流通と消費の諸相」渡辺尚志編『生産・流通・消費の近世史』勉誠出版、二〇一六年、四三～八一頁では、そのような社会変化を示唆している。
＊12 前田愛「廃園の精霊」『都市空間のなかの文学』ちくま学芸文庫、二〇一一年、（初版は一九九二年）一五五～一七三頁。永井荷風『狐』は『荷風全集　第六巻』岩波書店、一九九二年に収められ

ている。

*13 ただし、近年、地主層については家計簿などを用いた分析によってその消費行動を含めた暮らしの実態が明らかにされつつある。中西聡・二谷智子『近代日本の消費と生活世界』吉川弘文館、二〇一八年。

*14 長塚節『土』新潮文庫、一九五〇年、五〜六頁。

*15 前掲14、八〜一〇頁。

*16 前掲14、一七〜一八頁。

*17 前掲14、二〇〜二二頁。

*18 農務局『農務統計表　第二次』一八八一年。

*19 農商務省勧農局「人民常食種類調査」『第二次の農務報告』一八八一年、(豊川裕之・金子俊『日本近代の食事調査資料――日本の食文化　第一巻　明治篇』全国食糧振興会、一九八八年、二〇頁)。

*20 田中昌美「食事調査資料にみる近代前期における農村の日常食の変容――畑作野菜の摂取を中心として」『愛知新城大谷短期大学紀要』(四)二〇〇三年、一六三〜一七八頁。

*21 農商務省勧農局稲葉良太郎「本邦農夫ノ栄養ニ就テ」『東京医学会雑誌』第二一巻、一九〇七年、(豊川裕之・金子俊『日本近代の食事調査資料――日本の食文化　第一巻　明治篇』全国食糧振興会、一九八八年、一三三頁)。

*22 『日本農業発達史七』中央公論社、一九五五年所収。

*23 上原里美「明治期における都市と農村の食物消費量：『食事調査史料』の分析を通じて」『日本地域政策研究』二〇一四年、六七〜七八頁。

＊24 湯沢雍彦『大正期の家庭生活』クレス出版、二〇〇八年、一二三頁。原資料は清水勝嘉編・解説『農村保健衛生実地調査』不二出版、一九九〇年、一七三～二一八、二五二、六二七～六二八頁

＊25 柳田國男『柳田國男全集』二六、ちくま文庫、一九九七年（文庫版初版は一九九〇年）、八五～八六頁。なお、『明治大正史世相篇』は一九三一年一月に『明治大正史』第四巻として朝日新聞社より刊行された。

＊26 江原絢子『家庭料理の近代』吉川弘文館、二〇一二年、八頁。

＊27 日本風俗史学会編『近代日本風俗史　第五巻　食事と食品』雄山閣出版株式会社、一九六八年、二〇〇～二〇一頁。

＊28 表真美『食卓と家族――家族団らんの歴史的変遷』世界思想社、二〇一〇年、二頁。

＊29 井上忠司「食卓生活史の聞き取り調査」石毛直道・井上忠司編『国立民族学博物館研究報告別冊一六現代日本における家庭と食卓――銘々膳からチャブ台へ』一九九一年、六九頁。

＊30 前掲28、一〇三頁。

＊31 上野千鶴子『家父長制と資本制――マルクス主義フェミニズムの地平』岩波書店、一九九〇年。

＊32 小泉和子『女中がいた昭和』河出書房新社、二〇一二年、一四頁。

＊33 前掲32、二四頁。

＊34 読売新聞生活部編『読売新聞家庭面の１００年レシピ』文藝春秋、二〇一五年、二頁。

＊35 原島広至『彩色絵はがき・古地図から眺める東京今昔散歩』中経の文庫、二〇〇八年、一一五頁。

＊36 今和次郎・吉田謙吉編『考現学採集（モデルノロヂオ）』学陽書房、一九八六年、一七五～一七八頁。

＊37 前掲5、一一六頁。

＊38 『人口食糧問題調査会要覧』一九三一年。
＊39 小山昌宏「一九二〇（大正九）年から一九三〇（昭和五）年の大衆社会状況――昭和初期の都市大衆と農村民衆の生活水準について」『留学生日本語教育センター論集』三四、二〇〇八年、一〇五～一二一頁。
＊40 前掲27、三頁。
＊41 千葉県農会・山崎時治郎編『家庭と軍需　漬物の研究』千葉県農会、一九三八年。
＊42 中央食糧協力会編著『本邦郷土食の研究』東洋書館、一九四四年。
＊43 前掲42、一～二頁。
＊44 前掲42、一五頁。
＊45 藤原彰『餓死した英霊たち』ちくま学芸文庫、二〇一八年（初版は二〇〇一年に青木書店より刊行）。
＊46 長尾五一『戦争と栄養』西田書店、一九九四年、一八頁。
＊47 前掲46、二一七頁。
＊48 前掲46、八一～八三頁。
＊49 前掲46、八頁。
＊50 前掲46、二〇頁。
＊51 このような視点の好著として、阿古真理『うちのご飯の60年　祖母・母・娘の食卓』筑摩書房、二〇〇九年、がある。
＊52 太平洋戦争下の女子の勤労動員組織。戦時下勤労動員少女の会編『記録――少女たちの勤労動員：女子学徒・挺身隊勤労動員の実態』ＢＯＣ出版部、一九九七年などが参考になる。

第2章

*1 向田邦子『父の詫び状』文春文庫、一九八七年、八三〜九三頁(初版は一九七八年刊行)。
*2 暮しの手帖編集部『暮しの手帖 第1世紀九六号 特集 戦争中の暮しの記録』暮しの手帖社、一九六八年、二五〇頁。
*3 前掲2、一〇四〜一〇五頁。
*4 暮しの手帖編集部『戦争中の暮しの記録』暮しの手帖社、一九六九年、、二六七頁。
*5 前掲2、一二一頁。
*6 野坂昭如『アメリカひじき・火垂るの墓』新潮文庫、一九八八年(初版は一九六八年に文藝春秋より刊行)。
*7 前掲6、一〇〜三七頁。
*8 尾崎秀樹「解説」野坂昭如『アメリカひじき・火垂るの墓』新潮文庫、一九八八年、二三八頁(初版は一九六八年に文藝春秋より刊行)。
*9 山陽新聞(二〇一五年六月三〇日)。
*10 厚生省研究所『戦時下ニ於ケル国民栄養ノ現況ニ関スル調査報告』厚生省研究所、一九四二年。
*11 村上信夫『帝国ホテル厨房物語――私の履歴書』日経ビジネス人文庫、二〇一六年(初版は二〇〇四年)により記述。
*12 牛を切りさくのに用いる大きな包丁。肉切り包丁。
*13 二〇〇二(平成十四)年十一月三日、NHK教育テレビ「こころの時代」で放映されたインタヴューを活字におこしたもの(映像はNHKきょうの料理DVD特別編『帝国ホテル元総料理長村上信夫の世界』にも「こころの時代　人生はおいしいフルコース」として収録されている)。
*14 佐野眞一『カリスマ――中内㓛とダイエーの「戦後」(上)』新潮文庫、二〇〇一年、一五九頁。

＊15　この地域の当時の様子については、松原隆一郎『頼介伝』苦楽堂、二〇一八年にも詳しい。
＊16　大岡昇平『野火』創元社、一九五二年、同『俘虜記』創元社、一九四九年。
＊17　中内㓛『流通革命は終わらない――私の履歴書』日本経済新聞社、二〇〇〇年、三二～三四頁。
＊18　前掲14、一六六～一六七頁。
＊19　前掲14、一八二頁。
＊20　前掲6、八～九頁。
＊21　名和太郎『ダイエーの全貌――巨大小売集団』国際商業出版、一九七九年。
＊22　前掲17、一二～一三頁。
＊23　前掲17、資料集。

第3章

＊1　猪野健治編『東京闇市興亡史』草風社、一九七八年、一一頁。
＊2　白井貞『食の昭和史――あらためて日本人の食の意味を』つくばね舎、二〇〇六年。
＊3　岸康彦『食と農の戦後史』日本経済新聞出版社、二〇〇八年（初版は一九九六年）【年表参照】。
＊4　山口貴久男『戦後にみる食の文化史』三嶺書房、一九八六年（初版は一九八三年）、八頁。
＊5　ＮＨＫスペシャル「戦後ゼロ年――東京ブラックホール一九四五―一九四六」（二〇一七年放送）から引用。
＊6　焼野原から見える広く青い空の下で、統制経済外で取引する非合法の自由市場、いわゆる「闇市」が続々と出現した。この闇市が終戦直後から始まる厳しい飢餓を凌ぐためには不可欠であったことはすでによく知られている。①前掲1。また、近年では闇市が、戦後東京の都市形

成の出発点として重要な役割を果たしたことなどが、その複雑な運営組織のありようとともに、具体的に解明されつつある。②原山浩介『消費者の戦後史――闇市から主婦の時代へ』日本経済評論社、二〇一一年、一一頁。

***7** 尾津豊子『光は新宿より』K&Kプレス、一九九八年、一一三頁。以下、同書をもとに記述する。

***8** 前掲7、一頁。

***9** 前掲1、一六頁。

***10** 前掲2、九八頁。

***11** 前掲2、九八〜九九頁。

***12** 前掲6②。

***13** 中野区編『中野区史〈昭和資料編二〉』中野区、一九七二年、五八三〜五八九頁に詳しい。以下の記述は同史料にもとづく。

***14** 中野区ホームページ「中野の戦災」PDFの一二九頁。

***15** 前掲13、五八八頁。

***16** 前掲1、六一〜六三頁。

***17** 鶴見俊輔「サザエさん」鶴見俊輔・齋藤愼爾編『サザエさんの〈昭和〉』柏書房、二〇〇六年、四一頁。

***18** 鶴見俊輔『戦後日本の大衆文化史――一九四五〜一九八〇年』岩波書店、一九八四年。

***19** 前掲2、一三三頁。

***20** 一九五四年に学校給食法が施行されるが、それは「粉食」を基本としていた。

*21 暮しの手帖編集部『戦中・戦後の暮しの記録——君と、これから生まれてくる君へ』暮しの手帖社、二〇一八年、一一四頁。
*22 東京新聞「さだじいの戦争かるた」二〇一六年一一月一九日。
*23 Sへの聞き取り調査(二〇一八年一〇月二〇日)。
*24 前掲2、一二一～二四頁。
*25 一九〇〇年に野口幽香と森島美根によって東京市に設立された貧しい子供たちのための保育園。湯澤規子『胃袋の近代——食と人びとの日常史』名古屋大学出版会、二〇一八年、二五八～二五九頁。
*26 前掲2、一一二頁。
*27 前掲2、一一二頁。
*28 岸康彦『食と農の戦後史』日本経済新聞社、二〇〇五年(初版は一九九六年)、八九～九〇頁。
*29 森恵子・橋本規子「岡山県における栄養指導車(キッチンカー)の足跡」『中国学園紀要』(一一)二〇一二年、一〇八頁。また、大阪市におけるキッチンカーの活動を記録したものとして田村美千代「栄養指導車三〇〇回講習の歩み」『生活衛生』八(四)、一九六四年、一四七～一五二頁がある。
*30 前掲3、九〇～九一頁。
*31 串間努『ザ・おかし』扶桑社、二〇〇〇年(初版は一九九六年)、四〇～六四頁。
*32 前掲31、六～二八頁。
*33 朝日新聞学芸部編『台所から戦後が見える』朝日新聞社、一九九五年、七八頁。
*34 河村明子『テレビ料理人列伝』生活人新書、二〇〇三年。

＊35 前掲34、二二一頁。
＊36 飯田深雪・江原由美子・土井勝・長山節子『ＮＨＫ「きょうの料理」きのう・あす』有斐閣、一九八八年。
＊37 フランク永井「有楽町で逢いましょう」ビクター、一九五七年。
＊38 三橋美智也「りんご村から」キングレコード、一九五六年。
＊39 加瀬和俊『集団就職の時代――高度成長のにない手たち』青木書店、一九九七年、一七二頁。原資料は労働省婦人少年局『印刷及び製本業に使用される年少労働者の実態調査』一九五九年、七五頁にもとづいている。
＊40 前掲39、一七三頁。
＊41 朝日新聞（一九五八年四月九日）。
＊42 一九五五年に中学校を卒業し、天麩羅屋の住込定員になった青年のインタヴュー。小川利夫・高沢武司編著『集団就職――その追跡研究』明治図書出版、一九六七年、一〇八頁。

第4章

＊1 奥村彪生「まんが『サザエさん』に見る食生活の戦後史（2）」『食生活研究』二二（六）、二〇〇二年、一六頁。
＊2 田林明・井口梓「日本農業の変化と農業の担い手の可能性」『人文地理学研究』二九、二〇〇五年、八五〜一三四頁。以下、同論文の分析にもとづいて記述する。
＊3 農外就業をもつが、農業収入のほうが多い農家。
＊4 収入全体に占める農外収入が農業収入よりも多い農家。
＊5 「なぜ希望は消えた？　あるコメ農家と霞が関の半世紀」ＮＨＫ二〇一〇年一〇月三日放送に詳

しい。本節は、その内容の引用と、二〇一八年一〇月二〇日に実施した山形での聞き取り調査をもとにしている。

*6 南館土地改良区編『ものがたり南館土地改良区』南館土地改良区、二〇〇〇年。

*7 一九九九年(平成一一)、食料・農業・農村基本法に移行。

*8 二〇世紀初頭のアメリカ南部に誕生して世界的に広まり、日本には一九四八年の農業改良普及事業の一環として導入された4Hクラブに関連する4H Foundationによって結成した。4Hクラブとは、生活改善、農業技術の改良などを目的とする民間教育団体である。

*9 当時、日本4Hクラブ協会の会長は松下幸之助が務め、青年教育の充実を目指していた。

*10 蓮見音彦編『講座社会学三　村落と地域』東京大学出版会、二〇〇七年。

*11 同時期における長野の畑作農村の変化を日記の分析から描いたものとして、中村靖彦『日記が語る日本の農村——松本盆地の畑に八十年』中公新書、一九九六年がある。

*12 安房支庁安房農業改良普及所編『安房における農漁家のくらしの変遷』一九八七年。

*13 田中宣一編著『暮らしの革命——戦後農村の生活改善事業と新生活運動』農山漁村文化協会、二〇一一年、四四〇頁。同書には埼玉県、神奈川県、長野県、群馬県、東京都、山梨県、山形県、兵庫県の事例が含まれている。

第5章

*1 村上信夫『帝国ホテル厨房物語——私の履歴書』日経ビジネス人文庫、二〇一六年により記述。

*2 NHKエンタープライズ『「料理人たち——炎の東京オリンピック」プロジェクトX——挑戦者たち』DVD、NHKエンタープライズ、二〇一三年(初回放送は二〇〇二年八月二七日)。

*3 前掲2。

＊4　前掲1、一五二頁。
＊5　野地秩嘉『ＴＯＫＹＯオリンピック物語』小学館、二〇一一年、一〇六頁。
＊6　大量に使う食材は、事前に質や形をそろえ、下ごしらえしてストックしておく方法。
＊7　河田勝彦『すべてはおいしさのために』自然食通信社、二〇一八年。
＊8　万博記念公園ホームページ情報による（二〇一八年九月十八日アクセス）。
＊9　ニチレイホームページ「ニチレイ温故知新　第五回　総売上二億円超！大阪万博に出展したニチレイ直営店の奮闘」（二〇一八年九月一八日アクセス）。
＊10　村瀬敬子『冷たいおいしさの誕生――日本冷蔵庫一〇〇年』論創社、二〇〇五年、二〇九～二一一頁。
＊11　今柊二『ファミリーレストラン――「外食」の近現代史』光文社新書、二〇一三年、一〇七頁。以下、ロイヤル株式会社の展開については同書による。
＊12　岡本敏子・山下裕二編『岡本太郎が撮った「日本」』毎日新聞社、二〇〇一年、四～五頁。
＊13　岡本太郎『日本再発見――芸術風土記』新潮社、一九五八年。
＊14　岡本太郎『沖縄文化論――忘れられた日本』中央公論社、一九六一年。
＊15　前掲13、二七二～二八二頁。
＊16　宮本常一『忘れられた日本人』岩波文庫、一九九四年、三〇六頁（初版は一九六〇年に未來社から刊行された）。
＊17　柳原敏雄『味をたずねて』中公文庫、一九八一年（初版は一九六五年に日本経済新聞社より刊行）、四〇～四二頁。

＊18 前掲17、三二〇頁。
＊19 湯沢雍彦『データで読む平成期の家族問題――四半世紀で昭和とどう変わったか』朝日新聞出版、二〇一四年、八〜九頁。
＊20 松原隆一郎は「消費」という視点でこの点を論じている。松原隆一郎『消費資本主義のゆくえ――コンビニから見た日本経済』ちくま新書、二〇〇〇年、八〇頁。
＊21 朝日新聞学芸部編『台所から戦後が見える』朝日新聞社、一九九五年、二九頁。
＊22 前掲21、三〇頁。
＊23 マーケット・リーダーの育成　たとえば松下電器（現パナソニック）の「走る電化教室」。宣伝カーに商品を積んで全国を回り、地方の公民館などで商品の展示会を開いて、電気的知識とナショナル電化製品の普及を図る。東日本地区だけでみても、参加者は一九五七年にはのべ一万二〇〇〇人、六〇年には五万八〇〇〇人に増加した。また、都会の婦人向けには「ナショナル婦人教室」も開催された。石川弘義『欲望の戦後史――〝多幸症〟日本人のプロフィール』廣済堂出版、一九八九年、九八頁。
＊24 前掲10、二一八頁。
＊25 奥村彪生「まんが『サザエさん』に見る食生活の戦後史（2）」『食生活研究』二二（六）、二〇〇二年、一七頁。
＊26 山尾美香『きょうも料理――お料理番組と主婦　葛藤の歴史』原書房、二〇〇四年。
＊27 沢崎梅子『家庭料理の基礎』婦人之友社、一九六九年（初版は一九五九年）。
＊28 今井偕子『料理上手になる勉強――若い家庭のための家事シリーズ　第一巻』婦人之友社、一九七一年（初版は一九六二年）。

＊29 小島信平・暮しの手帖編集部『おそうざい十二ヵ月』暮しの手帖社、一九六九年。
＊30 表真美『食卓と家族――家族団らんの歴史的変遷』一四二～一四三頁。原資料は厚生省『昭和五二年度版国民栄養の現状――昭和五〇年国民栄養調査成績』厚生省、一九七七年。
＊31 ＮＨＫ放送世論調査所編『日本人の食生活』日本放送出版協会、一九八三年、七二頁。原資料は大日本水産会・おさかな普及協議会編『子どもと団らんに関するレポート』一九八一年。
＊32 前掲31、七二頁。
＊33 山本千鶴子「都道府県別にみた『単身生活者』の動向」『人口問題研究』一九三、一九九〇年、六〇頁。
＊34 湯澤規子『在来産業と家族の地域史――ライフヒストリーからみた小規模家族経営と結城紬生産』古今書院、二〇〇九年、一八五頁。
＊35 Ｓへの聞き取り調査（二〇一八年一〇月二〇日）。
＊36 松原隆一郎は「消費」という視点でこの点を論じている。前掲20、九一頁。
＊37 前掲23、八二～八三頁。
＊38 川村明子『テレビ料理人列伝』生活新人書、二〇〇三年、九六頁。
＊39 『きょうの料理』第八号第三巻、一九六五年、一二三～一二九頁。
＊40 奥村彪生「まんが『サザエさん』に見る食生活の戦後史（3）」『食生活研究』二三（一）、二〇〇二年、一九～二〇頁。
＊41 小川敏男『漬物と日本人』ＮＨＫブックス、一九九六年、一三〇～一三三頁。
＊42 前掲40、二一頁。

＊43 今井誠一『味噌』農山漁村文化協会、二〇〇二年、一〇頁。
＊44 前掲31、一一一頁。
＊45 前掲27、一八～一九頁。

第6章

＊1 橋木俊詔『家計からみる日本経済』岩波新書、二〇〇四年、二八～二九頁。
＊2 原山浩介『消費者の戦後史――闇市から主婦の時代へ』日本経済評論社、二〇一一年、六頁。生協同組合の嚆矢は灘神戸生協（現生活協同組合コープこうべ）であると言われる。同組合は一九二一年には川崎、三菱造船所の労働運動として日本市場初の大規模街頭デモを展開していた。その指導者はキリスト教社会運動家の賀川豊彦であった。一九二一年（大正一〇）四月、神戸購売組合（後の神戸生協）、同年五月に灘購買組合（後に灘生協）を設立し、本格的な生協運動へと入っていった。
＊3 石牟礼道子『苦海浄土』講談社文庫、二〇〇四年（初版は一九六九年に講談社より刊行）。
＊4 石牟礼道子『椿の海の記』朝日新聞社、一九七六年。
＊5 同志会通信きばる創刊号、一九八三年九月。
＊6 きばる通信「女島」。
＊7 同志会通信第四号、一九八五年。
＊8 きばる通信「この甘夏は私が作りました」。
＊9 この地域の甘夏栽培の始まりについては、宮崎隆典『甘夏に恋して』コープ出版、一九九三年に詳しい。
＊10 鶴見和子『内発的発展論の展開』筑摩書房、一九九六年。

＊11 二つ以上の物事、また、物事の性質が同時に存在すること。これを文化人類学の分野で社会における相互行為やコミュニケーションに関わる理論的枠組みとして用いたのは木村大治である。木村はアフリカの二つの社会におけるフィールドワークを通して、「人と人が共にある、そのやり方」を議論し、それ支えるものを「共在感覚」と定義した。木村大治『共在感覚――アフリカの二つの社会における言語的相互行為から』京都大学学術出版会、二〇〇三年。

＊12 これまでの「共在」に関する議論は、人同士の関係、相互行為、コミュニケーションという枠組みであったが、本書ではその範囲をさらに広げることを意図している。「共在」概念を用いる着想を得たのは、食をめぐる社会科学的共同研究を準備する研究会における、磯野真穂（医療人類学）、岩佐光宏（文化人類学）、比嘉理麻（文化人類学）、宮野真生子（哲学）らとの議論がきっかけとなっている。

＊13 渡辺京二『もうひとつのこの世――石牟礼道子の宇宙』弦書房、二〇一三年、一七頁。

＊14 水上勉『土を喰う日々――わが精進十二ヵ月』新潮文庫、二〇一八年（初版は一九七八年に文化出版局より刊行）、八～一二頁。

＊15 前掲14、八～一二頁。

＊16 同志会通信創刊号、一九八三年九月。

第7章

＊1 ＮＨＫ放送世論調査所『日本人の食生活』日本放送出版協会、一九八三年、一三〇頁。

＊2 ①鶴見良行『バナナと日本人――フィリピン農園と食卓のあいだ』岩波新書、一九八二年。関連して②鶴見良行『アジアはなぜ貧しいのか』朝日新聞社、一九八二年がある。

＊3 赤嶺淳編『グローバル社会を歩く④　バナナが高かったころ――聞き書き高度経済成長期の食

とくらし2』新泉社、二〇一三年にもバナナに関する食物語が多く掲載されている。

＊4 週刊朝日編『値段史年表――明治・大正・昭和』朝日新聞社、一九九六年（初版は一九八八年）、二一一頁。

＊5 前掲2①、二二三〜二二四頁。

＊6 村井吉敬『エビと日本人』岩波新書、一九八八年。この成果はその後、村井吉敬『エビと日本人II――暮らしのなかのグローバル化』岩波新書、二〇〇七年につながっている。

＊7 暉峻淑子『豊かさとは何か』岩波新書、一九八九年、一五〜一六頁。

＊8 前掲7、一五頁。

＊9 湯澤規子『胃袋の近代――食と人びとの日常史』名古屋大学出版会、二〇一八年、一四二〜一四三頁。

＊10 前掲7、七〜八頁。

＊11 二〇一七年七月一五日、生産者組合きばるにて聞き取り調査。

＊12 有機農業に対する消費者の考え方が変わり、有機農業が現代的な商品流通システムに組み込まれようとすることについては、日本村落研究学会編（池上甲一責任編集）『むらの資源を研究する――フィールドからの発想』農山漁村文化協会、二〇〇七年、一二四頁にも言及がある。

＊13 一つだけでそこにあること。医学用語として用いられる例はあるが、人文社会科学では『日本風景論』に「高嶺群簇の間に孤在する蘭牟田地の如き」などと用いられるのみであり、常用されてはいない。志賀重昂著、近藤信行校訂『日本風景論』岩波文庫、一九九五年。本書では「共在」の対義語として「孤在」を用いる。

＊14 膨大なデータをもとに、平成の家族と食について論じた研究に、品田知美・野田潤・畠山洋輔

『平成の家族と食』晶文社、二〇一五年がある。

＊15 岩村暢子『変わる家族変わる食卓――真実に破壊されるマーケティング常識』中公文庫、二〇一四年（初版は二〇〇三年に勁草書房から刊行）。岩村暢子『「親の顔がみてみたい！」調査――家族を変えた昭和の生活史』中公文庫、二〇一〇年（初版は『〈現代家族〉の誕生――幻想系家族論の死』として二〇〇五年に勁草書房から刊行）。

＊16 二〇一八年一一月七日実施。当日の受講生五七人のうち五五人からの回答を得た（回答率九六パーセント）。

＊17 参考までに実家を離れて一人暮らしをしている学生たち四三人のデータもみると、一人で食べたのは二九人、友達や先輩と食べたのは四人、食べていないのは一〇人であった。

＊18 養老孟司『養老孟司特別講義　手入れという思想』新潮文庫、二〇一三年、一四～一五頁。

＊19 磯野真穂『なぜふつうに食べられないのか――拒食と過食の文化人類学』春秋社、二〇一五年。

＊20 還元主義とは、世界の複雑で多様な事象を単一のレベルの基本的な要素に還元して説明しようとする立場のことを意味する。

＊21 前掲19、一二八～一二九頁。

＊22 前掲19、五頁。

終章

＊1 たとえばバングラデシュでは「なに食べた？」があいさつ。根本聡子「『食べること』ってどんなこと？」『うかたま秋』四〇、農山漁村文化協会、二〇一五年、一二頁。

＊2 これは私が創作したフィクションの場面であるが、モデルとして水上勉『土を喰う日々――わが精進十二ヵ月』新潮文庫、二〇一八年、二五〇～二五一頁（初版は一九七八年に文化出版局よ

り刊行）を参考にしている。

＊3 石牟礼道子『食べごしらえ　おままごと』中公文庫、二〇一八年、二四頁（初版は一九九四年にドメス出版より刊行）。

＊4 内山節『日本人はなぜキツネにだまされなくなったのか』講談社現代新書、二〇〇七年はその現象と意味について、歴史哲学的に論じている。

＊5 『胃袋の近代』ではこの現象を取り上げて、「胃袋の孤立化と集団化が同時に、かつ急速に進む時代であった」と結論づけた。

＊6 湯澤規子『胃袋の近代――食と人びとの日常史』名古屋大学出版会、二〇一八年、一一六頁。

＊7 この考察は石村博子『たった独りの引き揚げ隊――10歳の少年、満州１０００キロを征く』角川文庫、二〇一二年（初版は二〇〇九年、角川書店より刊行された）にも多大な示唆を受けた。身体ひとつにナイフ一本だけを携えて、一〇〇〇キロを踏破した主人公の生きる世界はまさに、先祖から引き継いだ精神と技能、彼を取り巻く森羅万象から生かされる共在世界であった。

＊8 たとえばフードバンクの実践（大原悦子『フードバンクという挑戦――貧困と飽食のあいだで』岩波現代文庫、二〇一六年）、食を中心に据えた地域づくり（奥田政行『山形・庄内　田舎町のリストランテ、頑張る。』マガジンハウス、二〇〇九年、高橋博之『都市と地方をかきまぜる「食べる通信」の奇跡』光文社新書、二〇一六年）など。

＊9 その内容は、湯澤規子「地域づくりの系譜――山梨県甲州市の甚六桜とかつぬま朝市」『歴史地理学』五八（一）、二〇一六年、五七～七二頁にまとめた。

＊10 養老孟司『養老孟司特別講義　手入れという思想』新潮文庫、二〇一三年、五九頁。

＊11　村田沙耶香『コンビニ人間』二〇一六年、文藝春秋などは、こうした世界を小説を通して描いていて興味深い。

＊12　「特集：〈共に在る〉哲学」『談』八一、WEB版から多くの示唆を受けた。また、食をめぐる社会科学的共同研究を準備する研究会における、磯野真穂（医療人類学）、岩佐光宏（文化人類学）、比嘉理麻（文化人類学）、宮野真生子（哲学）らとの議論がきっかけとなっている。

＊13　ただし、詩や短歌などは、その両方の世界を同時に表現しているといえる。「からだ」と「ことば」の関係性に着目した興味深い論考として、竹内敏晴『思想する「からだ」』晶文社、二〇〇一年がある。これらをふまえた考察は今後の課題としたい。

＊14　『日本の世帯数の将来推計（全国推計）』（2018（平成30）年推計）http://www.ipss.go.jp/pp-ajsetai/j/HPRJ2018/t-page.asp（二〇一八年一一月五日アクセス）。

＊15　厚生労働省政策統括官編（統計・情報政策担当）『平成30年　グラフでみる世帯の状況――国民生活基礎調査（平成28年）の結果から』、二〇一八年、二四頁。

＊16　NPO法人豊島子どもWAKUWAKUネットワーク編著『子ども食堂をつくろう！　人がつながる地域の居場所づくり』明石書店、二〇一六年。

＊17　前掲6。二五八～二六三頁。たとえば二葉保育園の五銭食堂などがそれに該当する。

湯澤規子 Noriko Yuzawa
1974年、大阪府生まれ。1997年、筑波大学第一学群人文学類卒業。2003年、筑波大学大学院歴史・人類学研究科単位取得退学。博士(文学)。日本学術振興会特別研究員(PD)を経て、明治大学経営学部専任講師。2011年より筑波大学生命環境系准教授。専攻は歴史地理学、農村社会学、地域経済学。著書に『在来産業と家族の地域史——ライフヒストリーからみた小規模家族経営と結城紬生産』(古今書院、2009)、『胃袋の近代——食と人びとの日常史』(名古屋大学出版会、2018)。

7袋《ふくろ》のポテトチップス

食《た》べるを語《かた》る、胃《い》袋《ぶくろ》の戦《せん》後《ご》史《し》

2019年3月10日　初版

著者　湯澤規子

発行者　株式会社晶文社
東京都千代田区神田神保町1-11 〒101-0051
電話 03-3518-4940(代表)・4942(編集)
URL http://www.shobunsha.co.jp

印刷・製本　株式会社太平印刷社

ISBN978-4-7949-7079-4　Printed in Japan